湖北省学术著作
Hubei Special Funds for
Academic Publications
出版专项资金

司法改革背景下我国民事诉讼运行机制完善研究丛书／总主编　占善刚

民事诉讼发回重审制度研究

黄鑫淼　著

WUHAN UNIVERSITY PRESS
武汉大学出版社

图书在版编目（CIP）数据

民事诉讼发回重审制度研究/黄鑫淼著.—武汉：武汉大学出版社，
2021.10
司法改革背景下我国民事诉讼运行机制完善研究丛书/占善刚总主编
湖北省学术著作出版专项资金资助项目
ISBN 978-7-307-22567-1

Ⅰ.民⋯　Ⅱ.黄⋯　Ⅲ.民事诉讼—司法制度—研究—中国
Ⅳ.D925.104

中国版本图书馆 CIP 数据核字（2021）第 182315 号

责任编辑：林　莉　　　责任校对：李孟潇　　　版式设计：马　佳

出版发行：**武汉大学出版社**　　（430072　武昌　珞珈山）
　　　　（电子邮箱：cbs22@whu.edu.cn　网址：www.wdp.com.cn）
印刷：武汉中远印务有限公司
开本：720×1000　1/16　印张：15.5　字数：223 千字　插页：2
版次：2021 年 10 月第 1 版　　2021 年 10 月第 1 次印刷
ISBN 978-7-307-22567-1　　定价：88.00 元

总　序

民事诉讼乃为解决民事纠纷而设的司法程序。为妥当地解决民事纠纷，在民事诉讼运行的不同阶段，除应恪守各自固有的程序规范外，更应自觉遵循民事诉讼的基本原理。各国民事诉讼立法虽然具有各自不同的具体程序设计，但蕴含的基本法理是共通的。譬如，各国民事诉讼立法殆皆将处分权主义、辩论主义奉为民事诉讼运行的圭臬，将直接原则、言辞原则立为民事诉讼程序展开的基石。

自 1999 年最高人民法院颁行第一个司法改革五年纲要迄今，中国的司法改革已推行二十余载。从最初的民事审判方式改进、举证责任的落实到近来的互联网法院、诉讼电子化，我国民事诉讼总体上已由职权主义转向当事人主义。在民事诉讼运行中，体认并遵守处分权主义、辩论主义的本旨，明了并贯彻直接原则、言辞原则的要义已成为我国民事诉讼学者与法律职业共同体的共同鹄的。在当前司法改革的大背景下，立足于立法论及解释论，进一步探究民事诉讼运行的基本法理，并就我国民事诉讼运行机制的完善提出科学的学术方案是吾人责无旁贷之职责。受湖北省学术著作出版专项资金项目资助，笔者主持完成的《司法改革背景下我国民事诉讼运行机制完善研究丛书》正是因循这一思路的学术成果。

《司法改革背景下我国民事诉讼运行机制完善研究丛书》以民事诉讼运行原理与我国民事诉讼运行机制的完善为立论基点，分别研究了民事诉讼运行的内在机理及各具体制度良性运作应有的逻辑起点与妥当路径。本丛书共计九册，具体如下：

1. 占善刚博士的《民事诉讼运行的内在机理研究》以程序的整体推进为视角，对民事诉讼运行应遵循的基本法理做了深入的比较法研究；

2. 刘显鹏博士的《民事证明制度改革的架构与径路研究》宏观分析了我国民事诉讼证明制度存在的问题，指出了我国民事证明制度应有的改革方向；

3. 朱建敏博士的《民事诉讼请求研究》厘定了我国民事诉讼请求的特有意涵，探讨了诉讼请求与诉讼标的在规范层面与实务中的不同功能；

4. 杨瑜娴博士的《民事诉讼鉴定费用制度研究》阐释了民事诉讼鉴定费用的性质、构成及给付路径，提出了完善我国民事诉讼鉴定费用制度的建议；

5. 刘丹博士的《民事诉讼主张制度研究》以主张内涵的界定为逻辑起点，缕析了民事诉讼中主张的类型及机能，提出了完善我国主张制度的建议；

6. 郝晶晶博士的《民事诉讼身份关系案件审理程序研究》立足于身份关系诉讼与财产关系诉讼之二元论，讨论了如何科学设计民事诉讼身份关系案件审理程序；

7. 刘芳博士的《民事诉讼担保制度研究》全面梳理了诉讼担保的性质、特征、类型，指出了完善我国民事诉讼担保制度的建议；

8. 黄鑫淼博士的《民事诉讼发回重审制度研究》以发回重审与程序违法之关系为主线，探讨了构成发回重审事由的条件，界分了发回重审事由的类型；

9. 倪培根博士的《民事诉讼听审请求权研究》阐明了听审请求权在民事诉讼中的确立依据，在我国民事诉讼规范中的体现以及未来的改进方向。

需要特别提及的是，《司法改革背景下我国民事诉讼运行机制完善研究丛书》从最初的项目策划到最后的顺利付梓都倾注了武汉大学出版社张欣老师的心血，没有他的辛苦付出，丛书的面世断无可能。在此对张欣老师表示最真挚的谢意！

占善刚

2020 年 1 月 1 日

于武汉大学珞珈山

目　　录

图 表 目 录

引　言

民事诉讼发回重审制度长期以来为民事诉讼中的重要制度，由于公平价值与效率价值的博弈在发回重审制度上有强烈的碰撞，对于当事人、原审法院、第二审法院及重审法院而言，民事诉讼发回重审制度的适用是一把双刃剑①。

一、研究问题的缘起

近几年来，随着司法改革的不断推进，对诉讼当事人诉讼权利保护的制度不断加强和完善，民事诉讼发回重审制度又一次成为了学者讨论的焦点。然而，虽然发回重审制度经历了多次变革，维护当事人审级利益的同时兼顾诉讼效率和司法成本是立法者一再强调的司法改革重点，但发回重审制度的滥用与乱用的问题依然大量存在。在司法实践中民事诉讼发回重审制度不能有效发挥其应有功能，甚至在某些情况下造成了对诉讼当事人的"二次伤害"②。

正是基于对发回重审制度功能有效发挥的关注，笔者拟以民事诉讼二审发回重审制度所存问题为视角，对民事诉讼发回重审制度的规范问题进行提炼，通过对其剖析、比较、完善等方面的论述为

---

① 发回重审制度除了作为当事人权利的保障机制在一定程度上也承担了法官考核等非司法职能，对于法院及法官而言发回重审制度体现了监督职能的作用，但其承担较多的职能则必然引发制度适用的偏离。因此，就现行的发回重审制度而言，其是一把双刃剑。参见周剑浩：《人民法院"错案责任追究制"新视角》，载《法律适用》2003年第12期。

② 根据发回重审适用的前提可知，发回重审制度适用以原审法院审理存在错误为前提，但由于第二审法院对于案件的乱发回或滥发回情况的存在，必然导致当事人诉讼权利的再次受损。

1

民事诉讼发回重审制度的进一步发展提供理论依据。民事诉讼发回重审的制度构建一直以来都是民事诉讼领域中重要的课题，完善发回重审制度要求在确保维护当事人审级利益的同时也要兼顾诉讼效率和司法成本。民事诉讼发回重审制度经历多次修正，但从规范的角度审视发回重审制度，其构建上仍存在与自行裁判的界限不清、裁定拘束效力不明、过于强调形式上对发回重审适用次数的限制、缺少当事人对制度的处分权及审判权外其他权力过分干预等问题。

笔者通过对发回重审制度问题的实证考察及比较研究认为，进一步完善民事诉讼发回重审制度，不仅要在司法理念上确立当事人权利保护意识，同时需要在规范构建与组织架构双重层面对发回重审制度进行全面的完善，厘清发回重审制度与自行裁判的界限、确定裁定书拘束效力、逐步弱化次数限制、建立当事人选择制度与其他相关的配套制度，为全面实现通过发回重审制度保护当事人审级利益及辩论权利提供规范性保障。

二、研究概况

随着研究的不断深入，笔者发现尽管民事诉讼法学者及司法人员对二审发回重审制度各种弊端的批判不绝于耳，但具有较强说服力的实证性研究或理论研究较少，大部分理论研究都基于民事诉讼法发回重审制度某一侧面进行展开而不具有全局观念，因此笔者认为，从宏观视角出发研究民事诉讼发回重审制度具有必要性。

根据笔者的调研，据不完全统计，2014 年知网、维普、豆丁网，道客巴巴、北大法宝等相关专业网站中，专门讨论民事诉讼二审发回重审制度构建的专业性文章不超过百篇，而关于民事发回重审的翔实的实证性研究不足十五篇。其中，被引用最多的是厚得顺所著《论我国民事发回重审制度的理性重构——以德州中院十年发回重审案件的实证分析为依据》，该篇文章刊登于《山东审判》2009 年第 1 期，是一篇数据较为详尽的实证研究报告，但由于《民事诉讼法》在 2012 年完成了新的修改，该文章中所论述的部分问题已经不再具有说服能力。因此，作出符合当下司法环境的新调研对发回重审制度的进一步研究具有重要价值。

尽管有大量民事诉讼法学者对民事诉讼二审发回重审作出了相关研究，但较为深入的分析仍属凤毛麟角。观点独到、分析透彻的作品更为鲜有。陈杭平的《组织视角下的民事诉讼发回重审制度》、厚得顺的《论我国民事发回重审制度的理性重构——以德州中院十年发回重审案件的实证分析为依据》、李秋英的《民事再审发回重审制度反思与重构》、蓝宇、刘瑾的《对我国民事诉讼发回重审制度的反思与重构》、王惠慧的《民事诉讼重审程序独立性初探》及占善刚的《民事诉讼发回重审的理由比较研究》等文章在同类文章中属于具有较强说服力的研究，并且对司法实践具有较强指引意义。尽管如此，这些文章仍大多是从发回重审制度所存的某一问题出发，对民事诉讼二审发回重审制度完善探讨与建议缺乏一定的全面性。

针对民事诉讼二审发回重审制度域外法中则有相对更为具体的规定。以德国法中的具体规定及德国论著中对发回重审制度的分析为例，其对于民事诉讼发回重审制度的职能、适用前提、拘束效力及相关制度都作出了较为翔实的规定。针对德国民事诉讼二审发回重审制度的运行情况，德国民事诉讼法学者如罗森贝克、施瓦布、哥特瓦尔德等也作出了较为详尽的分析，① 这些学者的论述对该国民事诉讼发回重审制度的有效适用起到了重要的推动作用。与此相似的是，日本、法国、我国台湾地区作为传统大陆法系代表的国家及地区，关于民事诉讼发回重审制度的规定都在一定程度上对完善我国大陆地区（如下文有"我国"等字样，皆代表我国大陆地区）发回重审制度具有借鉴意义。

由此，笔者欲通过本书对民事诉讼二审发回重审制度规范分析、民事诉讼二审发回重审制度的实证分析与民事诉讼二审发回重审制度的比较分析等方面全方位对发回重审制度的理念定位、具体规范、实践运行等方面加以研究，在实证数据分析与所得结论之间

---

① 参见 Stein-Jonas. Zivilprozessordnung ［M］. 20 Aufl, 1998。

加强关联性，为民事诉讼二审发回重审的优化与发展提供理论与实践依据。

三、研究方法

本书的写作综合运用了规范分析方法①、实证研究分析方法、比较研究方法及法社会学研究方法②等多种研究方法。民事诉讼发回重审制度作为民事诉讼中对诉讼当事人审级利益保护的重要手段，在实践意义与理论意义上都具有深入研究之必要。

在民事诉讼二审发回重审制度的研究过程中，笔者发现很多学者对于民事诉讼发回重审的研究，或重于理论的探讨，或重于实践研究，使得研究成果或不具有较强的实践性，或仅存数据的展示而未有以民事诉讼为整体的理论分析。民事诉讼发回重审制度的研究中鲜见能够以民事诉讼制度整体为视角，对发回重审制度现有规定的先进性、不足之处、实践中各不足规定的现实反映及对民事诉讼其他制度的影响结合分析的研究。因此，运用多种研究方法全方位评估完善构想的可行性和合理性，是对民事诉讼发回重审制度问题研究全面性的重要保障。

本书中，笔者首先运用规范分析方法提出发回重审制度中现存问题，再从实证研究角度发掘所提问题对于实践中的表现及影响，再通过对域外法的分析作以参考对民事诉讼发回重审制度在全方位提供进一步优化的理论性保证。如前所述，本书须将学理研究与实践研究集于一体。因此，对于研究方法的选择上就既要有适用于学理分析的方法，也要有适用于实践研究的方法。本书将运用理论分析、田野实证研究法、数据采集、数据分析、比较研究、跨学科研

---

① 规范分析法主要以现有的规范为研究对象，通过对现有规范的剖析找出其不足，在此基础上提出完善建议。参见王启梁、张剑源：《法律的经验研究方法与应用》，北京大学出版社 2014 年版，第 14~24 页。
② 法社会学研究法是一般社会学领域内的一个特别学术分支，是以法律对社会现实生活影响为研究内容的研究方法。参见孙文恺：《社会学法学》，法律出版社 2005 年版，第 4 页。

究参照及系统研究①等研究方法对民事诉讼发回重审制度加以讨论，望可从全方位对民事诉讼发回重审制度作出评估，在发现问题的基础上提出具有全局观的解决方法。

民事诉讼发回重审制度的问题研究具有学理研究与实证研究相结合的必要性。由于民事诉讼发回重审制度具有较强的实践性，单纯的理论分析得出的结论对于指导实践中法律的具体适用方法具有不适用的可能，即具有与司法实践情况脱离可能。例如，在部分学者关于民事诉讼发回重审制度研究中指出，发回重审制度应当修正原有的模糊化规定，具体化地对第二审法院适用发回重审制度加以限制，但文章中对于如何将规定具体化，如何完善对于发回重审的适用并未予以论述。可见，过于理论化地讨论民事诉讼发回重审制度的完善仅在制度方向上具有参考意义，却对司法实际运行毫无帮助，因此在讨论民事诉讼发回重审这类具有较强实践性的制度时，实证性研究是必不可少的。

在进行实证性研究时，笔者首选田野调查方法对黑龙江省大部分地区具有作出发回重审裁定能力的法院进行走访。由于田野调查方法能够最有效地掌握第一手资料，对于民事诉讼发回重审制度所存问题具有最直观、最全面、最一手的反馈，因此田野调查的研究方法作为笔者首选实证性研究方法具有必要性。尽管田野调查结果具有直观性等特点，但其对制度所存问题的反馈呈现凌乱化的特征，不具有较强的说服力。因此在田野调查的基础上，笔者对所得数据的归类、整理、归纳，使得点状数据以线型模式表现，对发回重审在实践中的状态加以反映，同时与田野调查所得结论进行对比，欲从实践数据中寻求对前期调查结论的支持。

从研究方法的严谨性和全面性而言，由于田野调查研究的研究方法所得数据资料对于民事诉讼发回重审制度的问题的分析、成因

①　对任何事物，小到细胞，大到社会，都可以用系统观点来考察，用系统方法来描述。参见许国志：《系统科学》，上海科技教育出版社 2000 年版，第 17 页。

具有直观性特征①，其对现有规范研究中提出问题的成因的进一步分析具有必要性。2015年3月起至2016年10月笔者用一年以上的时间，先后走访十余家黑龙江省各地区中级人民法院及高级人民法院，对民事诉讼二审发回重审适用中存在的问题进行调研。截止至笔者调研结束（2016年10月），2016年黑龙江省民事诉讼审结案件共计95596余例，其中，据不完全统计，黑龙江省各中级人民法院民事审判庭共审理案件10887余例。高级人民法院民事审判庭共审理案件2390余件。笔者对上述一万余例民事诉讼案件均一一研究，以求通过对案例判决、裁定的研究摸索出发回重审制度的具体适用规则，并得出发回重审制度实践中所存问题。在进行田野调查的同时，笔者运用文献梳理、历史性研究、比较研究和跨学科研究等方法，对发回重审所存问题进行了收集和整理，力图使分析结论具有科学性、全面性。

在分析发回重审所存在的问题过程中，除运用田野调查的分析方法和数据分析法以外，笔者采用跨学科研究的方法对民事诉讼发回重审问题的本质原因进行分析。由于我国目前司法运行仍处于发展阶段，权力寻租、权力滥用的情况大量存在，而这些问题无论通过田野调查的方法或是数据调查的方法进行调研，都如蜻蜓点水，无法获取对该问题改善的有效信息。因此需要通过金融学研究、经济学研究、犯罪学研究、心理学研究、教育学研究等跨学科研究对发回重审制度进行分析，从第二审法院、原审法官、重审法官、当事人等以理性人的视角对制度中存在的乱用、滥用问题加以剖析，以寻求有效避免发回重审制度滥用、乱用等问题的方法。因此，跨学科研究方法对于本研究具有重要的辅助及支撑作用。

在通过田野调查法、数据采集和分析、跨学科研究等方法对发回重审制度所存问题予以概括的同时，本书欲通过实践研究与比较

---

①　田野研究方法是社会学科研究方法中一个基本的方法，要求调研者在现场，从而获得第一手的资料，是生活世界中灵验的一种表现。参见赵旭东：《"灵"、顿悟与理性：知识创造的两种途径》，载《思想战线》2013年第1期。

研究的方法探求发回重审最有效的服务于法院及当事人的路径，在最大限度上实现其保障当事人审级利益与辩论权的功能，因此学习、分析、借鉴域外及我国过往的制度是必不可少的一个部分。通过对德国、法国、日本、英国、美国等国家和地区的发回重审制度规定与实践中适用方法及监督规范的研究，在充分考虑我国特有社会主义司法文化的前提下，对我国民事诉讼二审发回重审制度的完善提出有效建议，使其成为当事人诉权的重要保证。

综上所述，由于民事诉讼发回重审制度具有复杂性，对问题研究本身需运用规范性分析、实证成因分析及比较分析等多种研究方法方能对民事诉讼发回重审制度问题的完善得以全方位的解读，因此上述研究方法的适用对本书的展开及支持具有重要意义。

四、研究意义

民事诉讼发回重审制度作为具有保障当事人审级利益职能的程序，长期备受学者及司法从业人员诟病，其主要原因在于其适用过程中存在严重的滥用与乱用的问题。随着《民事诉讼法》的多次修改，立法者不断通过限制对上诉审法院作出将案件发回原审法院重新审理的裁量权的方法，希冀可以降低民事诉讼二审发回重审案件数量及比率。然而，通过全国司法数据统计及部分地区司法数据统计可见，发回重审案件数量并未如预期一样得到有效降低。随着当事人法律意识的逐渐增强，其对司法程序适用能力不断提高，对正义的标准也不断升高，因此上诉审法院作出将案件发回原审法院重新审理的裁定，案件的再审率及对案件的上访数量具有逐年上升的趋势。由此可见，通过对上诉法院作出裁量权的限制仅在一定程度上减少了发回重审案件的数量，但发回重审制度适用的合理性问题并未得到保障。换言之，笔者对我国民事诉讼发回重审制度的改革走向存有质疑。因此，民事诉讼发回重审制度研究的意义即在于全面地发现制度的制定及运行中所存问题，并通过实证研究及比较研究等方法明晰完善发回重审制度适用的方法，为实现民事诉讼保障当事人审级利益及辩论权提供依据。

对于民事诉讼发回重审制度的研究能够促进发回重审制度理论

的完善。本书将从民事诉讼发回重审制度的沿革入手，对发回重审制度所存问题进行系统化、类型化的分析。针对发回重审制度所存问题进一步进行实证调研，通过实证性研究，不仅能够确定基于理论所作出的分析的正确性，同时可以进一步检验发回重审制度规范问题在司法实践运行中的表现形式及对当事人权利和各级法院的影响。通过对发回重审规范研究及实践考察，使其问题显现化，为促进发回重审制度理论的完善提供了保障。

对于民事诉讼发回重审制度的研究能够促进司法运行的有效性。民事诉讼发回重审制度是理论与司法实践相结合的制度，其不仅具有较强的理论研究价值，更具有对司法运行影响的研究价值。在实践中，发回重审制度对于原审法院即重审法院而言，既是对原审判决所存瑕疵纠正的机会，又是对其审判责任的压力。在大多情况下，原审法院对于重审案件具有抵触情绪，其对于上诉审法院作出将案件发回原审法院重新审理的裁定的客观性多存质疑。因此，完善民事诉讼发回重审制度对于促进司法运行的有效性及缓解各级法院之间存在的审判争议具有重要意义。

对于民事诉讼发回重审制度的研究能够加强对当事人诉讼权利的保障，从本质上实现降低发回重审率的效果。民事诉讼发回重审制度的立法目的即是通过设立民事诉讼程序保障性制度达到对当事人诉讼权利维护的结果，使当事人不会因对公正性之疑虑对民事诉讼望而却步。然而，随着司法改革的不断发展，降低发回重审率成为了民事诉讼发展先进程度的重要指标。因此，各地区法院纷纷通过各种手段大力降低发回重审案件数量及发回重审率。2013 年《民事诉讼法》的修改中，对于发回重审制度的适用同样作出了"仅可发回一次"的限制①。但是，随着发回重审率的下降，当事人、司法人员甚至立法者或许都遗忘了降低发回重审率的初衷。需要指出的是，发回重审率的降低并不是立法的主要目的，立法目的是尽量降低发回重审制度滥用或乱用的可能性，保障当事人民事诉讼审级利益与及时获得公正判决的权利。因此，对民事诉讼发回重

---

① 具体参见《民事诉讼法》第 170 条。

审制度的研究能够获知发回重审制度滥用及乱用的本质原因，针对此原因有的放矢地更新理念、修正规范，才能真正做到降低民事诉讼发回重审率、保障当事人民事诉讼权利不受侵害。

民事诉讼发回重审制度的研究能够为全面完善其他相关配套制度提供证据。本书中，笔者不仅对民事诉讼发回重审制度进行了规范性研究，对于民事诉讼发回重审制度的实践运行也进行了考察。在考察过程中笔者了解到民事诉讼发回重审制度适用过程中，存在大量的乱用与滥用问题，此问题在很大程度上是相关配套制度的不完善所导致的。例如我国并未对发回重审制度的适用与自行裁判的当事人选择权作出具体规定，这不仅导致了司法资源的浪费，在很多情况下，也未能满足当事人的诉求。再如，对于诉讼请求具有可分性的案件，全案的发回重审无疑是对司法资源的浪费及诉讼时效的延长，但我国不具有关于部分发回重审的相关规定。除通过实证研究对相关配套制度的不足进行分析外，笔者通过对域外法中关于民事诉讼发回重审制度规定的比较研究，进一步对发回重审制度的相关配套制度及规定进行分析，为全面完善其他相关配套制度提供充分的理论与实证基础。

五、创新点分析

民事诉讼发回重审制度研究作为较为传统的民事诉讼课题而言，本书的创新点在于运用多种分析方法对发回重审制度进行全面的剖析，从思想理念到具体措施，从宏观到微观的提出解决问题的方法。

第一，本书提出了更新对民事诉讼发回重审制度的理念。民事诉讼发回重审制度的立法目的即是通过对民事诉讼程序保障性制度的规定使当事人诉讼权利得到充分保障。随着司法改革的推进，立法者逐渐意识到民事诉讼二审发回重审乱用与滥用现象频发。因此，以降低发回重审率为评估民事诉讼发展先进程度的指标的司法措施逐渐开展。尽管发回重审率在各种措施的适用下得以下降，但当事人、司法人员甚至立法者对发回重审案件的处理结果并不满意。导致民事诉讼发回重审被当事人、司法人员所诟病的原因并非仅为发回重审数量大使重审法院因审判压力增加或使当事人失去等待判决结论的耐心，而更多的是上诉法院所作出将案件发回重审的裁定很多情况下并非出于保护当事人利益的角度，降低发回重审率已经成为部分地方司法改革的目的，却遗忘了降低发回重审率的初衷，使当事人在经历了漫长的等待后，依然无法取得公正的裁判结果。因此，本书提出应当树立正确的发回重审适用理念，降低发回重审制度滥用或乱用的可能性，保障当事人民事诉讼审级利益与及时获得公正判决的权利。

第二，本书对近 20 年全国民事诉讼上诉案件数据、民事诉讼二审案件改判数据、民事诉讼二审发回重审案件数据、发回重审案件再次上诉案件量及比率、发回重审案件上访案件数据进行收集、归纳，并对黑龙江省 95596 例民事诉讼审结案件进行分析、整理，以盼得出发回重审适用的习惯及规律。对黑龙江省的调研包括对案件调研和实地调研，其中包括中级人民法院民事审判庭审理的 10887 余例案件及高级人民法院民事审判庭审理的 2390 件案件进行实证样本分析，并对部分地区中院实地走访，对民事诉讼发回重审的实际运行情况收集到了一手数据及资料。根据第一手资料得出在实践运行中，民事诉讼发回重审规范存在的问题，并且根据实地走访获取第一线法官对民事诉讼发回重审完善的建议。与其他相关论著相比，本书更具有实证参考价值及借鉴意义。

第三，本书不仅对民事诉讼发回重审制度的构建及运行的完善方案提出了具体全面的建议，对于与其相关的配套制度的构建也提出了相对应的完善建议。民事诉讼发回重审的论著中，多针对发回重审制度的规范进行剖析，本书除基于实证研究获取第一手资料外，对于域外法中对民事诉讼发回重审制度的规定也作了具体细致的研究。在了解大陆法系主要国家及地区对民事诉讼发回重审制度的规定的基础上，对其加以比较，分析出发回重审制度作为整体制度具体规定之间的联系。具体言之，当上诉法院作出发回重审裁定的前置条件越复杂时，发回重审判决的拘束力对重审法院的控制力及拘束效力越强，其可降低重审法院偏失的可能性越强，其对案件异地审理的要求越弱；反之亦反。由于我国具有社会主义特色的传统大陆法系的特点，参照比较其他各国及地区的相关规定，民事诉讼发回重审制度的相关配套制度的完善对于全面实现保护当事人审级利益、辩论权及其他诉讼权利具有重要意义，其也是本书的重要创新点所在。

第一章　民事诉讼发回重审概述

第一节　民事诉讼发回重审内涵界定

在我国，民事诉讼发回重审与民事诉讼发回重审制度多为同一语义①。其中民事诉讼发回重审制度又包括民事诉讼二审发回重审制度及民事诉讼再审发回重审制度。民事诉讼二审发回重审是指上诉审法院在上诉审程序中经审理后撤销一审判决，将案件发回原审法院重新审理的一种法律后果。民事诉讼再审发回重审是指再审程序中由于审判监督程序的启动而将已作出生效判决的案件发回二审法院审理或提审的诉讼程序②。因此仅从民事诉讼发回重审制度的文意角度对其进行解释，该定义涵盖了发回重审的制度设计、立法目的等更为宽泛的概念。

在民事诉讼制度中，当特定条件满足时共存在两种将案件发回原审法院重新审理的可能情况，如上所述，分别是二审发回重审和再审发回重审。民事诉讼二审发回重审作为上诉审的一部分与再审程序中的发回重审相比其承担了不同的法律责任③。民事诉讼再审发回重审是在对原审案件的裁判已经生效的情况下，原审法院、当

---

① 参见江伟：《民事诉讼法》，高等教育出版社 2007 年版，第 369 页。

② 关于再审制度的属性、特质及规范模式，具体参见李潇潇：《民事再审发回重审的独立特质及双重限制模式构建》，载《法学家》2016 年第 3 期。

③ 参见肖森华：《民事再审发回重审制度的法律思考》，载《时代法学》2012 年第 5 期。

事人或具有监督职能的司法机关认为审理程序、法律适用、事实认定等存在严重瑕疵影响公正审判或审判结果时启动的审判监督程序。民事诉讼二审发回重审制度则是在民事诉讼案件经过一审判决和第二审上诉审理后，第二审法院认为第一审未生效的判决存在基本事实不清的情况或在判决结论得出的过程中存在严重违反法定程序的情况，其具有严重影响判决结论的可能而作出的将案件发回原审法院重新审理裁定的制度①。因此，与民事诉讼二审发回重审制度不同，再审发回重审制度主要司法功能为纠正已生效判决及其过程中存在的错误或瑕疵。

从立法目的的角度对发回重审加以解释，民事诉讼二审发回重审具体是指在民事诉讼活动中当特定的事由发生时，第二审法院将经过第一审审理的案件发回原审法院重新审理的情况。对于上诉案件的处理，根据《中华人民共和国民事诉讼法》（以下简称"《民事诉讼法》"）第 170 条之规定，经审理认定上诉请求不成立的，上诉审法院应当作出驳回上诉的裁判，其具体形式依照原审法院裁判的形式，即原审法院以判决形式对案件终结审理则上诉审法院则适用判决驳回上诉，原审以裁定终结对案件审理的则上诉审法院则适用裁定驳回上诉。当上诉审法院认定原审法院存在法律适用错误时，新《民事诉讼法》要求上诉审法院仅能通过自行修改原判的方式对原审存在的瑕疵进行修正，不得以此作为将案件发回重审的理由。对于原审存在基本事实不清时，上诉审法院可以作出将案件发回原审法院重新审理的裁定或依据实际情况自行裁判。② 在此种情况下，民事诉讼发回重审更多的是指第二审法院将案件发回原审法院重新审理的适用条件，或称民事诉讼发回重审的事由。

民事诉讼再审发回重审制度具体是指当案件判决已经生效后，

---

① 具体参见《民事诉讼法》第 170 条。
② 具体参见《民事诉讼法》第 170 条。

由于原审程序中存在重大瑕疵影响判决公正性，由当事人、法院或检察院启动的审判监督程序。① 根据最高人民法院颁布的《关于适用〈中华人民共和国民事诉讼法〉若干问题的意见》（以下简称"《民诉意见》"）第180条、210条、211条对民事诉讼再审发回重审制度适用的规定，对再审案件进行审理的法院在再审过程中，发现原一审程序或二审程序中存在审判人员应当回避而未作出回避的情况或存在应当开庭审理的案件未开庭审理的情况或对当事人未经传票传唤即作出缺席判决的情况等严重违反法定程序的事由，该程序之瑕疵可能会严重影响判决结果的合法性基础时，再审法院应当撤销原判决，将案件作出发回原审法院重新审理；对于再审程序中发现遗漏当事人的情形的，可先行依据当事人自愿申请对案件进行调解，调解不成应当作出撤销原判，发回原审法院重新审理的裁定。②

笔者在本书中欲探究在民事诉讼发回重审制度中及在上诉审框架下制度规范、实践现状中所存具体问题，并通过对其进行剖析从而达到完善制度的目的。由于民事诉讼再审发回重审属于审判监督程序③，并非本书所指上诉审程序的一部分，故不属于本书论述的范围。本书所述的民事诉讼发回重审制度均是指民事诉讼二审发回重审制度。因此，所有在后文中出现的"民事诉讼二审发回重审""民事诉讼二审发回重审制度""民事诉讼发回重审""民事诉讼发回重审制度""发回重审"或"发回重审制度"均指在上诉审程序中第二审法院作出的将案件裁定发回原审法院重新审理的制度，即民事诉讼二审发回重审制度。若笔者将对民事诉讼再审发回重审制度进行论证则会作特别说明。

---

① 参见江必新：《论民事审判监督制度之完善》，载《中国法学》2011年第5期。

② 具体参见《民诉意见》181条、210条及211条。

③ 再审发回重审程序是对生效判决存在错误的修正程序，不属于民事诉讼上诉审程序中的一个部分，而属于审判监督程序。参见虞政平：《再审程序》，法律出版社2007年版，第1~10页。

从适用的角度而言，发回重审是经第二审法院审理后，认为案件有经过当事人进一步言词辩论之必要而裁定将案件及全部诉讼资料发回原审法院重新审理的诉讼制度。作为民事诉讼制度下的子制度，其具有保障当事人审级利益、辩论权等功能，同时具有对第一审判决监督与指导的职能。从学理意义上而言，根据我国学者对于民事诉讼二审发回重审之研究，对于发回重审之概念也分为强调后果之定义、适用条件之定义与立法目的之定义。根据强调后果之定义来看，民事诉讼二审发回重审制度是指，第二审法院经二审审理程序后撤销原审法院之判决将案件发回原审法院对案件进行重新审理的民事诉讼制度。

从适用条件的定义来看，民事诉讼二审发回重审制度是指第二审法院经审理发现第一审判决所依据之证据材料有经当事人进一步言词辩论的必要而裁定将案件发回原法院重新审理的诉讼制度。

从立法目的之定义来看，发回重审制度是指第二审法院依据第一审法院所提供之证据材料据以裁判案件会导致当事人辩论权与审级利益之侵害，由此裁定将案件发回原审法院重新审理的诉讼制度。根据我国《民事诉讼法》对于民事诉讼二审发回重审适用条件及后果之规定，发回重审即是在诉讼当事人对原审案件上诉后，二审法院认为原审对案件之审理结果存在"基本事实不清"或存在"程序严重瑕疵"可能导致当事人诉权之侵害情况下，否定原审法院判决之拘束力、撤销原审判决，将案件发回一审法院重新审理之民事诉讼制度。

从发回重审的各阶段而言，第二审法院在特定情况下认为案件具有重新经历第一审辩论之必要的，将对案件作出撤销原判，发回原审法院重新审理的裁定。在第二审法院作出将案件发回重审之前，首先应当撤销原判决之拘束力，使案件转为待审状态。根据《日本民事诉讼法》的规定，由于严重程序瑕疵发回重审案件视为已经撤销，由此可见发回重审与撤销原判决是对于案件审理过程中的不同阶段。① 在我国发回重审制度中，撤销原判决是发回原法院重审的前置条件而非结果，第二审法院若要将案件发回原法院重新审理必先对尚未产生法律效力之原判决加以撤销，而第二审法院对原法院之判决作出撤销裁定后，并不必然引起发回重审之后果。可以说，在我国并没有严格区分撤销原判与发回重审这两个阶段，一般而言的发回重审即包含撤销原判决，将案件发回原审法院重新审理两个程序。

尽管理论上对于民事诉讼发回重审不具有统一的定义，但上述各概念从不同角度对民事诉讼二审发回重审作出了定义，对于正确适用发回重审的裁定具有指引意义。如在下文将论述的实证现状中，目前我国第二审法院作出将案件发回原审法院重新审理的裁定并非基于民事诉讼二审发回重审的定义，而是存在大量乱发回、滥发回②的现象，这正是立法者对于发回重审定义强调的疏忽所导致的。因此，明确民事诉讼发回重审制度概念为后文对民事诉讼发回重审制度的进一步完善提供了理论基础。

第二节 民事诉讼发回重审基本特征

当第二审法院对上诉案件进行审理时，并非所有经第一审法院得出裁判结论的案件均具有作出发回重审裁定的基础。根据我国《民事诉讼法》的规定，第二审法院只有在特定情况发生时才可以作出将案件发回原审法院重新审理的裁定，尽管法官在作出发回重审的判断时具有一定的自由裁量权，但所裁量的范围也具有严格的限制。在第二审法院作出将案件发回原审法院重新审理的裁定后，

---

① 参见［日］高木丰三：《日本民事诉讼法论纲》，陈与年译，中国政法大学出版社 2007 年版，第 587 页。

② 在司法实践中，大量存在裁判人员对发回重审制度的适用条件模糊不清的情况，在某些地区法官作出发回重审的裁定在很多情况下缘于其认为案件的事实当事人并未提供足够证据加以证明，发回重审制度成为了一方当事人多次提供证据证明其观点的手段和方法，这是显失公平的，具体论述参见第三章。

第二审法院则通过将案件移送原审法院的方式使其回到原审法院重新审理，而原审法院则会将案件视为新的诉讼案件进行审理。在实践过程中，由于第二审法院对发回重审制度特征不清，发回重审制度适用错误及乱用情况大量产生。因此，厘清民事诉讼发回重审制度特征对完善民事诉讼发回重审制度具有重要意义。

第一，民事诉讼二审发回重审是上诉审的一部分，其对象为一审未生效之判决，裁定发回重审以当事人审级利益及辩论权的保护为裁判出发点。当民事诉讼一审结束后，判决尚未生效前当事人提起上诉，经第二审法院审理认为原审法院据以作出判决之事实具有进一步辩论之必要，且该事实在一审程序中未被当事人完全辩论并非由于该当事人承担举证责任之后果而导致的发回重审属于民事诉讼二审发回重审，其结果是导致案件被发回原审法院重审开始审理。民事二审发回重审发生在上诉审过程中，上诉审的制度功能包括确认一审裁判之正确性、吸收并消除当事人不满及维护司法统一等作用，因此二审发回重审承担着进一步实现上诉审制度之功能的责任。

根据我国《民事诉讼法》的相关规定，经人民法院行使国家审判权而作出的判决和裁定任何机关、团体和个人都无权变更或撤销，但因为审判人员对于事实进行认定和法律适用是人民法院行使审判权之必要途径，其不可避免地会发生错误和偏差。再审程序即是在发生效力的裁判出现错误时给予纠正之程序，其更加强调对错案的纠正。因此，当法院同时具有作出二审发回重审裁定之权能和有作出再审发回重审裁定之权能时，第二审法院需对二者加以区分，明确二审发回重审的适用是基于上诉审的职能，以当事人审级利益及辩论权的保护为裁判出发点。

第二，发回重审的对象为一审所作判决。根据《民事诉讼法》的规定，当事人对第一审法院作出的裁定不得提起上诉。三种特殊情况除外：管辖权异议的裁定、不予受理的裁定和驳回起诉的裁定。① 如上所述，民事诉讼二审发回重审是第二审法院在特殊情况

---

① 参见《民事诉讼法》第 38 条，第 123 条，第 124 条，第 154 条。

下将案件发回原审法院重新审理的制度，其必然属于上诉审程序之组成。除判决外，当事人仅可针对以上三种裁定提起上诉，则第二审发回重审对象之最大外延即为一审未生效的判决及管辖权异议的裁定、不予受理的裁定和驳回起诉的裁定。根据《民事诉讼法》的规定，在第二审程序中若法院认为第一审所作上述三种裁定出现错误并不以发回重审的裁定方式进行更正①。因此，第二审法院作出发回重审裁定对象为第一审所作之判决。

第三，民事诉讼二审发回重审采用裁定的形式与严格的法定主义。在民事诉讼中，裁判结论一般以民事判决、民事裁定与民事决定中的一种形式呈现。其中，民事判决主要解决实体性问题，其目的是解决民事纠纷，一般在审理的最后阶段作出；民事裁定主要解决程序性问题，目的是推进诉讼进程，可以在审理阶段或执行阶段作出；民事决定一般针对特殊问题，其目的是清除诉讼障碍，民事决定均不可提起上诉。根据《民事诉讼法》第170条第3款、第4款之规定和最高法院《民诉意见》第181条之规定，民事诉讼发回重审采用裁定形式。可见，民事诉讼发回重审制度的适用是对民事诉讼程序作出的裁判而非实体意义上的判决。第二审法院作出将案件发回原审法院重新审理的裁定的事由之一为"基本事实不清"，对于基本事实不清的认定对于重审法院是否具有实体意义将会在下文中作进一步论述。

根据我国《民事诉讼法》第170条的规定，仅在两种情况下第二审法院可将案件发回原审法院重新审理：1.当第二审法院认为第一审判决存在基本事实不清的情况下，在确有发回重审必要时第二审法院可将案件发回重审；2.当第二审法院认定原审程序中存在严重违反法定程序的情况时，第二审法院应当裁定将案件发回

① 根据《民事诉讼法》的规定，若在第二审程序中法院认为第一审法院对于管辖权异议裁定存在错误，第二审法院一般采用指令管辖或移送管辖的方式予以纠正；若在第二审程序中二审法院认为第一审法院对于不予受理裁定存在错误，第二审法院一般采用撤销原裁定、指令立案的方式纠正；若在第二审程序中二审法院欲否定第一审法院作出的驳回起诉裁定，第二审法院一般情况下采用撤销原裁定、指令受理的方式纠正。

重审。学者将第一种情况称之为任意性发回重审而将第二种情况称之为强制性发回重审。① 根据诉讼法之原理，在基本事实不清的情况下，法官对于是否裁定将案件发回重审具有一定的自由裁量权。对于事实认定第二审法院可以通过自行裁判的方式加以认定，在不侵害当事人辩论权的情况下，第二审法院也可依法裁判。尽管第二审法官在案件基本事实不清时是否将案件发回原审法院重新审理具有自由裁量权，但从民事诉讼发回重审制度的适用角度而言，其依然属于严格的法定主义，即只有在满足法律规定的条件下，第二审法院方可作出将案件发回重审的裁定，不得以法律规定以外的原因作出将案件发回原审法院重新审理的结论。

综上所述，厘清民事诉讼二审发回重审与再审中发回重审制度特征的差异，明确民事诉讼二审发回重审具有上诉审制度特征，以当事人审级利益及辩论权的保护为裁判出发点，明晰其适用具有严格的法定主义特征对进一步防止现有司法运行中对发回重审制度的误用具有重要意义。

第三节　民事诉讼发回重审的法理价值

民事诉讼发回重审制度研究应当以保障当事人的审级利益为核心。② 此外，由于民事诉讼发回重审关系到司法效率、司法成本和

---

① 根据《日本民事诉讼法》的规定，由于原审程序存在严重瑕疵导致案件审判合法性基础受到严重影响而导致的发回重审无需法官对事实作出法律上的判断，因此称为强制性发回重审；而在原审程序中由于原审法官之过错导致对事实认定的法律判决存在瑕疵而使得判决结论具有丧失公正的可能性所导致的发回重审，因需要发交法官对案件实体法律关系进行法律判断，因此称为任意性发回重审。因日本作为大陆法系代表国家，对我国民事诉讼具有重要影响，因此在民事诉讼发回重审制度理论中，对于发回重审的分类也存在强制性发回重审与任意性发回重审的说法。

② 尽管有部分学者认为，对当事人审级利益的保护不应当作为发回重审制度目的之一，但民事诉讼法学者及笔者的主流观点认为，发回重审制度的设计及适用目的主要为保护诉讼当事人审级利益、辩论权利及其他民事诉讼权利不受侵犯。

司法审判组织分配等相关问题，因此，无论对于诉讼当事人还是法院系统而言，民事诉讼发回重审都具有探讨及研究的重要意义。民事诉讼发回重审的适用是基于第二审法院认为原审存在基本事实认定不清的情况，或在审判过程中存在严重违反法律规定的情况，为了保护当事人审级利益所作出的将案件发回原审法院重新审理的裁定。因此，对于民事诉讼发回重审制度研究有利于保障当事人民事诉讼审级利益。

第一，发回重审对于当事人审级利益的保护及辩论权的保护是对民事诉讼正义价值的追求。

发回重审制度是将案件发回原审法院重新审理的民事诉讼制度。发回重审必然耗费当事人更多时间、精力、金钱，与此同时占用更多的司法资源。因此笔者不禁存在以下疑问：发回重审制度的设立具有怎样的法理学意义上的思考；在正义与效率之间，发回重审制度将如何平衡以取得当事人及国家司法的利益最大化。从发回重审的价值追求的角度出发探求正义与效率在发回重审制度中的平衡点，使得当事人能够及时的获得正义的裁判，是本节讨论的重点。

法律价值是法律存在的伦理正当性依据，其体现在对秩序、自由、平等、人权、正义与国家利益的追求。这些价值之间本身会存在冲突，如秩序与自由、自由与平等，此时则需要价值位阶实现平衡和兼顾①。一般而言，自由代表了人的最本质的人性需要，它是法的价值的顶端；正义是自由的价值外化，它成为自由之下制约其他价值的法律标准；而秩序则表现为实现自由、正义的社会状态，必须接受自由、正义标准的约束。因而，在以上价值之间发生冲突时，可以按照位阶顺序予以确定何者应优先适用②。对民事诉讼发

---

① 参见马克思主义理论研究和建设工程重点教材课题组：《法理学》，人民出版社、高等教育出版社2010年版，第75~93页。

② 自由的法的价值、正义与自由的关系及秩序为实现自由、正义的社会状态。参见汪娣娣：《"价值称量"理论在解决反倾销所涉公共利益问题中的运用》，中国政法大学，2004。转引自孙伟：《事实与价值》，中国社会科学出版社2000年版。

回重审而言，其立法目的主要是基于保障当事人诉权、维护当事人诉讼审级利益，其具备了对自由、正义与秩序的价值追求。发回重审制度的价值是维护正义而在一定程度上牺牲效率的选择①。正义顾名思义为正确的道义，属于伦理学、政治学的基本范畴。在伦理学中，通常指人们按一定道德标准所应当做的事，也指一种道德评价，即公正。"正义"一词，在中国最早见于《荀子》，"不学问，无正义，以富利为隆，是俗人者也"。古希腊哲学家柏拉图认为，人们按自己的等级做应当做的事就是正义。整体看来大多数的观点认为公平即是正义。而在法律的视角下讨论公平正义，则将正义分为实体正义与程序正义两种类型。从亚里士多德以来，实体正义的种子就深深扎根于人民的心中，一言以蔽之，实体正义即是追求结果的正确与合理，对于过程及使用方法在所不言。

随着文明的不断发展，人们发现在争议解决的过程中"一个事实，多种故事"的现象②比比皆是，在裁判过程中，为了追求结果公正所付出的代价有时超过了争议解决本身的价值。于是，程序的合理、合法及正当性成为了考察正义与否的重要指标，即为"程序正义"。美国学者罗尔斯将程序正义分为三种：第一种称为"纯粹的程序正义"，第二种称为"完全的程序正义"，第三种称为"不完全的程序正义"。③ 尽管程序正义的追求对于正义本身有着重大的作用，但程序正义如果脱离现实中采取的程序及手段而讨论

---

① 参见欧婷：《消除有罪不罚实现司法正义》，载《法制与社会》2011年第11期。

② 参见张保生：《证据法学》，中国政法大学出版社2014年版，第17~19页。

③ 纯粹的程序正义是指关于什么才是正义的结果没有标准，存在的只是严格遵守其程序规则；完全的程序正义是指在程序之外存在着决定结果是否合乎正义的标准，且同时也存在着满足这个标准的结果得以实现的程序；不完全的程序正义是指虽然在程序之外存在着衡量正义的客观标准，但完全满足这个标准的结果得以实现的程序却不存在。具体参见，［日］谷平安平：《程序的正义与诉讼》，王亚新、刘荣军译，中国政法大学出版社2002年版，第2~5页。

则变得毫无意义。从某种意义上讲，民事诉讼发回重审制度即是程序正义的一种表现形式。程序正义在诉讼法上的表现即主要为三个方面：（1）确保利害关系者参加的程序；（2）对于利害关系人参加程序的场所的保证；（3）对于参加结果的通知①。程序正义在法律层面上的发展得益于英美法中"正当程序"的形成。而在英美法中，"正当程序"的发展得益于英美法中陪审团制度，而"正当程序"在陪审团制度之下则意味着"恰当的告知与听取"②。对民事诉讼而言，程序的公正性日益重要，其中民事诉讼的以辩论原则为核心则是重要的体现。上诉审以直接审理为原则③，发回重审的作出主要基于保障当事人诉权、维护当事人诉讼审级利益的考量，是正义价值的追求的表现。

第二，民事诉讼发回重审制度应更为侧重保障当事人及时获得公正审判结果的权利。

尽管我国《民事诉讼法》及相关司法解释对民事诉讼发回重审制度的适用范围一再限缩，但其在适用过程中仍存在大量滥用、乱用的问题。此外，在裁定将案件发回原审法院重新审理时，二审裁定存在大量不说明理由的情况。可以说，上诉审法院裁定将案件发回原审法院重新审理在一方面确实保证了当事人具有对案件争议重新辩论的权利，但也在一定程度上丧失了及时获得公正判决的权利。因此民事诉讼发回重审制度研究在维护当事人及时取得公平裁判的权利的角度上具有重要意义。

---

① 参见 Damaska, Mirjan R. Evidence Law Adrift［D］. New Haven：Yale University Press, 2013。

② 参见 Stephen A. Wriner. The Civil Jury Trial and the Law-Fact Distinction ［J］. California Law Review, 1966, 54：253-1079。

③ 民事诉讼审理方式可以分为直接审理和间接审理。直接审理原则是指有权作出裁判的法官必须亲自听取当事双方的主张和辩论并直接接触了证据才可以作出判决的审理方式；间接审理原则是指设置了事先判决的法官，负责听取当事者主张和调查证据，有权作出判决的法官根据调查法官的报告作出判决。具体参见，［日］谷平安平：《程序的正义与诉讼》，王亚新、刘荣军译，中国政法大学出版社2002年版，第129~130页。

不得不承认的是，每当讨论民事诉讼发回重审制度时，学者、司法人员甚至立法者第一个想到的问题即是对于司法资源的消耗和诉讼的迟延。在司法发展的相当长的一段时间里，发回重审制度成为了规避审判风险、提高法官结案率等私目的之手段，同时发回重审造成当事人权利实现的遥遥无期，使得"发回重审"四个字在基层法院法官和当事人心中成为了噩梦的代名词。

发回重审引发司法效率低下成为了一些司法实践人员及学者主张废除由事实原因导致发回重审的主要理由。以保障司法效率为核心主张废除由事实原因导致发回重审的主要观点为：首先"对于基本事实不清"判断的二难推理使司法效率低下。尽管立法者对于发回重审制度的适用范围作出进一步限制，由事实原因导致的发回重审从"事实不清、证据不足"修改为"原判决认得的基本事实不清"，但对于"基本事实"的定义模糊含混，"基本事实不清"与"事实不清"的区别仍不清晰，在实践中仍无法避免用"基本事实不清"作为滥用发回重审的借口和挡箭牌，使得诉讼拖延严重阻碍诉讼进程。其次，从保障当事人经济利益角度而言，民事诉讼因其自身性质决定了争议结果大多以财产性补偿、赔偿、返还等方式体现，简而言之，当事人进行民事诉讼的终极目的是得到财产性权利的保障。在实务中，发回重审导致诉讼冗长可视为法院变相地不审判，最终可能导致当事人赢了诉讼、失了财产，与民事诉讼法的宗旨不符。

当两种不同的法律价值相互矛盾时，价值位价将决定何种价值优先适用，而法公平将决定如何配比不同价值使之达到一定的平衡。

在发回重审价值位阶的排序中，必须承认的是，对于正义价值的追求的确超过了效率价值。然而，这并不意味着二审法院适用发回重审作为对案件的处理结果就是对效率价值的抛弃，而是在追求正义价值的前提下，最大限度的实现司法效率。如现行《民事诉讼法》第170条作出了对于存在严重违反法定程序的情况应当发回重审的规定，并且新增加了发回重审仅能适用一次的次数限制①

---

① 参见《民事诉讼法》第170条第4款的具体规定。

的规定。此处尚且不讨论此项规定恰当与否，仅就价值追求而言，发回重审制度不仅考虑到了正义价值，也在通过修改法律，最大限度地提高民事诉讼效率。民事诉讼发回重审制度作为保证当事人审级利益、维护司法层级职能、行使监督功能的诉讼的程序，由于其规定简单笼统，在实践中一直饱受司法实践人员及学者诟病。在实践中，发回重审多因重复审理，耗费诉讼成本，延长诉讼周期而受到负面评价。民事诉讼法学者对于发回重审制度存在的种种问题一再强调其原因为制约力度之不足，随着司法改革的不断深化，民事诉讼发回重审制度也有较大改变，在诉讼效率的制约方面尤为突出，比如民事诉讼法第171条对于事实不清的发回重审规定改为基本事实不清，再如民事诉讼由事实原因导致的发回重审限制为仅可发回重审一次。① 然而，发回重审的弊病并非通过加大制约力度即可得以矫正。其所造成之诉累的核心问题也并非对于发回重审制约力度之问题，而是发回重审功能错位，只有从根本上纠正发回重审的适用方能为其正名。

综上所述，完善民事诉讼发回重审制度首先应当对其一般理论及设立理念有所掌握，其对全面完善发回重审制度具有重要意义。其次，不仅要从保护当事人诉讼权利的角度提出对当事人辩论权及其他诉讼权利保护的完整理论，也要从对效率价值追求的角度，力图通过对制度不足的完善达到使发回重审制度消耗最短时限即可达到对当事人权利的保障。更为重要的是，由于民事诉讼制度体系过于庞杂，各相关规定之间都存在着密切的联系，对于发回重审制度的完善需要审慎进行，因此全面分析民事诉讼发回重审滞后性成因，对于解决其现存问题、完善民事诉讼发回重审制度架构具有重要意义。

---

① 参见《民事诉讼法》第170条具体规定。

第二章 我国民事诉讼发回重审制度规范检视

第一节 我国民事诉讼发回重审制度沿革及评析

一、我国民事诉讼发回重审制度的沿革

随着司法改革的不断深化，"努力让人民群众在每一个司法案件中都能感受到公平正义"① 的理想逐步成为现实，民事诉讼保障当事人诉讼权利、提高诉讼效率在民事诉讼的方方面面得以体现。民事诉讼发回重审制度在巨大的民事诉讼机器中承担着连接"正义"与"效率"的作用。然而，正如19世纪英国政治家威廉·格拉德斯通所说，"迟到的正义是非正义"，发回重审制度在强调正义的同时如何兼顾效率一直以来都是立法者及诉讼法学者研究的重点。

从1950年《中华人民共和国诉讼程序试行通则（草案）》中首次对发回重审制度作出正式的规定，到2013年《民事诉讼法》

---

① 习近平总书记在中共中央政治局就全面推进依法治国进行第四次集体学习中强调，要坚持司法为民，改进司法工作作风，通过热情服务，切实解决好老百姓打官司难问题，特别是要加大对困难群众维护合法权益的法律援助。司法工作者要密切联系群众，规范司法行为，加大司法公开力度，回应人民群众对司法公正公开的关注和期待。要确保审判机关、检察机关依法独立公正行使审判权、检察权，并提出努力让人民群众在每一个司法案件中都能感受到公平正义的司法要求。

对于发回重审制度作出较大的修改，发回重审制度作为民事诉讼中对于当事人辩论权保障的重要制度在实际司法活动中起到了怎样的作用、发生了怎样的变化、存在哪些问题、又有哪些值得借鉴？本章将会对民事诉讼二审发回重审制度进行梳理，从历史沿革出发，通过对各学者关于民事诉讼发回重审制度评析的概括，提出发回重审制度的现存问题。欲通过本章之论述对民事诉讼二审发回重审之正位及发展提供规范分析之基础。

民事诉讼发回重审制度是连接"正义"与"效率"旋钮，平衡公正与效率是其立法的重点和难点。从各时期规定的内容、范围、具体程度和价值重点的角度，笔者将民事诉讼发回重审制度分为四个主要阶段：

民事诉讼发回重审第一阶段——初设阶段：1950 年制定的《中华人民共和国诉讼程序试行通则（草案）》规定中明确指出，当上诉法院认定上诉所要求的对于原审裁判所作变更的内容不具有理据时，上诉法院应当判决驳回上诉请求；认为上诉内容属实的，上诉审法院可以改判，或在有必要的情况下可发回原审法院重新审理①。民事诉讼发回重审作为裁判的结果出现在了《中华人民共和国诉讼程序试行通则（草案）》中，体现出了立法者对于当事人诉讼权利保障的意识的初成。但不得不指出，在此阶段，立法者对于发回重审适用事由并未作任何规定，仅笼统概括为"必要时发回……更审"。

由此可见，在初设阶段裁定发回重审对于法官而言具有较大的自由裁量权，且其重审目的并不完全是保护当事人诉讼权利，此阶段的发回重审为日后发回重审制度的细节化奠定了基础。对于上诉审法院作出驳回上诉或发回重审法律仅规定适用判决的形式，在此

---

①　具体参见 1950 年《中华人民共和国诉讼程序试行通则（草案）》第 62 条："诉讼法院认为上诉无理由者，应以判决驳回上诉；认为上诉有理由者，应撤销原判，自行改判，或于必要时发回原法院或其他法院更审。"

阶段对于发回重审制度的适用性质仍属于较为模糊的状态。但值得一提的是，在发回重审设立之初即作出了"或于必要时发回原法院或其他法院更审"的规定，就当时司法状况而言具有保障当事人得以获得公正审判的权利的意味，是值得肯定的，也是立法上的一项创新。

民事诉讼发回重审第二阶段——优化阶段：1956年最高人民法院在《关于各级人民法院民事案件审判程序总结》中指出，上诉审法院在对案件的审理过程发现原审过程中存在程序严重违法的情况，上诉法院应当裁定撤销原审判决将案件发回原审法院重新审理，并且在该裁定中说明理由。① 1979年最高人民法院作出了较为明确的规定，要求上诉审法院认为原审对事实认定存在不清楚或在认定事实过程中所依据的证据不充分的情况下，上诉审法院可以作出撤销原判发回重审的裁定也可以通过自行调查的方式在查明案件事实的情况下作出自行裁判。同时，最高人民法院进一步规定发回重审裁定书的书写内容应当翔实具体，对于所存问题应当及时通知原审法院，以便其更正。②

此阶段立法者从三个方面对发回重审制度进行了修正和进一步的完善。首先，针对第一阶段的规定，最高人民法院对于发回重审的内容进行了一定程度上的限制，如"原审在程序上显然有严重违法情况的案件"，"对原判决事实不清、证据不足的案件"。但是，仍存在表意模糊的问题，对于"显然"及"严重违法"并没

---

① 1956年最高人民法院《关于各级人民法院民事案件审判程序总结》规定："对原审在程序上显然有严重违法情况的案件，即用裁定撤销原判，发回原人民法院更审。发回更审的裁定内，应当明确具体地指出原审判决或裁定违法的地方，以便原审人民法院加以更正。"

② 《人民法院审判民事案件程序制度的规定》（试行）规定："对原判决事实不清、证据不足的案件，可撤销原判，发回更审，也可以自行调查审理；发回更审的裁定书要写清理由，同时将原判决事实不清或证据不足的具体内容通知原审人民法院。"

有给出明确的定义，其仍属于法官自由裁量之范围，但其规定较第一阶段已有明确的限缩适用条件。其次，最高人民法院明确了发回重审的案件裁判使用的裁定文书形式①，且强调了程序公正的重要性，这是对原审判中"重实体，轻程序"的纠正。明确使用裁定文书是对民事诉讼发回重审性质上的确定，并且在此阶段强调了发回重审的理由为"原审在程序上显然有严重违法情况的案件"，突出了程序正义之重要性。再次，此阶段对民事诉讼发回重审制度的适用形式作出了更为具体的规定，明确了发回重审裁定书的撰写规范，即"发回重审的裁定书要写清理由，同时将原判决事实不清或证据不足的具体内容通知原审人民法院"②。尽管直至目前发回重审事由不清仍是现存的主要问题，但从立法角度而言，要求二审法院明确原判决事实不清或证据不足的具体内容对于二审法院裁定发回重审的拘束力问题探究具有较为重要的意义，也是立法者兼顾公平与效率的部分体现。

民事诉讼发回重审第三阶段——细化阶段：1982 年全国人大常委会公布了民事诉讼试行办法，其中对于民事诉讼发回重审制度作出了进一步的规定，其规定明确了 1979 年最高人民法院在对民事案件程序性要求的规定，要求上诉审法院认为原审对事实认定存在不清楚，或在认定事实过程中所依据的证据不充分的情况下，上诉审法院可以作出撤销原判、发回重审的裁定，也可以通过自行调

---

①　明确裁定书的适用是对发回重审制度完善的又一举措。在民事审判程序中，一般而言共有三种常用司法文书：民事判决书、民事裁定书和民事决定书。民事判决书是指人民法院对所受理的民事纠纷和经济纠纷案件按照民事诉讼法规定的程序，审理终结时作出的文书用于就当事双方权利与义务的实体问题作出处理的司法文书。民事裁定书是指人民法院在审理民事案件或者在民事判决执行过程中，为解决程序问题而作出的书面裁决。民事决定文书是指人民法院在审理民事案件过程中为了保证诉讼活动的顺利进行，对案件审理中出现的某些特殊而紧迫的诉讼程序问题作出决定时所作的司法文书的总称。

②　具体参见 1979 年最高法院关于民事诉讼发回重审适用的解释。

查的方式，在查明案件事实的情况下作出自行裁判。①

1991 年《民事诉讼法》第 153 条对于民事诉讼发回重审规定作出了修改，修改后为上诉审法院认定原审法院在判决中存在事实认定错误或存在事实认定不清或因对案件判决具有影响的事实的证据存在不充分的情况时，上诉审法院可作出撤销原判发回重审的裁定，也可以通过自行调查的方式，在查明案件事实的情况下作出自行裁判。但若上诉审法院认定原审程序中存在违法程序且该程序可能会影响案件公正判决的，上诉审法院应当作出将案件发回原审法院重新审理的裁定。② 2007 年第七届全国人大第四次会议上通过了对《民事诉讼法》进行修改的决议，在 1991 年《民事诉讼法》的基础上对民事诉讼中当事人权利的保障进行了进一步的明确，然而 2007 年对民事诉讼中第二审发回重审制度并未作出具体修改，仍沿用了 1991 年《民事诉讼法》的规定。

最高人民法院《民诉意见》对于第二审法院作出将案件发回原审法院重新审理的情况作出了进一步的解释，对于民事诉讼发回重审规定的适用作出了明确规定，该《民诉意见》中首先对违反法定程序的情形可能影响案件正确判决的情形作了列举式说明，其中共列举四种情况，分别是审判人员应当回避而未回避的情况、一审审理案件未开庭审理的情况、应当传唤到场的当事人未经传唤第一审法院即作出缺席判决的情况和其他情况。其次，《民诉意见》对于除上述四种情况外的其他情况的具体处理作出了列举式的说明，其中包括当事人提出的诉讼请求在原审审理过程中存在遗漏的情况、必须参加诉讼的当事人未参加一审审理的情况及一审判决不

---

①　《中华人民共和国民事诉法（试行）》，其中针对发回重审规定为"原判决事实不清，证据不足，或者由于违反法律程序可能影响案件正确判决的，裁定撤销原判，发回原审人民法院重审，也可以查清事实后改判"。

②　1991 年《民事诉讼法》第 153 条规定："原判决认定事实错误，或者原判决认定事实不清，证据不足的，二审人民法院可以裁定撤销原判，发回原审人民法院重审。也可以在查清事实后改判。原判决违反法律程序，可能影响案件正确判决的，应当裁定撤销原判，发回原审人民法院重审。"

准离婚但上诉审法院认为应当判离的情况的具体处理。① 此外，最高人民法院在该《民诉意见》中针对不适用发回重审的事由，也作出了更为具体的规定②。

此阶段，无论从立法者对民事诉讼发回重审的内容规定的细化程度而言，抑或是从发回重审的目的角度而言，发回重审制度的重要性尤可显见。在此阶段，民事诉讼发回重审的规定被进一步细化，对其限制进一步增加，并且首次将发回重审与自行裁判两概念相并列，使得发回重审与自行裁判之间的关系与界限成为民事诉讼法重要研究课题③，其也是民事诉讼发回重审归位的重要基础。其

① 《关于适用〈中华人民共和国民事诉讼法〉若干问题的意见》规定："对有下列违反法定程序的情形之一，可能影响案件正确判决的，第二审法院应裁定撤销原判，发回原审人民法院重审：1. 审理本案的审判人员、书记员应当回避未回避的；2. 未经开庭审理而作出判决的；3. 适用普通程序审理的案件当事人未经传票传唤而缺席判决的；4. 其他严重违反法定程序的。对下列案件是否发回重审，应当分别不同的情况处理：1. 对当事人在一审中已经提出的诉讼请求，原审人民法院未作审理、判决的，第二审人民法院可以根据当事人自愿的原则进行调解，调解不成的，发回重审。2. 必须参加诉讼的当事人在一审中未参加诉讼，第二审人民法院可以根据当事人自愿的原则予以调解，调解不成的，发回重审，发回重审的裁定书不列应当追加的当事人。3. 一审判决不准离婚的案件，上诉后，第二审人民法院认为应当判决离婚的，可以根据当事人自愿的原则，与子女抚养、财产问题一并调解，调解不成的，发回重审。"

② 最高人民法院《关于适用〈中华人民共和国民事诉讼法〉若干问题的意见》规定了不适用发回重审的几种事由："1. 如果原审原告当事人在第二审程序中被提起反诉，或者是原告当事人在第二审程序中提出了新的独立诉讼请求的，第二审法院就应当在当事人自愿的条件下对反诉或新的诉讼请求进行调解，调解不成的通知另行起诉。2. 第二审法院所审理的案件，经审查发现该案件不属于人民法院管辖范围的，第二审法院应当直接裁定撤销原判，驳回起诉。3. 第二审法院在审理过程中，如果作为诉讼当事人的法人或其他组织分离或合并的，就应当由法院将其分立或合并后的法人或其他组织列为案件当事人。"

③ 对于民事诉讼发回重审制度问题而言，发回重审制度的乱用与滥用在很大程度上缘于第二审法官对于其与自行裁判之间界限的区分不清。针对此问题，笔者会在第二章及第三章作进一步讨论。

次，最高人民法院将"违反法定程序，可能影响案件正确判决的情形"作出了进一步的解释，更进一步的表明民事诉讼中程序严谨及正义对于民事诉讼的意义。

民事诉讼发回重审第四阶段——限制阶段：2012 年 8 月 31 日通过，2013 年 1 月 1 日实施的《民事诉讼法》再一次对民事诉讼发回重审的规定进行了修改，原《民事诉讼法》第 153 条对民事诉讼发回重审制度的规定在新《民事诉讼法》第 170 条中作出规定，并且新《民事诉讼法》对原发回重审制度的规定作出了较大的修正和更为细化的规范。对于上诉审法院经审理认定上诉请求不成立的，上诉审法院应当作出驳回上诉的裁判，其具体形式依照原审法院裁判的形式，即原审对案件的裁判以判决形式作出，上诉审法院则适用判决驳回上诉；原审对案件裁判以裁定的形式作出，上诉审法院则适用裁定驳回上诉。当上诉审法院认定原审法院存在法律适用错误时，新《民事诉讼法》要求上诉审法院仅能通过自行修改的方式对原审存在的瑕疵进行修正，不得以此作为将案件发回重审的理由。原审存在"基本事实不清"的情况时，上诉审法院可以作出将案件发回原审法院重新审理的裁定或依据实际情况自行裁判。值得注意的是，在 2013 年的《民事诉讼法》中，对于发回重审制度的适用已从原规定的"事实不清，证据不足"修改为"基本事实不清"的规定。《民事诉讼法》对于存在严重违反法定程序的情况作出了应当发回重审的规定，并且新增加了发回重审仅能适用一次的次数限制。①

此外，最高人民法院《关于适用〈中华人民共和国民事诉讼法〉的解释》第 325 条对可以认定为民事诉讼法第 170 条第 1 款第 4 项规定的严重违反法定程序的情形作出了进一步的规定，其中对四种情况作出了列举式说明，包括审判组织的组成不合法的情况、原审审判人员应当回避而未回避的情况、不具有诉讼行为能力的当事人未经法定代理人代为诉讼的情况及未依法保障当事

---

① 参见 2013 年《民事诉讼法》第 170 条规定。

人诉讼辩论权利的情况。① 第 326 条、第 327 条对严重违反法律规定的程序作出了具体的规定，对于当事人在原审程序中所提诉讼请求，原审法院有所遗漏的情况的处理方法及必须参加诉讼当事人或具有独立请求权第三人未通知到庭的处理方法作出了明确的规定②。

除以上规定外，各地区针对法定发回重审事由也作出较为具体化的规定。例如对于"违反法定程序，可能影响案件正确判决"的情形一般还包括：诉讼程序不符合法律规定；更换合议庭成员未告知诉讼当事人；未给予当事人足够的举证期限；开庭审理程序严重不符合法律规定及双方当事人存在争议的证据未经质证即被作为定案依据。"基本事实不清"的具体含义根据最高人民法院《关于适用〈中华人民共和国民事诉讼法〉的解释》第 335 条的规定，《民事诉讼法》中所规定的"基本事实"是指对于当事人主体资格、当事人双方权利义务关系的认定及民事诉讼案件性质的认定等对原审判决结果具有实质影响的要件。③ 各地区法院针对"基本事实不清"一般通过外延之比较为适用该法的指引。例如，某市

---

① 最高人民法院《关于适用〈中华人民共和国民事诉讼法〉的解释》第 325 条规定："（一）审判组织的组成不合法的；（二）应当回避的审判人员未回避的；（三）无诉讼行为能力人未经法定代理人代为诉讼的；（四）违法剥夺当事人辩论权利的。"

② 最高人民法院《关于适用〈中华人民共和国民事诉讼法〉的解释》第 326 条、327 条规定："对当事人在第一审程序中已经提出的诉讼请求，原审人民法院未作审理、判决的，第二审人民法院可以根据当事人自愿的原则进行调解；调解不成的，发回重审。必须参加诉讼的当事人或者有独立请求权的第三人，在第一审程序中未参加诉讼，第二审人民法院可以根据当事人自愿的原则予以调解；调解不成的，发回重审。"

③ 参见最高人民法院《关于适用〈中华人民共和国民事诉讼法〉的解释》第 335 条："民事诉讼法第 170 条第 1 款第 3 项规定的基本事实，是指用以确定当事人主体资格、案件性质、民事权利义务等对原判决、裁定的结果有实质性影响的事实。"

中院①对于如何适用"基本事实不清"而裁定发回重审作出如下
释明，上诉审法院对于能够依职权查明事实的案件应当自行查明后
依法改判或作出自行判决，对于无法查明事实的案件，上诉审法院
并不必然作出将案件发回原审法院重新审理的裁定，而是首先依据
举证责任对案件进行裁决，对于因当事人自身原因导致证据未被原
审法院获取或采纳的，上诉审法院应当不予采纳，对于必须改判的
案件上诉审法院应以自行裁判为一般，发回重审为特例，仅在上诉
审法院无法直接改判的情况下适用。

在此阶段，学者、司法人员及立法者对于民事诉讼发回重审制
度的乱用与滥用问题具有足够的重视。正因如此，立法者欲通过更
加严格的限缩民事诉讼发回重审的适用范围，达到使发回重审制度
功能回归之目的。具体对民事诉讼发回重审适用的严格限缩表现如
下：

第一，将原"事实错误，或者原判决认定事实不清，证据不
足的"修改为"认定事实错误或者适用法律错误的，以判决、裁
定方式依法改判、撤销或者变更"。也就是说，新《民事诉讼法》
将认定事实错误和适用法律错误的情形剥离在发回重审的范围之
外，不再作为发回重审的事由②。通过对民事诉讼发回重审制度适
用对象及范围的限缩，达到对上诉审法院作出发回重审裁定的裁量

---

① "二审法院能够查明案件事实的，直接依法改判，无法查明案件事实
的，根据举证责任分配的规定进行裁决或者发回重审；当事人因自身过错在
举证期限内无正当理由不举证，在二审程序中才提交的，二审法院不予采纳，
二审法院经审理认为必须对一审判决予以改判，否则将导致显失公平，且认
为无法直接改判的，发回重审；当事人在二审程序中提交法定新证据，且二
审法院无法查明案件事实的，发回重审；一审判决认定的案件事实无相应证
据证明，当事人对全部案件事实不予认可的，发回重审"，参见王春晖、朱红
洲、聂丽华：《正确把握案件发改率提升案件审判质量》，载《人民法院报》
2011 年 7 月 14 日。

② 原规定中的"事实不清"包括了"基本事实不清"和"一般事实不
清"，2013 年实施的《民事诉讼法》中规定适用发回重审制度的情形仅为
"基本事实不清"说明对"事实不清"作出了进一步的划分，并将"一般事
实不清"的情形排除在适用发回重审制度的情况之外。

权的限制。从而达到减少发回重审裁定作出的可能，控制发回重审制度适用总量。

第二，将由事实原因导致的可发回重审的事由限缩为"原判决认定基本事实不清"。与旧法相比，对于"基本事实"作出了更为明确的规定，可见立法者有意使法官审慎适用发回重审。值得注意的是，虽然已将由事实原因导致的发回重审事由进一步限制，然而立法者仍作出可选择式的规范，即在基本事实不清的情况下，发回重审也不是裁判的必然结果，上诉审法官仍需要在发回重审与自行裁判中作出选择。

第三，对于程序性违法导致的发回重审的适用作出了更为具体的限制。随着司法发展，程序正义要求日渐提高，程序合法更多被视为法官遵守法定程序及对案件进行审理的最基本的操守。从某种意义上说，当事人对实体审理之瑕疵的出现的容忍度或许高于出现程序瑕疵的容忍度。因此，在第三阶段的发回重审的程序违法之规定为"原判决违反法律程序，叮能影响案件正确判决的，应当裁定撤销原判，发回原审人民法院重审"，① 而发展到第四阶段时，立法者同样对丁程序违法所导致的发囘重审作出了更加严格的限制，"严重违反法定程序的，裁定撤销原判决，发回原审人民法院重审"②。

第四，对于发回重审适用次数进行了仅一次的规定。"原审人民法院对发回重审的案件作出判决后，当事人提起上诉的，第二审人民法院不得再次发回重审"。由此可见，本阶段的发回重审严格地限制了法官的自由裁量权，立法者希望以此方式使得发回重审制度有效保护当事人诉权的同时能够防止其滥用，使发回重审制度正位。

二、对我国发回重审制度沿革的评析

随着我国法律体系司法制度的不断完善及《民事诉讼法》修

---

① 参见 2007 年《民事诉讼法》第 153 条的具体规定。
② 参见 2013 年《民事诉讼法》第 170 条的具体规定。

改的不断进行，民事诉讼二审发回重审以保护当事人审级利益为基础的规范日渐完善。如上所述，民事诉讼发回重审制度经历了四个较大的发展阶段，其发展趋势具有专业性、细化性、控制性和体系性的特征。

第一，民事诉讼发回重审的制度沿革具有专业性。1982 年《民事诉讼法（试行）》第 151 条第 1 款第 3 项规定，要求上诉审法院认为原审对事实认定存在不清楚或在认定事实过程中所依据的证据不充分的情况下，上诉审法院可以作出撤销原判发回重审的裁定，也可以通过自行调查的方式，在查明案件事实的情况下作出自行裁判。① 1991 年《民事诉讼法》第 153 条第 1 款第 4 项将其改为："原判决违反法定程序，可能影响案件正确判决的，裁定撤销原判决，发回原审人民法院重审。"再到 2007 年《民事诉讼法》就二审发回重审制度的适用规定修改为上诉审法院经审理对于案件法律判断及程序均无瑕疵的，应当作出驳回上诉的判决。对于上诉法院认定法律适用错误的原审判决应当依法自行裁判，而经审查原审判决中存在认定事实错误或事实不清证据不足的情况，上诉审法院应当作出发回原审法院重新审理的裁定或根据上诉审法院的职权自行查明后依法改判，对于原审审理中存在违反法律程序的情况，在影响公正判决的前提下，上诉审法院应当裁定发回重审。②

通过这一系列修改可见，立法者在立法过程中其观念逐渐从加大发回重审适用以保障当事人权利，向具体化的限制发回重审适用

---

① 《民事诉讼法（试行）》第 153 条规定："由于违反法定程序可能影响案件正确判决的，裁定撤销原判决，发回原审法院重审，也可以查清事实后改判。"

② 2007 年《民事诉讼法》第 153 条规定："第二审人民法院对上诉案件，经过审理，按照下列情形，分别处理：原判决认定事实清楚，适用法律正确的，判决驳回上诉，维持原判决；原判决适用法律错误的，依法改判；原判决认定事实错误，或者原判决认定事实不清，证据不足，裁定撤销原判决，发回原审人民法院重审，或者查清事实后改判；原判决违反法定程序，可能影响案件正确判决的，裁定撤销原判决，发回原审人民法院重审。当事人对重审案件的判决、裁定，可以上诉。"

以避免发回重审滥用的方向转化。从立法的专业性而言，在制定民事诉讼发回重审制度时要充分考虑到实体事由与程序事由，既要摒弃"重实体、轻程序"的不良传统，也不能因突出对程序正义的重视而忽视对实体正义的关注。因此，随着《民事诉讼法》的不断修改和进步可见在立法意义上民事诉讼发回重审的制度沿革具有更加专业的特性。

第二，民事诉讼发回重审的制度沿革具有细化性。从上述四个阶段的发展可以看出，《民事诉讼法》对于民事诉讼发回重审制度的沿革从1982年的在"违反法定程序可能影响案件正确判决的"情况下规定为，可以由第二审法院作出撤销原判决发回原审法院重审的裁定，到2007年第二审法院经审理认为原审法院存在"认定事实错误或者原判决认定事实不清证据不足，或原判决违反法定程序可能影响案件正确判决的"情形可以作出撤销原判决将案件发回原审人民法院重新审理的裁定，再到2013年第二审法院经审理认为原审法院所作判决存在"基本事实不清"或审判过程中存在"严重违反法定程序"的情况时，第二审法院可将所审案件发回原审法院重新审理以保障当事人审级利益。从仅在程序存在瑕疵时可将案件发回原审法院重新审理，到由事实不清证据不足及程序存在瑕疵可将案件发回原审法院重新审理，再到第二审法院需要认定不清的事实具有"基本事实"的属性，违反法定程序的发回重审的案件的审理程序所存的瑕疵需具有"严重"的属性的变化可见，在《民事诉讼法》修改的过程中，立法者通过不断细化第二审法院作出将案件发回重审的适用的事由以达到避免第二审法院滥用、乱用民事诉讼发回重审制度的目的。因此，从民事诉讼发回重审的制度沿革分析，法律对于第二审法院对于适用民事诉讼发回重审制度的修改具有细化性。

第三，民事诉讼发回重审的制度沿革具有控制性。① 如上所述，《民事诉讼法》首次在1950年对民事诉讼发回重审制度作出

---

① 参见廖永安：《民事诉讼理论探索与程序整合》，中国法制出版社2005年版，第141~143页。

规定，要求在"违反法定程序可能影响案件正确判决的"情况下可以由第二审法院作出撤销原判决发回原审法院重审的裁定。1982年全国人大常委会公布了《民事诉讼试行办法》，对1979年的规定作出了确认与修改，第二审法院对上诉案件经过审理，按照事实认定、法律适用、程序正义等情形分别作以下处理，上诉审法院认为原审对事实认定存在不清楚或在认定事实过程中所依据的证据不充分的情况下，上诉审法院可以作出撤销原判发回重审的裁定也可以通过自行调查的方式，在查明案件事实的情况下作出自行裁判。1991年《民事诉讼法》在此基础之上，对于事实认定错误或原判决事实不清证据不足的情况也作为第二审法院可以将案件发回重审的范畴之内，其立法目的是更加有效的保证当事人的诉讼审级权利及辩论权。与此同时，对于适用法律错误及事实认定错误加以区分对待，是为了减少不必要的发回重审对于司法资源之浪费。然而，看似充分考虑了当事人权利与司法效率，在具体的司法实践中，仍然存在发回重审之滥用的情况，本意为保护当事人诉权之规定却常成为阻却当事人取得权利保障之壁垒。由此，2013年新《民事诉讼法》再次对民事诉讼二审发回重审制度加以修改。

2013年《民事诉讼法》第170条规定，对于上诉审法院经审理认定上诉请求不成立的，上诉审法院应当作出驳回上诉的裁判，其具体形式依照原审法院裁判的形式，即原审对案件作出判决则上诉审法院适用判决驳回上诉，原审对案件作出裁定则上诉审法院适用裁定驳回上诉。当上诉审法院认定原审法院存在法律适用错误时，修改后的《民事诉讼法》要求上诉审法院仅能通过自行修改的方式对原审存在的瑕疵进行修正，不得以此作为将案件发回重审的理由。对于原审存在基本事实不清时，上诉审法院可以作出将案件发回原审法院重新审理的裁定或依据实际情况自行裁判。值得注意的是，在2013年的《民事诉讼法》中，对于发回重审制度的适用已从原规定的"事实不清，证据不足"修改为"基本事实不清"的规定。《民事诉讼法》对于存在严重违反法定程序的情况作出了应当发回重审的规定，并且新增加了发回重审仅能适用一次的次数限制。①

本次修改较之 2007 年《民事诉讼法》中对民事诉讼发回重审制度所作规定具有较大差别。从此次修改可见，立法者进一步限缩了第二审法院将案件发回原审法院重新审理的适用范围，将事实认定错误进一步区分为事实认定错误和基本事实不清，将程序错误进一步区分为普通程序错误和严重违反法定程序，在原审判决中存在基本事实不清和严重违反法定程序的情况下第二审法院方可作出将案件发回重审的裁定。此修改是对第二审法院适用发回重审制度的限制也是对法官自由裁量权额的控制。此次修改，立法着力点在于控制发回重审之滥用，保证诉讼效率和当事人权利。

然而，此番修改对实际的司法实践确有指导意义但仍存在显著的问题。是否可以真正地对于司法权滥用起到一定的效果，发回重审制度是否能有效发挥其功用，仍需理论研究和实证研究加以确认。但不可否认的是从民事诉讼发回重审的制度沿革角度而言，立法对于第二审法院适用民事诉讼发回重审制度具有较强的控制性。

第四，民事诉讼发回重审的制度沿革具有体系性。从民事诉讼发回重审制度的沿革来看，第二审法院在作出将案件发回原审法院重新审理的理由上不断限缩，其目的是限制法官对自由裁量权的行使②，而从第二审法院作出将案件发回原审法院重新审理的内容上而言，从原规定的"存在违反法定程序可能影响案件正确判决的"情况到"原审中存在基本事实不清具有当事人进一步言词辩论之必要"及"存在严重违反法定程序"的情况具有发回重审内容的扩大性。由此可见，民事诉讼发回重审的制度沿革过程在事由上增加了第二审法院作出发回重审裁定的可能，增加了当事人对于自身案件审级利益及辩论权保护的可能性，但在发回重审的适用上进行了限缩，减少了第二审法官因非法律规定事由作出将案件发回重审

---

① 参见《民事诉讼法》第 170 条规定。

② 参见廖中洪：《民事程序立法中的国家本位主义批判——对我国民事诉讼立法指导思想的反思》，载《现代法学》2002 年第 5 期。

的可能，保证了对案件的公正判决及当事人及时获得裁判结果的权利。因此，从民事诉讼发回重审的制度沿革的内容和适用上，民事诉讼二审发回重审的修改具有体系性。

从上述四个阶段的发回重审制度的修改和变化，不难看出立法者对发回重审制度发展的导向和未来民事诉讼发回重审的完善方向。民事诉讼发回重审制度从"违反法定程序可能影响案件正确判决的"情况下可以由第二审法院作出撤销原判决发回原审法院重审的裁定到第二审法院经审理认为原审法院存在"认定事实错误或者原判决认定事实不清证据不足，或原判决违反法定程序，可能影响案件正确判决的"的情形可以作出撤销原判决将案件发回原审人民法院重新审理的裁定，再到第二审法院经审理认为原审法院所作判决存在"基本事实不清"或审判过程中存在"严重违反法定程序"的情况时，第二审法院可以作出发回重审的裁定，这一系列的变化可见立法者欲通过对民事诉讼发回重审制度规定的专业化、细致化、强控制化和体系化到达减少法院滥用审判权、增强对当事人民事诉讼审级利益保护的目的。

综上所述，随着民事诉讼体系的不断建立、健全，民事诉讼发回重审制度也在不断的修改中日渐完善。从民事诉讼发回重审制度的沿革的变化中可见立法者对于民事诉讼当事人利益之保护的重视，发回重审制度作为民事诉讼中的重要子制度承担着纠正第一审审理过程中因法院存在过错而造成审判结果具有不公正可能的瑕疵的职能。

第二节　我国民事诉讼发回重审立法现状

一、我国民事诉讼发回重审制度立法现状

民事诉讼发回重审制度是指在特定事由发生的情况下，将案件发回原审法院重新审理的民事诉讼制度，是司法优化配置公平正义与效率的结果。发回重审制度的适用力求在追求公平正义之同时兼顾效率，在追求效率实现之际确保正义裁判的取得。然而

在实务操作中，由于第二审法院对发回重审制度的乱用与滥用导致案件审理效率牺牲的无意义，甚至低效率极大地影响了正义的实现。

尽管 2013 年《民事诉讼法》对民事诉讼发回重审制度进行了较大程度的修改，但从立法层面而言，民事诉讼发回重审制度仍存在较多不完善之处。根据《民事诉讼发回重审制度完善》《案件质量评估的实证检视与功能回归——以发回重审率、改判率等指标为切入点探讨》《民事诉讼发回重审制度之检讨》等文章观点，民事诉讼发回重审制度在体系上仍存瑕疵。民事诉讼法学者及民事诉讼实务人员对于发回重审之诟病主要集中于民事诉讼发回重审所造成的审案量增加、滥发回与乱发回现象无法控制及案件发回重审后当事人权利取得迟延的问题。然而，欲除其根必先寻起源，发回重审的滥用与乱用问题并不是简单地通过限制发回重审适用范围即可解决，需了解问题产生之本质，才可一矢中的地采取有效的对应之策。

民事诉讼发回重审制度的设计之源即是在第一审诉讼程序存在重大瑕疵或者﹒审判决判断错误致使案件需要由当事人作出进一步的言辞辩论的情况下，为保障当事人的审级利益而采取的自行裁判之例外情形。① 然而，在司法实践过程中，在相当长的一段时间里，第二审发回重审制度成为了规避审判风险、提高法官结案率等私目的实现之手段，同时发回重审造成当事人权利实现的遥遥无期，使得"发回重审"四个字在基层法院法官和当事人心中成为了噩梦的代名词。

由民事诉讼发回重审制度的滥用和乱用所引发当事人正义之取得的迟延是民事诉讼发回重审制度一直被基层法官和民事诉讼法学者所诟病的主要问题，这也成为部分学者和基层法官主张废除由基本事实不清作为第二审法院作出将案件发回重审事由的主要理由。支持废除由基本事实不清作为第二审法院作出将案件发回重审事由

---

① 参见占善刚：《民事诉讼发回重审的理由比较研究》，载《比较法研究》2015 年第 6 期。

的学者们包括孙山、蔡晖等①，其指出由基本事实不清作为第二审法院作出将案件发回重审事由仍是第二审法院作出发回重审裁定的主要原因，而对"基本事实不清"的适用规范则并无明确要求，即使因为第二审法院对压力转移或出现"打招呼"② 等情形出现，原审法院、当事人或其他具有监督职能的机关对于第二审法院由基本事实不清作为第二审法院作出将案件发回重审事由的裁定也无权干预，这虽是审判独立的体现，但也成为第二审民事诉讼发回重审滥用与乱用的温床，也正因如此即使在民事诉讼立法层面上对发回重审的事由进行了严格的限制，也无法防止滥用发回重审的出现。

民事诉讼发回重审制度一直以来被视为第二审法院对"条子案件"放行的特殊手段，也是民事诉讼制度中问题较多、功能难以实现的诉讼机制。由于在现实审判过程中，法官确实会因存在各方的压力而通过发回重审制度将矛盾暂时避开，从一方面在面临棘手问题时适用发回重审制度将案件发回原审法院确实起到了规避激化矛盾的效果，从另一方面，发回重审制度的设立初衷并不包含避免矛盾激化的功能，而仅是在当事人审级利益受到侵害时通过二审发回重审制度保障当事人诉讼权利及辩论权。因此，从立法目的的角度而言，为避免矛盾激化或其他原因作出的发回重审的裁定确属对二审民事诉讼发回重审制度的滥用。

部分学者认为，由于我国民事诉讼程序中并未对上诉案件的自行审判和发回重审制度的适用作出明确的区分，而第二审法院在适用发回重审制度之时也具有较强的随意性，因此与其通过立法不断对发回重审适用规则予以纠正不如直接"一刀切"废除由基本事实不清作为第二审法院作出将案件发回重审事由的情形。除了以发回重审制度与自行审判制度无明确界限而使发回重审制度被第二审

---

① 参见蔡晖：《对认定事实存在问题的案件不应发回重审》，载《人民司法》1998 年第 2 期。

② "打招呼"在民事诉讼中多指，当一方当事人因私人关系熟识裁判法官中的一人或案件受审法院的法官时，通过说好话，或其他非法手段要求作出对本方更为有利的判决的情况。

法院滥用使其主张废除由基本事实不清作为第二审法院作出将案件发回重审事由的理由外，主张将由基本事实不清作为第二审法院作出将案件发回重审事由应当予以废除的主要观点还包括：

第一，"对于基本事实不清"的判断存在"二难推理"①。尽管立法中对于适用发回重审的事由从"事实不清、证据不足"修改为"原判决认定的基本事实不清"，但实践中仍缺乏对基本事实的明确使用要求。尽管立法者欲通过对由基本事实不清作为第二审法院作出将案件发回重审事由的限定以控制发回重审制度的适用，但由于"基本事实不清"与"事实不清"的区别仍不清晰，在实践中仍无法避免用"基本事实不清"作为滥用发回重审的借口和挡箭牌。从另一个角度而言，由于对第二审法院因基本事实不清作为裁定发回重审事由的裁定并无规范性要求，即使在基本事实与事实可以作出区分的前提下，第二审法院裁定书的简单甚至空裁定现象的大量存在，导致对于由基本事实不清作为第二审法院作出将案件发回重审事由限缩在实践中难以见效。并且学者认为，根据逻辑学中"二难理论"既然二审法院能够认定第一审法院对于事实的裁判是不清楚的，则说明第二审法院具有将事实查明的可能性。若不具有查明事实的可能性，一审所认定之事实清或不清则无从而言，在这种情况下，即使将案件发回重审也无法保证其能得到公正之判决；若第二审法院具有查明事实的可能性那么第二审法院则不具将案件发回原审法院重新审理的必要，第二审法院可依职权调取证据对案件进行裁判。② 因此学者认为第二审法院不具有依据由基本事实不清作为第二审法院作出将案件发回重审事由裁定发回重审之基础。

第二，主张废除以"基本事实不清"作为将案件发回重审事由的学者认为，以"基本事实不清"为理由作出的发回重审的裁定存在大量事实不清与证据不足之混淆的情况。从解释论的角度而

① 参见沈杨：《发回重审存废论》，人民法院出版社 2002 年版，第660~664 页。

② 参见蔡晖：《对认定事实存在问题的案件不应发回重审》，载《人民司法》1998 年第 2 期。

言，事实不清本就有两种意思，一是指在原审审理案件的过程中对应当查明的事实没有查清的情形，二是指依据当事人所提供的证据资料和法院依职权所调取的证据无法得出原审判决所得之结论。在第二审法院审理上诉案件的过程中，如果出现第二审法院认为原审法院所认定事实与证明该事实的证据间存在证明链条断裂或无法证明的情况时，第二审法院应自行查明证明链条断裂或无法证明之缘由。经查，如果第一审法院所认定事实与证据间的断裂属于事实可查明而未查明的情况，第二审法院根据民事诉讼法相关规定，自行调查取证即可，并无发回重审之必要。如果经第二审法院自行调查后发现能够证明案件之证据无法查明，则根据"在事实认定方面法官与法官，法官与普通人并无差别"① 的原理说明：即使将案件以由基本事实不清作为第二审法院作出将案件发回重审事由而发回，重审法院对不具有查清可能性的案件事实也无法因发回重审之适用而查明。在此种情况下，第二审法院应在自行调查后发现事实无法根据证据加以证明时，适用举证责任规则通过双方举证责任负担分配对案件之后果加以裁判。因此，主张废除由基本事实不清作为第二审法院作出将案件发回重审事由的学者认为以基本事实不清作为理由作出的发回重审的裁定存在大量事实不清与证据不足之混淆的情况下，第二审法院无依据"基本事实不清"发回重审之必要。

第三，由基本事实不清作为第二审法院作出将案件发回重审事由与我国二审续审制规则不符。二审制度理论体系分为复审制、续审制和事后审制度②。在我国根据《民事诉讼法》及《民诉解释》

---

① 参见 Zuckerman, Adrian A. S. Law, Fact or Justice? [J]. Boston University Law Review, 1986：487。

② 复审制度中二审法院对于一审法院之审理可予以忽略，自行全案审查，因此在复审制度中鲜有发回重审之出现。事后审制度为二审法院仅就一审错误进行审理，其关注点为一审的审理程序及内容而不涉及事实及证据的调查审查，因此发回重审多见于此种二审审理模式。而续审制度是将二审看做一审的延续，二审法院基于一审法院的认定与裁判进一步可对事实问题及法律问题加以裁判，但由于程序瑕疵的不可逆性，在续审模式下，理论而言仅程序性错误方可发回重审。

的规定，我国二审应属于续审制度下的二审裁判，二审法院可就其自行判断的一审裁判中存在的事实错误及法律错误进行调查。由此，仅在程序出现重大瑕疵影响判决正确性的情况下方可发回重审，此成为由事实原因导致的发回重审应当予以废除的重要理由。

第四，从保障当事人经济利益角度，由基本事实不清作为第二审法院作出将案件发回重审事由可能导致当事人赢了诉讼失了财产的情况的发生，这与民事诉讼法的宗旨不符。① 民事诉讼因其自身性质决定了争议结果大多以财产性补偿、赔偿、返还等方式体现。简而言之，在绝大多数案件中当事人以获得财产性补偿作为其进行民事诉讼的终极目的，财产权利的实现是当事人进行民事诉讼活动所追求的结果。在司法实践中，如上文所示经由一审审理程序、上诉审审理程序、发回重审审理程序和重审后上诉审审理程序的诉讼，有超过半数的案件不能在民事诉讼法规定时限内审结，有超过40%的案件不能在一年以内审结完毕。对于当事人而言财产权利因诉讼时长的增加而逐渐贬损，甚至具有受到侵害的可能性。

综上所述，从"二难推理""事实不清"与"证据不足"混淆适用、以"基本事实不清"为由发回重审与我国续审制度不符合及从保障当事人经济利益角度出发，学者主张应当废除由基本事实不清作为第二审法院作出将案件发回重审事由。

与此相对，我国民事诉讼法学者的主流观点仍是保留以"基本事实不清"作为第二审法院裁定将案件发回原审法院重新审理的职能。为进一步完善民事诉讼发回重审制度，使其能够发挥其应有保护当事人审级利益、辩论权及其他诉讼权利的功能，应当"改堵为疏"对现有制度及其理念进行更新、细化和修正。

第二审法院以基本事实不清作为将案件裁定发回原审法院重新审理的事由对保障当事人审级利益和辩论权具有重要意义。虽然民事诉讼法学者对民事诉讼二审发回重审制度的制度及运行都提出了较多问题，但主流观点是通过问题的发现更好地完善民事诉讼发回

---

① 参见陈立斌：《发回重审的制度构建及其运作机制的完善》，载《审判前沿观察》2007年第1期。

重审制度对当事人权利的保障。根据《案件质量评估的实证检视与功能回归——以发回重审率、改判率等指标为切入点探讨》《民事诉讼发回重审制度之检讨》及《民事诉讼发回重审的理由比较研究》等近几年具有较高学术借鉴意义的文章的观点，民事诉讼发回重审制度中第二审法院以第一审判决中判决结论得出所依据的事实存在认定不清的情况，进而裁定将案件发回原审法院重新审理是对当事人审级利益及获得公正判决权利的重要保护途径。尽管一些民事诉讼发回重审制度研究的相关文章，对现存制度的完善都提出了建议，但民事诉讼法学者主流观点并未否定当第一审判决存在基本事实不清时第二审法院作出发回重审裁定对于当事人的重要意义。"再好的权力加以滥用都会成为进步的绊脚石"①，因此防止第二审法院滥用、乱用民事诉讼发回重审制度才是完善民事诉讼法发回重审制度的应有之义。

目前我国民事诉讼发回重审制度在逐渐完善中，对于民事诉讼二审发回重审的制度建立健全具有可期待性。随着《民事诉讼法》的不断修改与司法文明的不断发展，对于诉讼当事人的权利保障在司法活动中的方方面面都能得到体现。在我国民事诉讼法学者占善刚、陈杭平、李秋英、蓝宇及王惠慧等对民事诉讼发回重审制度的讨论中可见，我国《民事诉讼法》对民事诉讼发回重审制度在适用范围上予以扩大，从而给予当事人更多对案件行使辩论权的机会，在第二审法院的适用上予以限缩从而减少法官作出将案件发回重审的自由裁量能力以减少乱用、滥用民事诉讼发回重审制度的可能性。尽管我国民事诉讼发回重审制度仍存在许多问题，但民事诉讼发回重审制度已经逐渐趋于完善，在学者、司法工作人员和立法者的不断努力下，发回重审制度对民事诉讼当事人的审级利益保护的完善性、全面性及及时性的取得指日可待。

尽管我国民事诉讼二审发回重审制度仍存在较多问题，但其都具有可修正性，并不必然通过废除制度的方式达到减少疏漏的目

---

①　参见孟德斯鸠：《论法的精神》，中国政法大学出版社 2003 年版，第 28~45 页。

的。尽管如上述部分学者所主张废除由基本事实不清作为第二审法院作出将案件发回重审事由的理由确实存在，但与民事诉讼法主流观点相一致，笔者认为民事诉讼发回重审制度无论以基本事实不清作为第二审法院作出将案件发回重审事由还是以第一审程序中存在严重违反法定程序的情况作为将案件发回重审的事由都具有其存在之必要性。

首先，尽管如上文所说，民事诉讼二审发回重审制度存在第二审法官肆意发回案件的情形，同时，存在作出发回重审裁定的文书并无对案件适用发回重审制度的说明，这些问题是导致重审法院在审理案件时无据可依、相同审判结论案件大量产生的重要原因。但笔者需要澄清的是，这些问题确实存在，但并不能因为存在问题而轻率地通过废除制度的方式解决问题。

其次，随着司法改革的不断推进，当事人与法院对于司法监督的职能的进一步深化，上述问题已经引起学者及立法者的重视，通过规范法院适用机制和修改法律滞后之处逐步对上述问题予以改善和解决。

再次，第一审法院以基本事实不清作为将案件发回重审事由的滥用与乱用问题并非民事诉讼发回重审制度本身造成的，而是在运用发回重审制度过程中法律适用者对法律理解错误、不到位，或非法律原因所导致的，① 因此欲解决民事诉讼二审发回重审所存问题并非通过武断地废除整个制度从而达到规范适用法律的目的，而是应当以制度所存问题为基点，对制度之瑕疵予以补正使民事诉讼发回重审制度能够成为保护当事人审级利益和辩论权的有效手段。

除上述对是否应当废除由基本事实不清作为将案件发回重审事由的讨论外，民事诉讼法学者及司法人员、立法者对于民事诉讼发回重审制度的完善的步伐从未停止。虽然在对民事诉讼发回重审制度的研究中相对深入的观点及讨论不足，但仍不乏对民事诉讼发回重审制度修正与完善的建议。对于民事诉讼发回重审制度完善的讨

---

① 参见陈杭平：《组织视角下的民事诉讼发回重审制度》，载《法学研究》2012 年第 1 期。

论主要集中于三个角度。

第一，对民事诉讼发回重审制度中重实体、轻程序的问题的讨论。根据厚得顺、李秋英、刘瑾及王惠慧等学者的观点，目前我国民事诉讼发回重审制度问题主要集中在目前发回重审制度对以"基本事实不清"作为第二审法院裁定将案件发回原审法院重新审理的理由与以第一审审判程序中存在严重违反法定程序而将案件发回原审法院重新审理理由时给予第二审法院作出法律判断的自由裁量权的范围的不同所显示出在民事诉讼发回重审制度中存在"重实体、轻程序"的情况的讨论，民事诉讼发回重审制度几经修改仍存在乱用与滥用问题原因的讨论及我国审判组织结构与民事诉讼发回重审制度不能有效发挥其保护诉讼当事人权利功能之间的因果关系的讨论。

对以基本事实不清作为第二审法院裁定将案件发回原审法院重新审理的理由与以第一审审判程序中存在严重违反法定程序而将案件发回原审法院重新审理理由时给予第二审法院作出法律判断的自由裁量权的范围的不同所显示出在民事诉讼发回重审制度中存在"重实体、轻程序"的情况的讨论，李喜连、方满红在《民事诉讼发回重审制度之完善》一文中提出，在《民事诉讼法》修改后，民事诉讼发回重审制度虽增加了"基本事实不清"的概念，但"基本事实"的认定范围较为宽泛，给予了法官较大的自由裁量之空间。而相较之，对于第二审法院因程序性原因将案件发回原审法院重新审理的事由则是规定为"严重违反法定程序"并进行了不完全列举式的说明。

由《民事诉讼法》对因事实原因导致发回重审和因程序原因导致发回重审的限制程度来看，立法者欲在基本事实不清的情况下给予第二审法院作出发回重审裁定更多的裁量权，也就是说第一审法院在实体审理中存在瑕疵时，立法给予原审法院更为宽泛的修正瑕疵的权力。由此而言，其认为民事诉讼发回重审制度适用规定仍存在"重实体、轻程序"的问题。而就此问题民事诉讼法学者占善刚在《民事诉讼发回重审的理由比较研究》一文中指出，民事诉讼发回重审制度对于以基本事实不清作为第二审法院将案件发回原审法院重新审理的事由并非基于我国立法中重实体而轻程序的立法缺陷，而是在民事诉讼发回重审制度设立之初即存在方向性错误所导致的。该文章指出，"设定民事诉讼发回重审的理由应遵循一定的基本要求，该基本要求包括发回重审构成第二审法院自行裁判的例外和发回重审须以案件有必要在第一审程序中由当事人进行进一步的言词辩论为前提"。① 通过对德国法、日本法相关制度的比较研究可发现在德国、日本等大陆法系国家的民事诉讼规定中，为保障当事人的审级利益，第二审法院将上诉案件发回到第一审法院重审必须满足案件有"为进一步言词辩论的必要"这一前提条件。

我国民事诉讼立法关于发回重审理由的设计不仅没有体现发回重审是自行裁判之例外的要求，也没有体现发回重审是为了保障当事人之审级利益的制度宗旨。这一方向性错误根植于 1982 年《民事诉讼法（试行）》的规定，2012 年《民事诉讼法》修改时，此方向性错误被沿袭并且直接导致了我国民事司法实践中发回重审制度适用的失范与无序。目前我国《民事诉讼法》中所规定的，以"基本事实不清"作为第二审法院裁定将案件发回原审法院重新审理的理由与以第一审审判程序中存在严重违反法定程序而将案件发回原审法院重新审理理由作出发回重审裁定时，给予第二审法院作出法律判断的自由裁量权的范围的不同并非民事诉讼发回重审制度中存在"重实体、轻程序"的情况，而是源于设立民事诉讼发回重审制度的结构性错误。因此，欲从根本上清除我国民事司法实践中的积弊，必须结构性地改造我国民事诉讼中的发回重审制度，立足于第二审程序是事实审程序的性质，以保障当事人的审级利益为目的科学地设定发回重审的理由。

第二，对于在民事诉讼发回重审制度几经修改后仍存在第二审法院乱用与滥用民事诉讼发回重审裁定问题原因的讨论。在针对上诉审法院乱用与滥用民事诉讼发回重审裁定问题原因的讨论中，庞小菊在《民事诉讼发回重审与检讨——兼评 2012 年〈民事诉讼法

---

① 参见占善刚：《民事诉讼发回重审的理由比较研究》，载《比较法研究》2015 年第 6 期。

修正案〉的相关规定》中则指出，民事诉讼发回重审的滥用问题主要因为对于发回重审制度设计之混淆和发回重审与上诉模式关系之不清晰。其认为无论"维护当事人审级利益"或"保障当事人辩论权"都不应作为民事诉讼发回重审之目的。①

其一，由于"维护当事人审级利益"的概念具有相对的不确定性，在实践操作中无法确定原判决存在何种瑕疵造成了当事人审级利益的损害，由此当以保护当事人审级利益的抽象概念作为将案件发回重审的裁定的理由时必然会导致第二审法官对发回重审裁判权的乱用与滥用。

其二，我国的上诉模式为续审制模式，第二审法院可以对事实自行展开调查。② 第二审法院对案件事实的认定虽以第一审审理中所收集的证据资料为基础但并不必然受到第一审法官所认定事实及收集的证据资料的限制，也就是说在第二审审理程序中诉讼当事人对与所争议的事实仍具有提出异议加以辩论及要求法院依职权调取证据并加以辩论的权利，而以保障当事人辩论权作为民事诉讼发回重审之目的有违此逻辑，因此庞小菊认为"无论是对当事人审级利益的保障或是对当事人辩论权的保护都不应当成为民事诉讼二审发回重审的核心目的"，其指出发回重审的适用应当仅在第一审判决中存在需要用以作为判决依据的事实的证据未经辩论的情况下，方可作出将案件发回原审法院重新审理的裁定。③ 参考占善刚、刘芳《程序违法与发回重审——〈民事诉讼法〉第 170 条之检讨》④

---

① 参见庞小菊：《民事诉讼发回重审事由的审视与检讨——兼评 2012年〈民事诉讼法修正案〉的相关规定》，载《北京师范大学学报》2013 年第 2 期。

② 参见赵旭东：《论民事案件的上诉审裁判方式——兼论新〈民事诉讼法〉关于上诉审裁判方式的规定》，载《法学杂志》2013 年第 6 期。

③ 参见庞小菊：《民事诉讼发回重审事由的审视与检讨——兼评 2012年〈民事诉讼法修正案〉的相关规定》，载《北京师范大学学报》2013 年第 2 期。

④ 参见占善刚、刘芳：《程序违法与发回重审——〈民事诉讼法〉第 170 条之检讨》，载《江西财经大学学报》2014 年第 5 期。

及罗水平《民事诉讼发回重审制约机制研究》，从上诉权出发就民事诉讼发回重审之目的加以限缩是较有创新性的。① 但民事诉讼发回重审之目的与民事诉讼发回重审理由仍存在一定的区别。运用解释学理论，从目的解释与体系解释的角度对民事诉讼发回重审加以分析，维护审级利益和保障当事人辩论权依旧是民事诉讼发回重审立法之考量。

第三，我国审判组织结构存在多头监管与监管空白，其与民事诉讼发回重审制度不能有效发挥其保护诉讼当事人权利功能之间具有因果关系。除上述民事诉讼发回重审中制度规定存在的各种瑕疵与不足外，我国审判组织结构中多头监管、监管不足、结构繁复及运行混乱也是导致发回重审滥用之重要原因。根据陈杭平《组织视角下的民事诉讼发回重审制度》②、厚得顺《论我国民事发回重审制度的理性重构——以德州中院十年发回重审案件的实证分析为依据》③、李秋英《民事再审发回重审制度反思与重构》④、蓝宇、刘瑾《对我国民事诉讼发回重审制度的反思与重构》⑤ 及王惠慧《民事诉讼重审程序独立性初探》⑥ 等文章之分析，我国目前的审判组织结构混乱是间接导致第二审法院存在民事诉讼发回重审权滥用和乱用弊病的原因之一，我国审判组织结构与民事诉讼发回重审制度不能有效发挥其保护诉讼当事人权利功能之间具有直接的因果关系。

---

① 参见罗水平：《民事诉讼发回重审制度中的制约机制研究》，载《求索》2011 年第 8 期。

② 参见陈杭平：《组织视角下的民事诉讼发回重审制度》，载《法学研究》2012 年第 1 期。

③ 参见厚得顺：《论我国民事发回重审制度的理性重构——以德州中院十年发回重审案件的实证分析为依据》，载《山东审判》2009 年第 1 期。

④ 参见李秋英：《民事再审发回重审制度反思与重构》，载《东南司法评论》2015 年第 00 期。

⑤ 参见蓝宇、刘瑾：《对我国民事诉讼发回重审制度的反思与重构》，载《法律适用》2005 年第 10 期。

⑥ 参见王惠慧：《民事诉讼重审程序独立性初探》，载《法治与社会》2016 年第 4 期。

　　第二审法院在作出将案件发回原审法院重新审理或是改判时，通常还深受组织机制的制约和驱动。二审发回重审主要是由法院系统内部审批沟通决定，二审裁判结果的审判运作方式实际上在很大程度上剥夺了当事人在诉讼程序中所应占的结构性位置，构成司法公信力的丧失。就我国审判组织结构而言，为保证民事诉讼发回重审制度的有效运行应当尽可能打破组织结构对外的封闭性，将当事人作为结构性因素加入至民事诉讼发回重审制度当中。此外，根据郑肖肖《案件质量评估的实证检视与功能回归——以发回重审率、改判率等指标为切入点探讨》①及李喜连、方满红在《民事诉讼发回重审制度之完善》②的论述，目前在民事诉讼发回重审制度进行多次修改后，第二审法院作出将案件发回原审法院重新审理的裁判权仍存在大量乱用、滥用情况的主要原因有三：

　　其一，错案追究机制对于法官具有较大影响。随着司法改革的发展，为防止行政权对司法权的过多干预，我国审判管理权逐渐由院长庭长负责制转向法官案件终身负责制，法官对其作出的错误裁判终身负责，因此抛开民事诉讼发回重审制度设立缺陷而言，当第二审法官审理疑难案件或具有较大影响的案件时，为防止作出错误裁判其更可能作出将案件发回原审法院重新审理的裁定。

　　其二，结案率仍是法院系统内部评价法官工作绩效的重要指标。③尽管十八届四中全会以来推行加强法制建设已经成为国家发展和司法改革的重点，《中共中央关于全面推进依法治国若干重大问题的决定》指出了依法治国应当作为司法进一步发展的方向，但在各地方基层法院结案率依旧是评定法官工作绩效及个人工作能力的重要指标。在各自然年的下半叶，第二审法院启动当年对法官工作绩效的考核。为减少压力，二审法官在下半年会作

---

　　①　参见郑肖肖：《案件质量评估的实证检视与功能回归——以发回重审率、改判率等指标为切入点探讨》，载《法律适用》2014年第1期。

　　②　参见李喜连、方满红：《民事诉讼发回重审制度之完善》，载《西华大学学报（哲学社会科学版）》2014年第5期。

　　③　参见王亚新：《程序·制度·组织——基层法院日常的程序运作与治理结构转型》，载《中国社会科学》2004年第3期。

出较上半年更多的将案件发回原审法院重新审理的裁定。可以说，在部分地区民事诉讼发回重审制度成为缓解法官积压审判压力的重要手段。

其三，第二审法院在作出将案件发回原审法院重新审理的裁定时仍存在"基于指示、碍于面子"① 的现象。民事诉讼发回重审制度作为在民事诉讼过程中在第一审法院作出判决经上诉审理后，第二审法院认定在原审过程中因法院存在过错而导致判决所依据的事实存在基本事实不清的情形或审判过程中存在严重违反法定程序的情况时基于对当事人审级利益的保护，为提供当事人针对双方争议进一步辩论的机会所制定的制度，在很多情况下，因关系招呼、领导指示等情况不仅未能达成保护当事人诉讼权利的目的反而造成当事人及时取得合理判决权利的损害。究其原因为在审判过程中，行政权对审判权的干预过多且对第二审法官作出不当发回重审裁定的监督和追究机制仍不健全。

综上所述，我国民事诉讼发回重审制度在经历多次修改之后仍存在较多问题，正是法律规范中上述问题的存在，导致部分学者主张废除以原审判决中存在对事实作出的法律判断的瑕疵而将案件发回原审法院重新审理的情形。根据主流学说，民事诉讼发回重审制度的架构应当维持不变，即包括因事实事由和因程序事由将案件发回重审的裁定框架。但不可否认的是，主流学说对于现存发回重审制度的具体规范及实际运行效果仍提出多种质疑，根据其对民事诉讼发回重审制度的评析，现行制度仍需在理念上及规范上作出进一步的修正和完善。

二、我国民事诉讼发回重审制度未来走向

随着司法改革的不断进行及对司法文明要求的提高，对于当事人诉讼权利保护的力度与效果成为越来越重要的指标。发回重审制

---

① "基于指示、碍于面子"是指在民事诉讼中，当一方当事人因私人关系熟识裁判法官中的一人或案件受审法院的法官时，通过说好话，或其他非法手段要求作出对本方更为有利的判决的情况。

度不仅承担了修正原审瑕疵及监管原审裁判的职能，同时在保护当事人审级利益及其他诉讼权利上也具有重要作用。根据发回重审制度的沿革发展不难看出，立法者对于发回重审制度的逐步完善不断尝试并作出努力。此外，依据制度发展的各个阶段也可看出未来对于民事诉讼发回重审制度改革的趋势。

第一，第二审法院作出将案件发回重审的裁定将更为严格。就目前《民事诉讼法》对发回重审制度的规定而言，发回重审制度的适用仅针对基本事实不清的情况及原审审理过程中存在严重违反法律程序的情况，相比于第一阶段、第二阶段甚至第三阶段的规定已经作出了较为严格的限制。然而，从2013年《民事诉讼法》修改中对于发回重审次数适用的限制可见，立法者对于发回重审的限制还远没有结束。随着笔者实证调研的进行，在很多地区中级人民法院对于民事诉讼发回重审制度的适用作出了相较于《民事诉讼法》更为严格的规定，例如在部分地区存在第二审法院在作出发回重审裁定前需经庭长或副庭长审核同意的规定，更有甚者在部分地区存在对于上诉审法官可以作出发回重审裁定次数的限制。从一方面讲，在过去的若干年由于第二审法院较为宽松的发回重审适用规范导致大量案件因发回重审制度的滥用与乱用而未能获得及时公正的判决，当事人诉讼权利及财产利益受到严重的损害，因此随着司法改革的进程，对于第二审法院发回重审制度的适用逐步加强了限制。然而，笔者需要指出的是从发回重审制度的发展趋势来看，由于大量发回重审的滥用与乱用仍然存在，对于其适用的更为严格的限制具有必然性。但通过何种方式对发回重审制度适用加以限制是进一步对其完善的重点。仅简单从形式上对发回重审制度的适用加以限制并不能达到有效控制制度乱用的目的。只有对发回重审制度的适用前提和程序做到规定清楚、适用准确才能真正起到对发回重审制度适用严格限制的目的。

第二，对于民事诉讼发回重审制度内容的规定将更为细化。尽管2012年修改通过的《民事诉讼法》对第二审发回重审制度的适用条件作出进一步细化的规定，但仅从"事实不清，证据不足"修改为"基本事实不清"是远远不够的。根据各阶段民事诉讼发回重审制度的变化，制定更为细化的规范是发展的必然趋势。无论对发回重审适用理由所作规定为"基本事实不清"抑或是"事实不清、证据不足"，从适用的角度而言，"事实不清"与"基本事实不清"二者之间区别难以区分。此外，从立法者的角度而言，对由"基本事实不清"作为第二审法院作出将案件发回重审事由的规定不宜过分具体，以免法律适用的局限化。因此，需要通过立法解释、司法解释或其他有权解释对基本事实不清的认定作出明确指引。尽管《民诉解释》对"基本事实"作出了一定的限制①，但在司法实践中如何判断基本事实、裁定书中对"基本事实"的论证是否应当具有充分性都未作明确。与此问题相同的是，因严重程序违法导致发回重审中以不完全列举的方式规定了严重违反法定程序的，对于应当如何类比适用严重违反法定程序也存在难于明确的情况，但从法律适用的角度而言，对于因存在严重程序违法第二审法院裁定将案件发回原审法院重新审理的比例较低，仅占总发回重审案件量的 13.3%，并且因严重程序违法导致发回重审案件所引发的争议也远小于以"基本事实不清"作为第二审法院作出裁定发回重审理由的案件。

值得一提的是，民事诉讼法学者对于发回重审制度中适用规定的模糊性问题有所提及，但大部讨论都仅停留于问题的表面，例如很多民事诉讼发回重审的研究人员认为对于发回重审适用规定为基本事实不清或事实不清都是过于模糊的，因为如上文所述，事实不清本身就包括了案件在审理过程中具有查明事实的可能性但因法官法律判断出现错误导致未能将案件事实查清和根据当时当事人及法院所能调查提供之证据仍对案件无法证明的二种含义。而对于二种意思的不同理解将会导致截然不同的二种诉讼程序的适用规则，当出现第二审法院认为认定事实与证明该事实的证据间存在证明链条

---

① 《最高人民法院关于适用〈中华人民共和国民事诉讼法〉的解释》第 335 条规定："民事诉讼法第 170 条第 1 款第 3 项规定的基本事实，是指用以确定当事人主体资格、案件性质、民事权利义务等对原判决、裁定的结果有实质性影响的事实。"

断裂或无法证明的情况时，在第二审法院自行调查后若认定第一审认定事实与证据之间的断裂属于上述第一种情况，则第二审法院可依据职权调取证据自行裁判或作出发回重审的裁定；若经二审法院自行调查后发现事实无法根据证据加以证明，则由于"在事实认定方面法官与法官，法官与普通人并无差别"①，即使第二审法院将案件发回原审法院重新审理，重审法院也无法查明应当适用举证责任规则通过双方举证责任负担分配对案件之后果并加以裁判。因此在民事诉讼法的规定中仅用基本事实不清作为第二审法官作出发回重审裁定的依据会使第二审法官在适用发回重审制度时将上述二类情况模糊使用，不仅使发回重审适用标准不统一，对法律规定的指引性和教育性也有损害。

但从另一个角度而言，模糊性本身是法律具有特性之一。司法形态的多样性导致了一个法律规定必不具有涵盖所有问题之可能，如若具体到每一个案件类型，如果法律规定过于具体，暂且不说其内容繁复，其也会使法律丧失对其适用的灵活性。因此，法律规定的模糊性其本身并不应当是学者所诟病之症结所在，第二审法官对民事诉讼法中发回重审制度法律适用的模糊性才应是民事诉讼发回重审制度改革之重点。

正如有学者所述，美国作为判例法国家的代表，其《民事诉讼法》对于发回重审问题的规定更为简要，为何没有出现反复发回的情形。可见，法律本身具有规定模糊性的特征是各国法之常态，而我国在民事诉讼发回重审制度适用中出现的乱发回、滥发回的问题也并不完全是法律规定的模糊所导致的。因此应当对法律适用者适用法律加以规制。在第二审法院作出将案件发回原审法院重新审理的裁定后，第二审发回重审裁判文书在很大比例上存在裁定

---

①　最高人民法院院长周强指出人民陪审员制度是中国特色社会主义司法制度的重要组成部分，是人民群众有序参与司法的直接形式，是社会主义民主在司法领域的重要体现。对于事实的认定外行有时比法官更为准确。全国人大常委会通过《关于完善人民陪审员制度的决定》，标志着人民陪审员工作进入一个新的发展时期。

理由模糊不清，对于法律解释及适用只字未提之状况。尽管基本事实不清作为第二审法院作出将案件发回原审法院重新审理的理由在适用条件上给予了法官较大的自由裁量之空间，但第二审法官如何判定何种证据为基本事实，在何种情况下应当将事实作"不清"的认定，第一审法院对事实的认定存在怎样的瑕疵，该瑕疵与审判结果之间是否存在因果关系，重审裁定作出后重审法院是否具有将案件不清之事实查清的可能，针对未查清的事实双方当事人是否具有再次辩论之必要等问题均应该由第二审作出发回重审裁定的法官论述清楚。

如上所述，笔者认为大多数民事诉讼法学者所谓的法律本身的模糊性固然存在，但并不是造成发回重审制度问题重重的根本原因，第二审法院所作之发回重审裁定的随意与模糊才是造成当事人诉累及司法资源浪费的重要原因。因此，对于民事诉讼发回重审制度的细化在成为立法者进一步完善制度的手段之前，应当对司法运行中存在的诸多问题进行归纳总结，以免发回重审制度过于细节化导致出现矫枉过正的情况，使当事人诉讼权利及审级利益无法得到有效保障。

第三，案件被第二审法院裁定发回重审对法官的职业化影响会更为严重。根据调研，从近几年发回重审制度适用的后果来看，第一审法官因其原判决存在瑕疵而被二审法院作发回重审的裁定后，一般都会受到本法院的调查，轻则写明判决理由以说明法官不存在故意过错，重则会受到纪委部门的调查，对于法官的职业化发展具有严重的影响。在司法制度之外，行政权对于发回重审制度适用的监督起到了重要的作用，上述各种行政化手段都是为保障法官准确认真作出裁判，为"保证当事人在每一个案件中都能感受到公平正义"① 提供充分的保障。然而，行政职能的行使在保障当事人权利的同时犹如双刃剑一般影响着审判权的行使。在法院中流行着一

----

① 中共中央总书记习近平在北京指出，要努力让人民群众在每一个司法案件中都感受到公平正义，所有司法机关都要紧紧围绕这个目标来改进工作，重点解决影响司法公正和制约司法能力的深层次问题。

种说法，"管理者管得越严格，错案就越少，因为不敢乱判，不仅不敢乱判，甚至不敢判，疑难案件交给审委会裁判，不会错、很稳妥"①。由此可见，管理权的尺度过小会出现法官对审判案件不重视，错案率增加的后果。但管理权尺度过大又会妨碍审判权的行使，导致案件的挤压。无论何种情况，最终都是诉讼当事人的权利受到侵害。

从发回重审制度所引发的行政权对司法权的干预来看，发回重审制度发展趋势必然导致案件被第二审法院裁定发回重审对法官的职业化影响会更为严重。但此趋势的发展对于发回重审制度适用的完善是否具有利大于弊的意义则需要进一步的讨论。

综上所述，根据民事诉讼发回重审制度自 1950 年初步形成到 2013 年的不断完善，通过历次发回重审制度的修正方式及现行民事诉讼发回重审制度规定，笔者认为，我国民事诉讼发回重审制度未来发展趋势为第二审法院适用裁定将案件发回重审更为严格、民事诉讼发回重审制度的规定内容更为细化、第二审法院裁定发回重审对法官的职业化影响会更为严重。但必须指出的是，近几次对民事诉讼发回重审制度的修正已经对上诉审法院作出发回重审的裁量权不断限缩甚至明确规定适用次数，但其滥用与乱用仍存在，这表明通过对上诉法院作出裁量权的限制仅在一定程度上减少了案件被发回重审的数量，但发回重审适用的合理性问题并未得到解决，因此，笔者对我国民事诉讼发回重审制度的改革走向能否真正实现其目的有所质疑。笔者认为，对于民事诉讼发回重审制度的完善必须从所存问题入手，通过对制度规范及实践运行中问题的深刻剖析，得出完善发回重审制度的方案，这远比从形式上对上诉审法官裁量权作出限制或从发回重审适用次数上作出限制的意义更为重大。

---

①　关于"管理者管得越严格，错案就越少，因为不敢乱判，不仅不敢乱判，甚至不敢判，疑难案件交给审委会裁判，不会错、很稳妥"的说法来源于笔者调研中，各地法官都对此问题作出相类似的表述。

第三节 我国民事诉讼发回重审规范存在的问题

近几年来，随着司法改革进程的不断推进，保障当事人诉讼权利、节约司法资源、提高司法效率成为衡量司法文明的重要标准，也是司法体系优化及社会关注的重点。随着《民事诉讼法》的修改，民事诉讼发回重审制度也有较大的变动，不仅对第二审法院作出发回重审事由的范围作出了进一步的限缩，对同一案件第二审法院可作出发回重审裁定的次数也作出了仅可发回一次的规定。可见，立法者在加强保障当事人诉讼权利的同时，欲通过限制民事诉讼发回重审的适用条件和次数达到减少民事诉讼发回重审制度的滥用、乱用、错用问题的出现。然而，此修改是否真正能达到立法者之目的，使民事诉讼发回重审真正在实体正义与程序正义之翼下对当事人加以保护仍是需要探究的问题。

本节中，笔者将民事诉讼发回重审制度现存问题逐一阐明，以发回重审制度现存问题为核心为民事诉讼二审发回重审制度进一步规范化、及时化提供依据。

一、发回重审与自行裁判的界限不清

当案件经一审程序审理完毕当事人对案件的判决提出上诉后，第二审法院对于在何种情况下应当作出将案件发回原审法院重新审理的问题上一直存有疑虑，尽管《民事诉讼法》第 170 条作出了相应规定，但第二审法院滥用乱用发回重审权的问题一直为第一审法院法官和民事诉讼法学者所诟病，究其本质民事诉讼发回重审制度乱用现象之存在的主要原因是发回重审制度与自行裁判适用边界模糊不清，第二审法官在一定程度上对于发回重审之正确适用认识不清。民事诉讼二审发回重审制度之乱用是造成当事人及司法实践人员不满的主要原因之一[①]，而发回重审制度的乱用很大程度上原

---

① 参见占善刚：《民事诉讼发回重审的理由比较研究》，载《比较法研究》2015 年第 6 期。

因在于对第二审法院对于适用发回重审制度的掌握不清晰，因此厘清民事诉讼二审发回重审制度与二审法院自行裁判之边界是解决发回重审乱用的重要手段。

需要指出的是，第二审法院乱用发回重审制度在一定程度上体现了我国民事司法制度尚不完善，同时也表明法官独立审判制度的落实仍存问题。司法组织结构之重建及正位应当如何建立以保障当事人的审级利益的问题将会在后文具体展开。在第三章的调研中可见，司法实践人员对于民事诉讼二审发回重审制度应当在什么条件下加以适用，第二审法官对于适用发回重审制度的自由裁量权应当依据何种标准，民事诉讼发回重审设立之目的的为何，如何作出发回重审或自行裁判二者之间的选择才能真正做到对当事人诉讼权利之保护仍存在一定疑惑。民事诉讼法学者虽一再指出发回重审乱用、滥用现象严重，立法者也不断通过修改法律限缩第二审法官对作出发回重审裁定的自由裁量权的范围，但根据调研数据显示，民事诉讼二审发回重审案件无论从绝对数量或是发回率都并未有实质性的大幅下降。

相较于美国民事诉讼中对发回重审制度的适用情况，我国民事诉讼二审发回重审比率依旧远远超过美国民事诉讼发回重审案件出现的概率。在美国，在以陪审团作为事实认定主体的民事案件中，极少情况出现因事实认定不清的原因导致案件发回原级别法院重新审理的情况，有些州的法院甚至几十年都未有任何一个将陪审团所认定之事实以认定不清为由发回重审的情况发生，即使是在由法官审理的民事诉讼案件中也仅存在极少数将案件发回重审的情况。在美国司法统计数据中，不要说单独列明历年发回重审案件的数量，即使在各州的统计数据中对于民事诉讼发回重审案件的统计也鲜有出现。针对我国大量案件被第二审法院作出发回重审裁定缘由探究的调研中，多数法官表达出在《民事诉讼法》修改前后对于裁定发回重审案件的事由及裁定理由没有实质性变化，但因司法改革的推进民事诉讼二审发回重审率被给予高度关注，因此第二审法官对案件是否作出发回重审裁定的态度从民事诉讼法修改之前的可发、可不发回重审的都发回重审变为了可发、可不发回重审的案件仅选择部分案件发回重审而已①。

　　针对发回重审与自行裁判之界限区分的问题，我国《民事诉讼法》并未作出明确的规定，对适用民事诉讼发回重审制度的前提也并未作出具体规范。笔者需要说明的是，民事诉讼发回重审制度的适用前提与民事诉讼发回重审适用理由具有本质的不同，并不能因为《民事诉讼法》中对民事诉讼发回重审制度适用理由作出规定而忽略其对适用前提的规范。简而言之，民事诉讼发回重审制度的前提是对上诉审法院对上诉案件应当作出发回重审裁定或是作出自行裁判的区分的界限，其是指在满足一定的前提条件下，如案件出现应当发回原审法院重新审理的事由时，上诉审法院可作出将案件发回重审的裁定。从另一方面讲，即使当发回重审事由存在时，若未能满足发回重审前提案件也不应当被作出发回原审法院重新审理的裁定。

　　日前我国仅对发回重审制度适用事由作出规定，但未对发回重审的适用前提作出规定，为说明发回重审制度的适用前提与适用事由的关系，笔者以德国法中对民事诉讼发回重审制度的规定为例。在德国法中，案件具有进一步言词辩论的必要是发回重审制度适用的前提，原审法院存在对事实判断错误是其规定的发回重审制度适用的事由。也就是说，当案件具有进一步言词辩论的必要并且原审法院存在对事实判断错误时，上诉审法院可以作出将案件发回重审的裁定，但即使原审法院存在对事实判断错误但该案并不具有进一步言辞辩论的必要，上诉审法院也不能作出将该案件发回原审法院重新审理的裁定。在对民事诉讼发回重审适用前提与事由进行区分后可见，目前我国仅在民事诉讼发回重审适用的事由的适用问题上不断缩小其范围，却未对适用前提作出明确规范，导致上诉审法官无法有效区分自行裁判与发回重审之界限，从而使得对发回重审制

---

　　①　根据山东省德州市中级人民法院发回重审案件数量的变化可见，自2011年到2013年期间，平均下半年发回重审案件数量占全年65%以上，且2013年后，发回重审案件数量有显著下降。

度的适用常处混乱状态。在实证调研中发现，所走访的法官有一半以上仅通过援引法条之规定对发回重审与自行裁判作表面意义上的区分，甚至有些法官从未思考过区分发回重审与自行裁判两者界限的必要性，认为有裁判困难的案件就是一审法院所认定的事实不清应当作出发回重审裁定的案件。具体情况在下一章中作具体说明。因此，无论从法律规定或实证现状来看，民事诉讼发回重审制度适用前提即发回重审与自行裁判的界限不清的问题是立法规范亟待解决的。

由此可见，对于民事诉讼二审发回重审制度的适用与自行裁判之间的区分问题在我国的立法过程中仍处于留白状态，然而发回重审制度的适用与自行裁判的关系与界限是法官裁定发回重审的基础，两者关系不清是造成第二审法官欲正确适用发回重审而不得的重要原因，也是民事诉讼二审案件出现乱发回、滥发回的症结所在。

二、发回重审裁定缺乏拘束效力

民事诉讼发回重审制度设立之目的是当第二审法院对案件作出自行裁判时将会对当事人辩论权及审级利益造成侵害的情况下，为保障当事人诉讼权利并给予原审法院纠正审判之瑕疵而由第二审法院作出将案件发回原审法院再次审理之机会。然而，与保障当事人审级利益和辩论权相对的是第二审法院将案件发回重审会使案件诉讼效率降低，不仅增加了双方当事人之诉累也使当事人所承受时间成本①、

---

①　时间成本是经济学中的专有名词，其因不同的适用环境共有四种解释方法，分别是：顾客为想得到所期望的商品或服务而必须耗费的时间换算而成的代价；为达成特定协议所需付出的时间代价；时间本身的流失也是指在等待时间内造成的市场机会的丢失；为了达到某种生产目的，占用或使用如资金、材料而引起的应当支付费用。在民事诉讼发回重审问题的研究中，时间成本是指因案件被发回原审法院重新审理而导致民事审判结果迟延作出所造成的时间的耗损与民事裁判财产给付因迟延获得所造成的市场机会的丢失或价值的贬损。

机会成本①增加，从经济学的角度而言降低了双方当事人的边际收益②。

二审发回重审制度的适用是对公平正义与时间效率的平衡和取舍，降低其司法成本的主要方式有二，一是通过建立民事诉讼发回重审当事人选择机制的方式，赋予当事人对民事诉讼发回重审制度适用的选择权，使具有诉讼主导地位的诉讼当事人具有选择适用发回重审制度或是选择第二审法院依现有证据自行裁判可将边际成本降到最低达到纳什均衡③使对其诉讼效率提高导致的诉讼利益最大化；二是在重审程序中，尽可能减少对相同判决结论要件的重复审判。由于重审法院需要依据第二审法院所作出的发回重审裁定书与指引作出判断，因此引发出民事诉讼第二审法院所作将案件发回重审裁定的拘束力问题。

目前在我国针对第二审法院作出的发回重审裁定的拘束力并没

---

① 机会成本是经济学原理中的重要概念，其是指对商业公司来说因利用一定的时间或资源生产一种商品时，而失去的利用这些资源生产其他最佳替代品的机会就是机会成本。在民事诉讼发回重审制度中，当第二审法院作出将案件发回重审的裁定时，当事人因需要付出案件经历重审的时间及应当提前获得法院裁判的结果而丧失利用该时间及及时利用判决结果所获财产的机会。

② 边际收益是金融学中的重要概念，是指增加一单位产品的销售所增加的收益即最后一单位产品的售出所取得的收益。在民事诉讼发回重审制度中，当事人对诉讼的收益来源于依法公正获得判决之结果，而边际收益的最大化依赖于诉讼效率的最大化。

③ 纳什均衡是一种策略组合，使得同一时间内每个参与人的策略是对其他参与人策略的最优反应。假设有 n 个局中人参与博弈，如果某情况下无一参与者可以独自行动而增加收益（即为了自身利益的最大化，没有任何单独的一方愿意改变其策略的），则此策略组合被称为纳什均衡。所有局中人策略构成一个策略组合（Strategy Profile）。纳什均衡，从实质上说，是一种非合作博弈状态。纳什均衡达成时，并不意味着博弈双方都处于不动的状态，在顺序博弈中这个均衡是在博弈者连续的动作与反应中达成的。纳什均衡也不意味着博弈双方达到了一个整体的最优状态，需要注意的是，只有最优策略才可以达成纳什均衡，严格劣势策略不可能成为最佳对策，而弱优势和弱劣势策略是有可能达成纳什均衡的。

有明确规定，且该问题未得到应有的重视。该现象存在的主要原因是我国目前对于由第二审法院作出发回重审裁定案件的态度为：案件一旦经第二审法院裁定发回重审则重审法院依据民事诉讼第一审程序成立审判组织、更换原审审判人员，全案将被视为新案件重新加以审理。案件被作出发回重审的裁定后，对于重审法院是否需对案件的前期裁判作出了解并没有明确的约束。一般而言，在大部分重审程序中，审判人员会在重审前对重审案件所经历的诉讼程序先行进行了解，但也不排除存在重审程序审判人员因审理案件量大等原因未对需重审案件案情及前期审理内容加以了解的情况。因此，重审法院对重审案件的审理完全依照新案件的审理程序进行，而不受第二审发回重审裁定的拘束的情况多有存在。由于法律未对第二审法院作出的发回重审裁定的拘束力加以规定，在实践中也存在重审法院在充分了解第二审发回重审之理由后，却依旧按照原审判决对事实加以认定的方法得出相同判决结论的情况。因此，就我国现状而言，第二审法院所作出发回重审之裁定的拘束力仅对撤销原判决具有既判效力而对于重审案件的审理内容及方式的拘束力尚无具体规定。充分保障当事人诉讼效率及正义取得的及时性除对发回重审制度适用的明确规定外，明确发回重审裁定拘束效力具有重要意义。

当第二审法院作出将案件发回原审法院重新审理的裁定给与了双方当事人对案件重新辩论的机会，但法律对第二审所作出将案件发回重审的裁定拘束力内容及范围规定的空白则会造成重审法院不受限制和制约地作出与原判决重复的审判结论。

在《民事诉讼法》对民事诉讼发回重审制度作出修改以前，由于未对同一案件因事实认定不清作为发回重审事由的适用次数作出限制，缺乏对第二审法院所作将案件发回重审的裁定拘束力的规定，因此案件反复发回重审大量产生，使基层法院苦不堪言。在《民事诉讼法》作出修改以后，虽然对同一案件因事实认定不清作为发回重审事由的适用次数作出了仅为一次的限制，但仅从发回重审制度适用次数上作出限制并不能保证案件经重审法院重新审理后能够获得公正、及时的判决。目前而言，法律对第二审法院所作将案件发回重审的裁定拘束力缺乏规定的情况仍然存在，重审法院作出与原一审相同判决的情况无法杜绝，重审程序中对事实认定的准确与程序适用的正确无法从根本上予以保障，仍会导致当事人对重审判决不服的情况的发生，使二审发回重审未能实现其使当事人息诉之司法诉讼职能。

由于《民事诉讼法》对同一案件因事实认定不清作为发回重审事由的适用次数作出限制，对于重审后仍存在事实认定不清的案件因不能再次裁定发回重审而可能引发当事人对诉讼程序的不满而导致信访案件的增加。从本质上来说并没有改变发回重审滥用或乱用的问题，即使当事人并未通过信访手段表达对重审判决的不满，发回重审的裁定拘束力内容及范围规定的空白对于当事人时间的消耗和财产迟延实现所造成的损失均是对当事人权利的侵害。

对民事诉讼发回重审裁定拘束力的讨论必将引发对第二审法院对重审法院进行指导的常用方法的探讨，即第二审法院在作出将案件发回原审法院重新审理的裁定后通过给重审法院发送内部函件的方法对重审法院应当如何审理重审案件进行指导①，这是传统的指导方法，从而确保重审法院所作的重审判决不会再因相同瑕疵而再次被发回重审。在《民事诉讼法》修改以后，大部分发达城市中具有审理上诉案件职能的人民法院已取消内部函的适用，要求将发回重审的裁定事由在裁定书中直接体现。但其他较为落后地区尚存第二审法院通过内部函件的方式对重审法院审理发回重审的案件进行指导的模式。内部函仅有指导意义本身不具有对重审法院对案件作出判决的内容及程序的制约效力，重审法院有权不依照内部函的指引行使审判权，而以其认为正确的事实认定方法和审理程序对发回重审的案件进行审判作出判决。

尽管二审发回重审内部函随着司法透明化、公开化已经逐渐退出了历史的舞台，但因其对发回重审案件的事实认定、法律适用及

---

① 参见王亚新：《程序·制度·组织——基层法院日常的程序运作与治理结构转型》，载《中国社会科学》2004 年第 3 期。

程序保障起到了一定的监督和指示的作用，因此不可对其意义作全盘的否定。①

第二审法院通过内部函件的方式对重审法院审理案件作出指导，是主要基于内部函件所具有的封闭性，不仅可以保障当事人审级利益及辩论权，同时也能维护原审法院与第二审法院之间的关系。第二审法院之所以在作出发回重审的裁定中怠于具体详细说明将原审判决作出撤销裁定并发回重审的原因，其主要原因之一是法院内部人员流动与晋升模式。由于司法系统相对封闭，法官之间存在人员流动，对于第二审法院的法官来说，或许所裁定发回重审案件的第一审法官在几年后成为其工作同事，而发回重审制度的适用基础基于第一审法院在审理过程中或存在对事实认定之法律判断的瑕疵或存在严重违法法定程序，因此基于维护被裁定发回重审案件的原审审判人员的面子等原因，第二审法院通过内部函件的方式对重审案件的审理进行指导，不仅可以保障案件的公正的审理，也可达到避免矛盾的效果。内部函件的内部属性和查阅的局限性使当事人及司法体系外界无法查阅得以保护原审法院之颜面，因此在一定时期内，以内部函件的模式作为第二审法院对重审案件的指导是民事诉讼二审发回重审将保障司法体系上下级法院有效沟通和保障当事人审级利益相结合的重要司法尝试。

尽管如上文所述，内部函件制度设计上可以做到保障司法体系上下级法院有效沟通和保障当事人审级利益二者兼顾，但在司法实践中往往因为第二审法院所作出的内部函件没有法律效力而导致第一审法院对内部函件中的指导内容并不完全遵循而使当事人诉讼利益受到损害。更为重要的是，由于第二审法院和法官对于发回重审的适用并没有完全清晰化，第二审法院将案件发回原审法院重审的裁定的作出从整体上看是相对混乱的，而内部函的内部性更加导致当事人对于发回重审适用理由的无从可知，这使

① 参见王伯勋、赵文超：《民事诉讼发回重审之规范与控制》，载《人民司法》2010 年版第 3 期。

得民事诉讼二审发回重审制度被视为司法权滥用的借口，导致公众对司法公信力有质疑，甚至对民事诉讼二审发回重审制度丧失信心。

综上所述，第二审法院通过内部函件的方式对重审法院对案件的审理进行指导的模式在实行多年后逐步被禁用，虽然通过内部函件的方式对重审法院的审理进行指导的模式在我国部分地区仍在适用，但取消内部函制度以裁定内容为依据乃是大势所趋。然而，在取消内部函制度的同时我国现行制度中未对发回重审裁定拘束效力作明确规范，这导致案件被发回重审后缺少具体对发回重审指导的规则，这也是发回重审案件随意化、重复化的主要原因。从民事诉讼发回重审制度的完善与发展而言，明确第二审法院对案件作出发回重审裁定的拘束效力具有急迫性。

三、我国发回重审次数限制过于僵化

随着民事诉讼活动的不断增多，民事诉讼案件呈现出类型的多样化、案件内容的复杂化和争议的剧烈化。第二审法院作出发回重审裁定的数量逐渐增多，但民事诉讼二审发回重审的适用仍处于较为混乱的状态，为解决发回重审适用过程中乱发回和滥发回的问题，2012 年通过的《民事诉讼法》修改意见中对同一民事诉讼第二审法院以基本事实不清为理由将案件发回重新审理作出了次数上的限制。

根据《民事诉讼法》第 170 条第 4 款的规定，对于第一审程序中存在严重违反法定程序的情况作出了应当发回重审的规定，并且新增加了发回重审仅能适用一次的次数限制。① 根据最高人民法院《关于人民法院对民事案件发回重审和指令再审有关问题的规定》第一条的规定，上诉审法院根据《民事诉讼法》的相关规定，对于已经作出重审的案件经当事人再次上诉后，上诉审法院不得再次作出将案件发回原审法院重新审理的裁定。若重审后案件仍存在

①　参见《民事诉讼法》第 170 条。

"事实不清"或对事实所作法律判断存在错误的情况，上诉审法院应当依职权自行对案件加以调查并作出裁判。① 笔者对第二审法院适用民事诉讼二审发回重审存在次数限制的适用情况加以调查，民事诉讼发回重审适用的次数限制的规定为：第二审法院以"基本事实不清"为理由作出发回重审裁定时仅可将案件发回重审一次。若第二审法院在重审后的上诉审中发现重审程序中存在"严重违反法定程序"的情况，第二审法院可对案件再次作出发回重审的裁定以保护当事人的诉讼权利。

如上文所述，增加民事诉讼发回重审次数限制是《民事诉讼法》修改后的新增规定，是对二审发回重审适用的制约力度加大的具体措施，也体现了立法者对于治理民事诉讼二审发回重审滥用与乱用的决心。然而通过对民事诉讼发回重审适用次数限制是否可达到治理发回重审滥用与乱用、保障当事人诉讼权利之目的，尚待商榷。

第一，对发回重审制度适用次数限制仅能从形式上降低发回重审案件数量，无法保障发回重审裁定的质量。根据《最高人民法院关于适用〈中华人民共和国民事诉讼法〉的解释》第 335 条的规定，《民事诉讼法》中所规定的"基本事实"是指对于当事人主体资格、当事人双方权利义务关系的认定及民事诉讼案件性质的认定等对原审判决结果具有实质影响的要件。② 在一个案件中审判之依据由证据组成，全部证据组成的证据链条是决定审判之依据。与

---

① 《关于人民法院对民事案件发回重审和指令再审有关问题的规定》："第二审人民法院根据民事诉讼法第 153 条第 1 款第 3 项的规定将案件发回原审人民法院重审的，对同一案件，只能发回重审一次。第一审人民法院重审后，第二审人民法院认为原判决认定事实仍有错误，或者原判决认定事实不清、证据不足的，应当查清事实后依法改判。"

② 《最高人民法院关于适用〈中华人民共和国民事诉讼法〉的解释》规定："民事诉讼法第 170 条第 1 款第 3 项规定的基本事实，是指用以确定当事人主体资格、案件性质、民事权利义务等对原判决、裁定的结果有实质性影响的事实。"

刑事诉讼中的"疑罪从无"原则①不同,民事诉讼采用"优势证据"原则②。"优势证据"原则是指,当一方当事人所提供用以证明其主张结论的证据比对方当事人所证明其主张的可信性、客观性及完整性更高时,此当事人即具有胜诉的可能。因此可以说,在民事诉讼中一个证据的采纳与认定即可能改变整个案件的判决结果。现行《民事诉讼法》及最高人民法院《关于人民法院对民事案件发回重审和指令再审有关问题的规定》对第二审法院以"基本事实不清"作为理由将案件裁定发回原审法院重审的情况仅限一次,此限制仅能从形式上降低发回重审案件数量,却对案件发回重审后新判决的合法性及合理性无法保证。

第二,发回重审次数限制会导致民事诉讼审级制度的混乱,扰乱各审级应有的审判职能。根据上述《民事诉讼法》与《关于人民法院对民事案件发回重审和指令再审有关问题的规定》可见,在第二审法院以原审判决存在基本事实不清的情况而裁定发回重审的案件中,由于同一案件中可能存在多个影响案件判决之事实,将案件发回重审后,重审法院因对重审案件作为新案件以一审程序进行判决,不可避免地会出现在重审程序中再次存在未能将全部可查清的基本事实查清的情况。从应然性的角度出发,此种情况应当引起第二次将案件发回原审法院重新审理的情形。而《民事诉讼法》规定对以"基本事实不清"为理由不得多次适用发回重审,并且在此种情况下并没有其他途径对重审法院存在之瑕疵进行修正,因此限制发回重审次数的规定在特定情况下会对当事人的上诉权与辩论权造成侵害。从法理学的角度而言,发回重审制度不仅是为了保护当事人的权利,从另一个层面而言也是弥补法院的过失,此外,

---

① 疑罪从无原则是指刑事诉讼中,检察院对犯罪嫌疑人的犯罪事实不清,证据不确实、充分,不应当追究刑事责任的,应当作出不起诉决定。《刑事诉讼法》第 173 条规定:"犯罪嫌疑人没有犯罪事实,或者有本法第 15 条规定的情形之一的,人民检察院应当作出不起诉决定。"

② 优势证据规则是指当证明某一事实存在或不存在的证据的份量与证明力比反对的证据更具有说服力,或者比反对的证据可靠性更高,由法官采用具有优势的一方当事人所列举的证据认定案件事实。

发回重审制度是使第一审法院尽其职责对案件进行审理而不会致二审法院因承担一审法院之职责而造成其负累。当出现应当再次发回重审的情况时，因发回重审次数限制导致本应由第一审法院查清的事实在二审程序中被裁判不仅是侵害了当事人的辩论权及审级利益，也会导致第二审法院承担本不属于其审理范围的案件的审理工作，因此对于民事诉讼发回重审适用次数上的限制无论对第一审法院或是第二审法院都如鲧治水，有顾此失彼的可能。

第三，现行民事诉讼发回重审制度中，对次数限制存在标准不一的问题。退一步讲，即使二审法院对于同一案件以"基本事实不清"为理由多次将案件发回重审的情况已杜绝，但因《民事诉讼法》并不排斥以第一审程序中存在严重程序瑕疵为理由的多次发回重审的适用，当第二审法院存在必须将案件再次发回重审的事由时大可通过以重审中存在程序瑕疵为由再次对案件作出发回重审的裁定。因此，由于针对由事实原因导致的发回重审与由程序瑕疵导致的发回重审标准并不完全相同，上诉审法院仍具有将案件肆意发回重审的可能性。可见，对发回重审适用加以次数限制因其存在限制标准不一的问题无法对发回重审案件数量加以完全控制。

综上所述，仅从次数上限制发回重审并不能真正杜绝重复发回重审适用的问题，其仅能从形式上降低发回重审案件数量，但无法保障发回重审裁定的质量。有效限制发回重审的适用使其不至于滥用与乱用也并非单纯在次数上进行限制即可达到目的，而是应到找到问题之症结因势利导、改堵为疏。

四、当事人对发回重审制度适用欠缺选择权

民事诉讼二审发回重审制度本身具有局限性，其体现在发回重审制度的适用过分强调审判权本位，未充分给予当事人对发回重审程序适用的选择权。

就我国民事诉讼发回重审制度的适用而言，根据《民事诉讼法》的相关规定，其仅限于第二审法官依据《民事诉讼法》及《司法解释》的相关规定对案件作出发回原审法院重新审理的情形，并不存在当事人依据其对诉讼程序的选择权而选择适用或放弃适用二审发回重审程序的情况。对于民事诉讼二审发回重审制度的当事人选择权问题有学者早已有过提及，民事诉讼学者主流观点认为民事诉讼二审发回重审制度作为保障当事人审级利益之制度应当属于当事人依法享有的民事诉讼权利。依据民事诉讼中当事人对民事诉讼具有处分权的原则，当事人对诉讼程序之处分权也应成为当事人诉权所保护的范围，因此参与民事诉讼的当事人对于二审发回重审制度应当享有选择权。①

此外，由于第二审法院作出将案件发回原审法院重新审理的裁定本身对诉讼的进程及发展而言耗时耗力，其在很大程度上将损耗当事人及时取得裁判结果的权利，增加诉讼当事人的诉讼成本，因此更加成为民诉法学者认为应当推行当事人选择权机制的理由。

笔者赞同应当在民事诉讼二审发回重审制度中增加当事人对于诉讼程序的参与程度，建立当事人对二审发回重审程序适用的选择机制，使民事诉讼程序真正成为服务于当事人纠纷解决之制度。然而，学者们仅作出应当建立当事人对二审发回重审程序适用选择机制的结论是不够的。进一步讲，如何建立当事人选择机制应当成为民事诉讼二审发回重审制度研究之重点。

在实践中，二审发回重审案件裁判结果与双方当事人二审书面材料中申请适用或放弃发回重审制度适用的因果关系来看，仅少数情况下存在当事人未请求二审法院撤销一审法院之判决而第二审法院依职权自行裁定将案件发回原审法院重审的情形，第二审法院作出发回重审的裁定普遍基于当事人在上诉书中对于原审法院事实认定情况、适用法律情况及程序适用情况的否定并作出请求第二审法院将案件发回原法院重新审理的上诉请求。在第二审诉讼中在一方当事人提出发回重审的请求的情形下，如何平衡当事人对民事诉讼发回重审制度的选择权与第二审法官依职权作出发回重审裁定的问题对于优化民事诉讼二审发回重审制度而言具有更重要的意义。

---

① 各国宪法与程序法对于诉讼程序中的当事人主体地位都予以肯定，且要求当事人成为参与形成、发现、适用、选择"法"的主体。具体参见邱联恭：《程序选择权之法理》，台湾三民书局1993年版，第151页。

　　综上所述，为完善我国民事诉讼发回重审制度，对于当事人选择权缺失的问题应当引起足够的重视并加以解决。构建当事人选择机制并做到有效平衡当事人对民事诉讼发回重审制度的选择权与第二审法官依职权作出发回重审裁定的问题是解决民事诉讼发回重审当事人选择机制欠缺问题之重点。

第三章 我国民事诉讼发回
重审制度实证考察

第一节 发回重审问题研究实证基础

上文笔者通过对民事诉讼发回重审制度的规范分析提出了现行制度中规范理论上所存在的问题，为民事诉讼发回重审制度进一步优化提供了理论性基础。民事诉讼发回重审制度在2013年《民事诉讼法》的修改中作出了较大的变动，立法者欲通过对第二审法院在事由和次数上的制约限制其作出将案件发回原审法院重新审理的裁定。作为具有较强实践性的制度，民事诉讼发回重审制度在司法活动中的实际运行情况在一定程度上展示了对规范分析的实践验证，从另一方面讲实践中发回重审制度的运行情况与理论状况仍具有一定的差别，因此笔者通过对黑龙江省部分法院进行的调研和对全国具有二审职能的法院在作出将案件发回原审法院重新审理的状态进行考察，欲通过实证研究发现民事诉讼发回重审制度在司法运行活动中所存问题并对规范分析进行实践验证，为进一步修改民事诉讼发回重审制度使其充分发挥对当事人审级利益保护职能、对当事人辩论权保护职能、对第一审法院判决中所存瑕疵修正与审判职能及对一审判决的监督职能提供实证研究基础。

一、实证研究基础及数据收集

立法者对于民事诉讼发回重审制度的规定一再修改，力求通过限缩第二审法院对案件裁定发回重审的自由裁量权和通过限制案件可发回重审次数等方法达到减少发回重审制度被乱用与滥用现象的出现。但根据笔者针对黑龙江省部分中级人民法院和高级人民法院的走访发现，尽管民事诉讼发回重审案件量和比率都呈下降趋势，但从实际审判和裁定的理由和对民事诉讼发回重审制度的适用来看，民事诉讼发回重审制度仍存在较多问题。

为研究现行民事诉讼发回重审规定对第二审法院滥用与乱用发回重审权的制约及民事诉讼二审发回重审制度对当事人审级利益取得之保障等方面的成效，笔者于 2015 年 3 月起对全国发回重审案件数据进行收集并对黑龙江省发回重审案件进行调研，欲探究实务中发回重审的具体运行情况。①

笔者对上诉审案件数量的变化进行了初步的调研，从而确定民事诉讼发回重审制度的修改对发回重审案件数量变化的影响，并探究民事诉讼二审发回重审裁定作为当事人针对第一审法院判决不服的第二审裁判结果其数量变化与上诉案件数量变化具有重要相关性。

根据 1999—2015 年《中国法律年鉴》②（统计数据为 1998 年至 2014 年司法数据），自 1998 年到 2014 年民事诉讼上诉案件逐年增加且增加幅度逐渐增大，1998 年全国民事二审案件数量为 207186 件，1999 年全国民事二审案件数量为 246241 件，2000 年全国民事二审案件数量为 261800 件，2001 年全国民事二审案件数量为 282572 件，2002 年全国民事二审案件数量为 361687 件，2003 年全国民事二审案件数量为 371323 件，2004 年全国民事二审案件数量为 378631 件，2005 年全国民事二审案件数量为 394629 件，2006 年全国民事二审案件数量为 409295 件，2007 年全国民事二审案件数量为 425654 件，2008 年全国民事二审案件数量为 525282 件，2009 年全国民事二审案件数量为 598760 件，2010 年全国民事二审案件数量为 582856 件，2011 年全国民事二审案件数量为

①　实证调研方式主要通过田野调查法对具有上诉审职能的法院法官进行走访，同时以问卷形式对发回重审制度所存问题进行调研，同时配合查阅发回重审裁定书、统计历年发回重审与自行裁判案件所占比重等方法对发回重审制度进行量化分析。

②　参见中国法律年鉴编辑部：《中国法律年鉴》，中国法律年鉴社 1999版到 2015 版。

575082 件，2012 年全国民事二审案件数量为 730053 件，2013 年全国民事二审案件数量为 627116 件及 2014 年全国民事二审案件数量为 731416 件。具体数据变化见 1998 年至 2014 年历年民事诉讼二审收案数量变化表（图 1）。

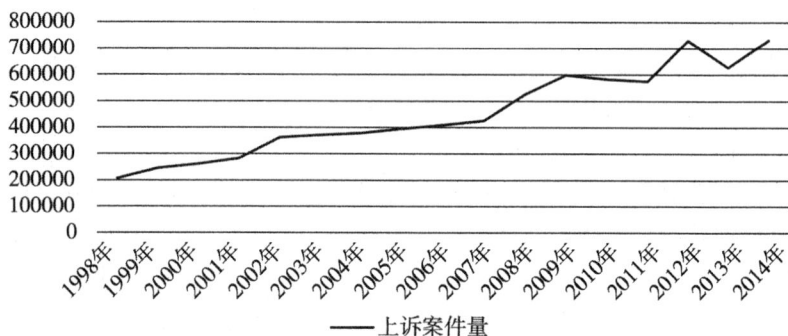

图 1：1998—2014 年历年民事诉讼二审收案数量变化表

　　由以上图表及数据可见，随着司法的不断进步，人们对于民事诉讼的认识逐渐增加，将民事争议交由法院进行裁判已经不再是丢人、可耻的事，有更多的当事人在权利受损时选择以法律的武器保护自己。同时，随着社会信息化的高速发展，更多的社会关系产生，明显可见民事诉讼案件数量的持续增长，因此第二审上诉案件的诉讼基础案件增加也直接引发上诉案件量的逐年加大。随着历年诉讼案件与上诉案件数量的增多，发回重审作为第二审裁判结论之一，其数量也随即增加。尽管从立法到最高人民法院都一再对发回重审的适用进行限缩，欲对发回率和发回重审案件数量加以控制，但随着案件总量的增加即使在发回率上有所下降，总量也几乎保持不变。

　　在上诉案件不断增加的情况下，尽管立法者对发回重审适用进行限制，但从调研结果上看，其效果并不显著。司法统计数据显示①，从 2000 年到 2009 年，发回重审比率存在显著的下降，2009

①　参见中国法律年鉴编辑部：《中国法律年鉴》，中国法律年鉴社 1999 版到 2015 版。

年至 2014 年发回重审比率也有相对的下降，然而根据具体数据统计，2009 年至 2014 年随着二审结案量的增加，发回重审案件实际数量变化并不明显。

从民事诉讼二审发回重审制度功能的角度而言，大量的发回重审案件使相当一部分的当事人有再一次对案件事实与理由辩论的机会，其满足了发回重审制度设计之初衷，即保障当事人审级利益、给予民事诉讼当事人充分辩论的权利，然而从另一方面讲，如此庞大数量的案件适用发回重审程序无论从绝对数量上还是发回重审的比率上已经远高于其他国家，而大量不必要的将案件发回原审法院重新审理程序的适用对于司法资源的浪费是不可估量的，以每个发回重审案件需要 126 个工作日进行计算①，法院发回重审案件的时间成本即为百万天之多。

根据不完全统计，部分地区基层法院年案件量可达到每人每年 200 件以上，除去法定节假日，法官审理案件负担接近每日审结一件，尽管随着司法改革的不断深化，基层法院的"高压"现象有所缓解，但"法官少、案件多"的现实情况仍普遍存在。新案件不断出现并且经历过二审审理案件仍大量发回至原审法院重新审理不仅给第一审法院带来更大的负担，由于案件的积压第一审法官不能及时和详细处理所有案件也影响发回重审案件当事人对于公正结果的追求，对于其他需要运用司法资源解决争议的当事人而言，发回重审案件对于司法资源的占用是对其诉讼利益的间接损害。

根据 2010 年—2015 年《中国法律年鉴》的统计数据，2009 年二审发回重审案件占总二审案件的 6.07%，2010 年二审发回重审案件占总二审案件的 5.62%，2011 年二审发回重审案件占总二

---

① 　根据《民事诉讼法》中关于审判的规定：发回重审的案件，原审人民法院应当按照第一审程序另行组成合议庭，发回重审的案件审理期限也应该按照第一审的期限计算。一审案件一般在 6 个月内审结。以每月 21 个工作日进行计算（国家法定月平均工作日为 21.75 天/月），6 个月审理期共需要 126 个工作日。而在实践中，普通一审案件多数无法在法定期限内审理结案。

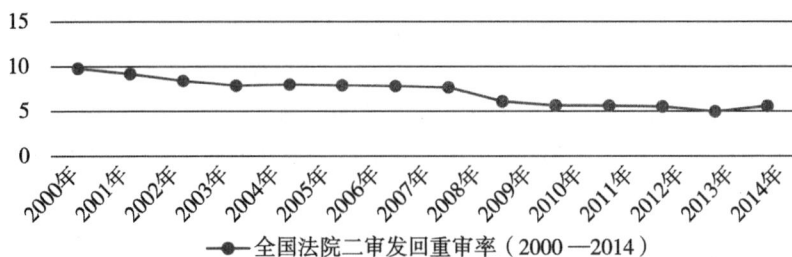

图 2：2000—2014 年全国民事诉讼二审发回重审率变化图

审案件的 5.61%，2012 年二审发回重审案件占总二审案件的
5.51%，2013 年二审发回重审案件占总二审案件的 4.95%，2014
年二审发回重审案件占总二审案件的 5.58%。从民事诉讼发回重
审案件绝对数量来看，2009 年民事诉讼二审发回重审案件共计
36334 件，2009 年民事诉讼二审发回重审案件共计 36334 件，2010
年民事诉讼二审发回重审案件共计 33348 件，2011 年民事诉讼二
审发回重审案件共计 32059 件，2012 年民事诉讼二审发回重审案
件共计 39920 件，2013 年民事诉讼二审发回重审案件共计 30321
件，2014 年民事诉讼二审发回重审案件共计 39686 件①。

　　根据上述数据，笔者可以得出以下结论：2013 年以前，全国
二审发回重审所占二审审理结案比率相对稳定，随着每年案件数量
的逐步增多二审数量也逐年递增，发回重审案件所占二审审结比例
基本保持在 5.6%②。在 1991 年与 2007 年，民事诉讼发回重审案
件占二审审结比例分别为 8.15% 和 7.10%，比前一年同比降低了

---

　　① 　参见中国法律年鉴编辑部：《中国法律年鉴》，中国法律年鉴社 1999
版到 2015 版。

　　② 　发回重审案件比例的计算公式为：发回重审比率＝当年发回重审案
件数量/（当年实际结案数量－对前一年案件的裁判数量），但由于在实际调
研中，一个自然年内对案件的裁判区分为当年案件或前一年案件的工作量较
大，且比率计算仅为走势分析，因此，笔者对上述公式简化为：发回重审比
率＝当年发回重审案件数量/当年实际结案数量。

0.56%和0.24%。值得关注的是，2013年民事诉讼二审发回重审相对于二审审结案件的比率下降至4.95%，创近10年的最低。而2013年则是《民事诉讼法》修改后适用的第一年，《民事诉讼法》修改后加大了对第二审法院适用发回重审裁定的限制，在因事实原因导致民事诉讼二审发回重审适用的情况下将"事实不清"限制为"基本事实不清"，从立法角度而言增加了适用发回重审制度的要求，对于由程序瑕疵导致发回重审的适用限制也进一步增加并且对于发回重审的次数问题进行了严格的仅一次的规定。由此，笔者可以推测2013年民事诉讼二审发回重审案件相对于二审结案总数的比率降低体现了立法对于司法运行的影响。但值得进一步分析的是，尽管2013年全国发回重审率为2009年至2014年全国民事诉讼发回重审比率最低，从1998年至2014年民事诉讼二审收案数量变化表（图1）可见，在2013年全国上诉案件数量也具有较大的下降，并且2014年第二审上诉案件的受理数量比2013年第二审上诉案件的受理数量增加了100000余件。由此数据可见，2014年二审发回重审案件相对于二审结案总数的比率又上升至5.58%。

这样的数据不得不引发笔者对于二审发回重审制度适用的思考与疑惑。第一，二审发回重审案件数量与比率是不是当年民事诉讼中需重新审理案件的直接反应和客观呈现，是否存在因新政策的出台而导致第二审法院积压案件不作裁判的情况因而导致当年发回重审比率的下降。在2013年发回重审比例下降后，第二年民事诉讼二审发回重审比例又恢复至原平均情况是否说明在民事案件的审理中发回重审比率维持平衡是第二审法院适用发回重审具有相对较为固定的指标所致而与制度限缩无因果关系。第二，第二审法院在怎样的情况下作出将案件发回原审法院重新审理的裁判，其与自行裁判之界限如何判断。第三，当案件被第二审法院作出发回原审法院重新审理的裁定后其在原审法院再次审理的效果如何，尤其在《民事诉讼法》修改以后，因对案件发回重审的次数作出了仅可发回一次之限制是否使得第二审法院在作出将案件发回原审法院重新审理的裁定书时撰写要求有所提升。第四，尽管对于发回重审的次数进行了限制，但 2014 年的发回重审比例的提高是否说明有更多的案件被裁定为发回重审的案件且仅可作出一次发回裁定对于案件的顺利进行保证当事人能及时获得司法公正裁判与救济是否行之有效。

为了解决以上问题，笔者针对黑龙江省二审案件进行了调研。欲通过针对个别地区的二审发回重审的实例分析，管中窥豹，以对二审民事诉讼发回重审之正位及发展提出有利建议。

二、样本筛选

为进一步探究在实践中第二审法院对案件作出发回重审裁定的理由依据、适用情况、裁定书的具体内容、裁定书对原审法院、本法院及重审法院的拘束力等问题，笔者于 2015 年 3 月起至 2016 年 10 月先后走访十余家黑龙江省各地区中级人民法院及部分高级人民法院对上述问题进行调研。①

调研中可见，随着司法改革的不断推进，民事诉讼发回重审裁定书的内容愈加趋于规范化、流程化，为更有效地探究民事诉讼发回重审适用过程中所存问题，更好地为民事诉讼发回重审制度的进一步优化提供支持，笔者随机选取 2016 年 1746 个民事二审裁定进行分析，以此作为调研样本对发回重审的裁定比率、原因、裁定结论及发回重审后程序和最终判决进行跟踪分析。

确定研究样本以 2016 年黑龙江省裁定的二审发回重审案件为基础。理由为：第一，欲研究发回重审的裁定比率、原因、裁定结论及发回重审后程序和二审发回重审裁定对最终判决的影响等问题，需要参考民事诉讼法修改后适用较为成熟时的裁定。2013 年民事诉讼法对二审发回重审制度进行了较多修正与限制，则 2013 年及 2014 年对于二审发回重审适用尚在摸索阶段，参照基础不准确，故选择 2016 年二审发回重审的裁定作为参照样本，如此更加稳定，具有说服力。

---

① 自调研起，笔者共查阅二审裁判案件 5 万余起，根据裁判书针对案件作出发回重审裁定的理由对二审裁判及判决进行了简要的分类。

第二，选取黑龙江省各中级人民法院民事审判案件作为基础同时参考高级人民法院对民事发回重审案件的裁判。截至笔者调研结束（2016年10月），2016年黑龙江省民事诉讼审结案件共95596例，其中，据不完全统计黑龙江省各中级人民法院民事审判庭共审理案件10887例。高级人民法院民事审判庭共审理案件2390例。笔者将中级人民法院和高级人民法院分成两个样本研究组进行。

第三，分别在以中级人民法院和高级人民法院民事诉讼所审结的案件为基础进行进一步限缩，将两组研究对象筛选出二审诉讼审结案件，由此统计得出到调研时至不完全统计黑龙江省各中级人民法院2016年二审审结案件约9161件，高级人民法院2016年审结二审案件约430件。

第四，采用审判文书对研究基础进行进一步限缩，选取中级人民法院及高级人民法院二审审结案件适用裁定文书案件，分别为1858例和106例。对于上述1964例案件进行逐一筛选，以截至调研结束时具有研究意义的民事诉讼二审发回重审案件作为研究样本。

样本一：2016年黑龙江省各中级人民法院民事诉讼二审发回重审案件407件；样本二：黑龙江省高级人民法院民事诉讼二审发回重审案件16件。

三、样本差异化分析

笔者需强调的是，尽管在调研过程中笔者采用较为科学的统计方法及抽样，但不可避免地因各种原因存在调研误差及与其他地区或全国调研数据存在差异。下面，笔者将从不同层面分析数据存在差异的原因及可接受性，此分析用以保证依据此数据得出的对民事诉讼法护重审制度完善的建议具有实证意义和价值。

人们对于民事诉讼的认识逐渐增强，有更多的争议双方愿意选择民事诉讼作为裁判争议确定权利义务关系的手段，因此民事诉讼案件的大量增加也间接导致了民事诉讼二审发回重审案件的增加。据不完全统计，全国六百六十一个城市共有六百个以上中级人民法

截至调研结束，2016年黑龙江省民事诉讼审结案件共95596例

基层人民法院民事
审结案件82319件

高级人民法院民事
审结案件2390件

中级人民法院民事
审结案件10887例

高级人民法院二审
审结案件　16　90

中级人民法院二审
审结案件　407　1451

0　500　1000　1500　2000

■ 发回重审案件数量
■ 其他案件类型审理数量

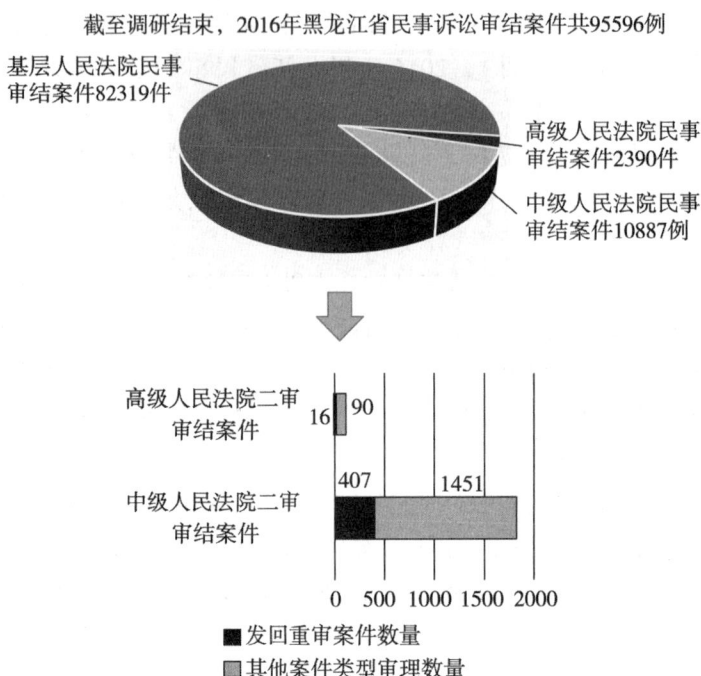

图3：样本筛选流程图

院和三十一个高级人民法院具有作出将案件发回原审法院重新审理
的职能。由于各地区地理距离相对较远数据难以统计，因此笔者选
择黑龙江省部分中级人民法院和黑龙江省高级人民法院作为调研对
象，欲通过对其民事诉讼发回重审制度现行状况的分析以点带面为
民事诉讼发回重审制度的改革提供依据。然而，由于各地区实际司
法运行情况和司法风格都有不同，因此以黑龙江省作为研究样本所
得数据与全国民事诉讼发回重审研究数据及其他地区数据必然存在
一定差异，但此差异应当属可评估范围内差异，对民事诉讼发回重
审制度分析不具有本质影响。

调研样本共分为两个部分，黑龙江省 2016 年各中级人民法院
二审发回重审案件 407 件和黑龙江省高级人民法院二审发回重审案
件 16 件，样本总数为 421 件。截至调研结束，2016 年度黑龙江省

二审审结案件共计 9591 件，二审发回重审案件占二审审结案件的 4.39%。与 2014 年全国二审发回重审所占二审审理结案 5.58% 比率相比略低。但由于 2016 年度截至调研结束为 2016 年 10 月占全年总天数的 83.3% 左右，且第二审法院裁定将案件发回重审的非法定事由中规避结案率低（下文作进一步展开）是民事诉讼二审发回重审制度存在乱用和滥用的重要原因，而对于积压案件的集中处理主要在各自然年年末时出现，因此在调研结束后的四个月中会出现相对较多由第二审法院作出将案件发回原审法院重新审理的裁定是可以预见的。

由于截至笔者结束调研时，全国 2015 年法律年鉴所统计的数据尚未公布①，因此以全国 2014 年第二审发回重审统计数据作为参照。在《民事诉讼法》修改中，新增加了对于二审发回重审仅限一次的规定，自 2013 年起第二审法院对同一案件以"基本事实不清"为法律依据作出二审发回重审裁定的仅可作出一次，因此至 2016 年第二审法院中所积压的发回重审案件基本已经处理完毕，且由于发回重审次数上存在限制的原因，2016 年发回率比率相较于 2014 年比率下降应属正常现象。此外，由于样本采集为黑龙江省一地，其比率与全国总发回重审比率有所差异是在接受范围内的。由于笔者具体样本采用的是 2016 年黑龙江省地区的第二审发回重审案例，由于各地区对发回重审新的规定的执行和学习程度都存在差别，各地高级人民法院对其本地区发回重审标准也存在不同，因此笔者所选样本所计算的发回率、增长率及其他统计数据与全国或其他地区数据存在差异是必然的，但根据笔者对 1998 年到 2014 年全国发回重审数据的整理及参考其他省份发回重审比率的变化，2016 年黑龙江省发回重审样本数据与全国或其他地区数据存在的差异在正常值范围内，具有有效性。

---

① 《中国法律年鉴》一般在第十二章对全国民事诉讼、刑事诉讼、行政诉讼、上访情况、青少年犯罪等情况作具体数字统计，其是我国官方权威司法数据的重要来源。其一般为后一年公布前一年的具体数据统计结果。

第二节 实践中发回重审与自行裁判的界限问题

一、发回重审制度乱用的具体表现

发回重审制度的乱用是指第二审法院由于未能明确发回重审与自行裁判的界限而对本应作出自行裁判的案件裁定发回重审导致当事人诉讼权利受损的情况。为对发回重审制度的乱用问题进行实证调研，笔者首先对 2000 年至 2014 年历年案件发回重审数量与该年二审自行裁判案件数量进行对比，欲通过对二数据比值的变化分析出第二审法院对于第一审判决存在瑕疵情况下对瑕疵纠正方式的偏好并进一步分析第二审法院对案件作出发回重审裁定与自行裁判的界限。

尽管根据 2000 年到 2014 年民事诉讼发回重审调研数据可见，民事诉讼二审发回重审比率呈现稳定下降的趋势，但横向比较发回重审比率与第二审法院对一审判决结果改判的比率可见，二者比重却变化较小，甚至出现改判案件数量与案件发回重审数量比呈下降趋势。

根据笔者调研数据，2005 年第二审法院自行裁判案件数量与发回重审案件数量的比值为 200%，2006 年第二审法院自行裁判案件数量与发回重审案件数量的比值为 197%，2007 年第二审法院自行裁判案件数量与发回重审案件数量的比值为 189%，2008 年第二审法院自行裁判案件数量与发回重审案件数量的比值为 180%，2009 年第二审法院自行裁判案件数量与发回重审案件数量的比值为 179%，2010 年第二审法院自行裁判案件数量与发回重审案件数量的比值为 174%，2011 年第二审法院自行裁判案件数量与发回重审案件数量的比值为 162%，2012 年第二审法院自行裁判案件数量与发回重审案件数量的比值为 164%，2013 年第二审法院自行裁判案件数量与发回重审案件数量的比值为 162%，2014 年第二审法院自行裁判案件数量与发回重审案件数量的比值为 163%。

换言之，尽管在数据上可见民事诉讼发回重审制度的适用比率

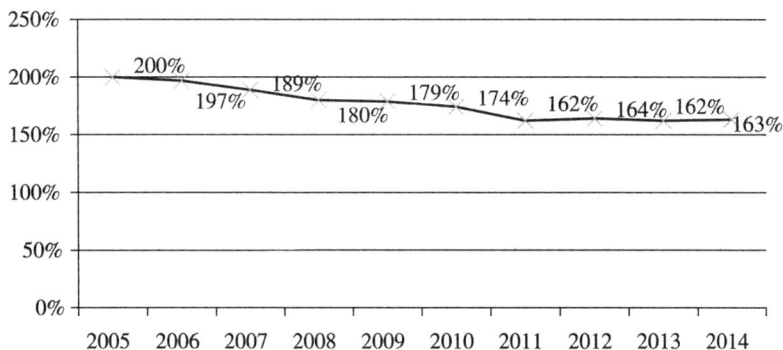

图 4：2005—2014 年我国民事诉讼二审改判案件与发回重审案件数量比示意图

逐年减少，但由于改判案件数量与二审法院作出将案件发回重审的数量之间的比率相对稳定，则说明发回重审率的降低并非由于第二审作出依法改判作为结案的方式而是判决驳回上诉维持原判、调解结案及撤回上诉案件量的增加所间接导致的。

当民事诉讼案件进入第二审审理程序后，经第二审法院审理认定原审判决中事实认定正确适用法律正确的案件将作出驳回上诉维持原判的判决，对原审判决中存在适用法律存在瑕疵但不影响案件最终判决的案件第二审法院将依法改判。根据《民事诉讼法》的规定仅在原审判决作出过程中因第一审法院存在过错而导致认定基本事实不清且该事实作为得出判决结果的重要依据或第一审法院审理过程中存在严重违反法定程序的情况时，第二审法院才可作出将案件发回原审法院重新审理的裁定。由此说明，当第二审法院认为第一审法院对案件审理存在瑕疵时，第二审法院仍愿意通过将案件作出发回重审裁定的方式对案件审判错误予以纠正，由此也印证了当二审法院在所审案件可改判可发回重审时，其作出将案件发回原审法院重新审理的比率是相对稳定的，尽管 2013 年《民事诉讼法》对于第二审法院适用发回重审制度对案件作出裁定的条件进一步限缩，但第二审法院作出改判与将案件发回重审的比率并未降低说明民事诉讼发回重审制度与第二审法院自行裁判的界限仍未分明，发回重审制度乱用的问题并未从根本上得以解决①。

在实证调研中发现，存在大量案例为第二审法院依据第二审程序进行中出现新证据而直接裁定发回重审，并未对发回重审及自行裁判进行区分。例如，在笔者调研收集的案例中，黑龙江省大庆市中级人民法院裁定的邹××与大庆市新潮物业管理有限公司物业服务合同纠纷一案②、黑龙江省绥化市中介人民法院裁定的张××与绥棱县泥尔河乡人民政府农村土地承包经营权纠纷一案③、黑龙江省鸡西市中级人民法院裁定的黑龙江鸡东热电有限公司与李××供用热力合同纠纷一案④、黑龙江省大庆市中级人民法院裁定的大庆市让胡路区喇嘛甸镇红旗居民委员会与××侵害集体经济组织成员权益纠纷一案⑤、黑龙江省大庆市中级人民法院裁定的大庆市让胡路区喇嘛甸镇红旗居民委员会与高×侵害集体经济组织成员权益纠纷一案⑥、黑龙江省大庆市中级人民法院裁定的常××与陈××民间借贷纠纷⑦等案件发回重审裁定事由均为"出现或由当事人提交新证据，可能导致原判决认定基本事实不清"。对于上述案件，大部分案件都尚未进入执行程序，可见仅因有新证据出现即将全案裁定发回重审有失发回重审对于辩论权保护之公允。就研究新证据的提出是否直接将会引发第二审法院作出将案件发回原审法院重新审理的问题的学者指出，如果当事人在二审程序中合法地提出来新的诉讼资料，则第二审法院针对这些新提出的诉讼资料只能在自行调查证据的基础上进行裁判并且能达到使裁判成熟的程度，第二审法

---

①　参见宁静：《民事诉讼发回重审制度的再探讨》，载《法治博览》2015 年第 31 期。

②　参见黑龙江省大庆市中级人民法院 (2015) 庆民一民终字第 428 号。

③　参见黑龙江省绥化市中介人民法院 (2016) 黑 12 民终 235 号。

④　参见黑龙江省鸡西市中级人民法院 (2016) 黑 03 民终 267 号。

⑤　参见黑龙江省大庆市中级人民法院 (2016) 黑 06 民终 892 号。

⑥　参见黑龙江省大庆市中级人民法院 (2016) 黑 06 民终 896 号。

⑦　参见黑龙江省大庆市中级人民法院 (2016) 黑 06 民终 2071 号。

院仍不能将案件发回到原一审法院重审①。也就是说，所引案例中仅以出现或由当事人提出新证据而作为民事诉讼发回重审事由是不够充分的，只有在该证据的未能得以提出需以原审法院存在过错或该新证据对案件审理结果具有直接影响且由第二审法院自行审理会导致当事人在民事诉讼中审级利益的损失的情况下，第二审法院方能作出将案件发回原审法院重新审理的裁定。

根据笔者下发的调查问卷，对于发回重审与自行裁判界限的问题，第二审法院法官在问卷（详见附件一）中针对"是否明确清楚地知道何时应当将案件发回重审，何时将案件作自行裁判"的回答，有21.3%的受访法官表示清楚明白，但其中3%拒绝进一步说明发回重审与自行裁判之间的界限，有52.5%的法官表示依照法条的规定进行裁判，无需自行分析两者之间界限问题，有13.2%的法官表示需要根据领导的批示进行，有9.8%的法官表示不懂问题的意思，另外有3.2%的法官选择其他，但并未对具体原因作出说明。针对"发回重审制度适用是否存在前提"的问题，有82.4%的法官选择存在前提，但其中大部分选择依据法律规定，仅有4名法官写到依当事人诉讼权利或审级利益相关的关键词，有11.0%的法官选择看不懂问题，有4.2%的法官选择没有前提，另外有2.4%的法官选择其他，并且在备注中说明应当依照法律的规定进行。针对"将案件作发回重审裁定或自行裁判两种选择哪一种使您承担更大压力"的问题，有94.0%的法官选择了依具体情况，其中34%法官未依照规定说明具体情况，32%的法官写到案件压力与评审时间相关，44%的法官写到案件压力与案件影响力相关，12%的法官写到案件压力与当事人情绪或案件紧急程度有关。对此处数据需要说明的是依据附件三问卷可见，对于案件压力承担问题在选择"依具体情况而定"的选项后，具有进一步说明的要求，进一步说明的提示部分并未要求法官仅能选取一个关键词作为说明理由，同一法官对理由的说明或选择多个关键

①　参见占善刚：《民事诉讼发回重审的理由比较研究》，载《比较法研究》2015年第6期。

词,因此总百分比总和超出百分之百。针对"将案件作发回重审裁定或自行裁判两种选择哪一种使您承担更大压力"的问题,有5.0%的法官选择将案件发回重审,仅有1.0%的法官选择对案件自行改判。①

综上所述,根据实证调研情况可见,我国民事诉讼发回重审适用并未因对其规定的限制而减少。在司法运行过程中,上诉审法院对于发回重审及自行裁判进行的界限区分不清,在大量案件中,上诉审法院以出现新证据为由即将案件发回原审法院重新审理而并未对新证据是否构成发回重审适用前提作出判断。

二、发回重审与自行裁判界限不清的实践成因分析

根据调研数据,横向比较第二审发回重审案件比率,自行改判与发回重审案件比率变化较小,改判案件数量与发回重审案件量的比率呈下降趋势。质言之,第二审法院在认定案件存在瑕疵需通过自行改判或发回重审的手段进行修正时,由比率变化可见,第二审法院更愿意通过将案件发回原审法院重新审理的方式对原审所存瑕疵进行修正。

根据笔者对于发回重审制度实践中乱用的分析及通过对第二审法院针对发回重审制度适用与对上诉案件自行裁判的界限的调查可见发回重审制度的乱用与发回重审、自行裁判二者界限不清具有重要相关性。

第一,第二审法院在重大疑难案件上更倾向于采用发回重审制度。通过对第二审法院对存在瑕疵案件的自行裁判数量与发回重审案件数量的横向比较,改判案件数量与发回重审案件量的比率呈下降趋势,也就是说,第二审法院在认定案件存在瑕疵需通过自行改判或发回重审的手段进行修正时,更愿意通过将案件发回原审法院重新审理的方式对原审所存瑕疵进行修正。

① 对于发回重审与自行裁判所承担压力的问题设计其主要调研目的是在主观上考查当原审法院存在裁判过错时,第二审法院对于案件修正方式的倾向性及心理影响。

第二，发回重审制度与自行裁判的界限无论是从制度的规定还是裁定法官的法律认识都具有不清晰的属性。根据问卷调查，大部分法官对于适用发回重审制度与自行裁判的界限认知为法律规定，但在我国法律的规定不完全清楚，在对发回重审制度适用前提的问题中，尽管绝大部分法官认为适用发回重审制度具有前提，但极少法官能够明确清楚地说明发回重审适用的前提具体内容。

第三，从发回重审制度乱用的原因分析，发回重审制度与自行裁判界限不清是导致发回重审制度乱用的重要原因之一。由于存在多数第二审法官对二者界限不清的情况，因此在适用发回重审制度时必然存在使用混乱的情况。其次，根据问卷调研，在选择发回重审的适用与自行裁判使法官承受压力的情况中，大部分法官选择依据具体情况而定，并且在认定二者界限时存在一定数量的依据领导指示的情况，也就是说，在发回重审的适用问题上，第二审法官并没有清楚的界定发回重审与自行裁判的界限。

综上所述，在司法实践中，第二审法官从总体性上说对于发回重审制度的适用与自行裁判的界限并不清晰，其主要原因在于缺乏制度性的明确规定，此外根据调研结果，第二审法院在重大疑难案件上更倾向于采用发回重审制度及法官对发回重审与自行裁判界限的法律认识不清晰，这也是造成发回重审与自行裁判适用混乱的重要原因。因此，完善发回重审制度使其发挥应有功能应当进一步明确发回重审与自行裁判的界限。

第三节　实践中发回重审裁定拘束效力问题

发回重审裁定的拘束效力主要是指在第二审法院作出将案件发回原审法院重新审理的裁定后，该裁定书中对于原审判决的法律评价及对案件事实的法律认定对于原审法院、第二审法院（本法院）及重审法院具有的拘束效力。为进一步探究实践中发回重审裁定书的拘束力问题，笔者首先依照第二审法院作出将案件发回原审法院重新审理的裁定书对发回重审事由描述的正确性与翔实性对调研样本进行分类。调研样本由两个基础样本构成，样本一：黑龙江省

2016 年各中级人民法院二审发回重审案件 407 件；样本二：黑龙江省高级人民法院二审发回重审案件 16 件。笔者对两个基础样本进行分析，以第二审法院作出发回重审裁定书中事由的合法性、合理性及可参考性为依据，共将调研样本总样 421 件二审发回重审案件分为四大类。

一、相同判决与反复发回问题的产生

笔者在对发回重审制度的调研过程中，将发回重审裁定依据裁定书对事由的描述和发回重审的适用对案件作出了分类，欲通过不同类型的发回重审裁定书的规定与发回重审后案件判决效果及拘束效果分析发回重审裁定书拘束力对发回重审有效发挥作用的重要意义，同时为实践中存在的相同判决及反复发回重审问题的解决提供依据。

类型一：由事实原因导致发回重审的裁定书仅以法律规定事由作为发回重审的原因的类型。

此种类型中，二审发回重审裁定书仅以法律规定事由作为发回重审的原因，而未依法逻辑具体推导出如何适用发回重审的规则及其必要性。具体而言，二审法院裁定发回重审的裁定书中无法判断是何种理由导致的发回重审，依据该裁定书仅可判断出发回重审是因原审判决存在基本事实不清的情形，而对具体何种法律判断出现瑕疵、是否需要当事人进一步对证据资料加以辩论、该不清楚之事实的认定在何种程度上影响了法院判决的公正性等问题均未作出明确说明。各地区中级人民法院或高级人民法院在作出发回重审裁定指导规范中对于如何说明发回重审理由都有不同规定①，但笔者在查阅该市中级人民法院所作发回重审裁定过程中发现，该市中级人民法院所作发回重审裁定书中大量存在此种类型（即类型一）所描述的情况。

从法解释学的角度而言，第二审法官作出此类裁定并没有违反

————————

① 以黑龙江省某市中院法院为例，内部规定中即有"审判所作判决书、发回重审的裁定书要写清理由"的规定。

法律的规定，因为无论是《民事诉讼法》相关司法解释或是各地方对于作出发回重审裁定适用的指导意见都未明确说明何为"写清理由"或"说明理由"，第二审法院引用《民事诉讼法》中规定可以或应当作出发回重审裁定的事由作为理由也是写清理由或说明理由的一种方法，并未违反法律规定。然而，可以显见的是在此类裁定作出后，第二审发回重审之裁定仅能在撤销原判的意义上对原审法院、第二审法院与重审法院产生拘束力，而对于案件事实的认定或瑕疵之修补均无任何指示，因此无拘束力可言。

此类型在 421 个样本案例中，样本一中有 182 个案例出现此种裁定的情形，占样本一的 44.7%；样本二中有 12 个案例属于此种类型，占样本二的 75%，是四种以裁定书中事由的合法性、合理性及可参考性为依据分类中所占比例最大的一种。可见，有近半数具有将案件作出发回重审裁定权能的法院在作出发回重审裁定时通过引用法律规定可以或应当作出发回重审裁定的事由作为理由。如上所述，尽管以法律规定可以或应当作出发回重审裁定的事由作为理由并不违反法律规定，但此类裁定仅在撤销案件上对原审法院、第二审法院及重审法院具有拘束力，因此此类型裁定已经作出在很大程度上会导致重审案件时出现判决结论维持不变或出现新的法律判断错误。根据笔者的调研结果，在 2013 年之前，由此类型裁定作出的发回重审案件导致重审后案件再次发回重审的在四种类型中所占比例超过半数，是导致案件重复发回重审的重要原因。

在黑龙江省高级人民法院民事裁定纪×与郑×民间借贷纠纷①案件中，第二审法院裁定将案件发回原审法院重新审理的理由仅为"本院认为，一审判决认定基本事实不清，适用法律不当。依照《中华人民共和国民事诉讼法》第一百七十条第一款第三项之规定，裁定如下：撤销鸡西市中级人民法院（2015）鸡商初字第51号民事判决；发回鸡西市中级人民法院重审。上诉人纪×预交的二审案件受理费236925元予以退回。"再如黑龙江省高级人民法院民

---

① 参见黑龙江省高级人民法院（2016）黑民终 232 号。

事裁定高×与姜×租赁合同纠纷①一案中，二审法院发回重审裁定书中则在正文中裁定如下："本院认为，一审法院判决认定事实不清，适用法律不当。依照《中华人民共和国民事诉讼法》第一百七十条第一款第（三）项之规定，裁定如下：一、撤销齐齐哈尔中级人民法院（2015）齐民初字第 29 号民事判决；二、本案发回齐齐哈尔市中级人民法院重审。上诉人姜×预交的二审案件受理费 111800 元、上诉人高×预交的二审案件受理费 24400 元予以退回。"

如以上案例所示，在裁定书中仅对发回重审的裁定理由描述为"本院认为，一审判决认定基本事实不清，适用法律不当"或者"本院认为，一审判决认定基本事实不清"，并未对何为案件基本事实，事实之不清如何导致案件结果之不公正作出明确分析，也未对需要一审法院对于哪些事实问题进行重新审理作出明确指示，仅说明了裁定结果和适用的法条。

从法逻辑的角度而言，法律结论是法律推理的结果②，一个完整的法律推理是由大前提、小前提的推导，从而得出法律结论。在法律推理中，大前提是法律条文，具体的行为模式为小前提，两者相对应得出法律结论。在发回重审的裁定问题中，没有所谓的小前提，因为其不存在对应的行为模式，所以需要外部证成对其支撑。③ 而在此种类型中的发回重审的裁定书中，仅有大前提，而无对法律决定所依赖的前提的证成，所得结论自然没有说服能力，对于当事人而言不知因何原因案件被发回重审，在新的一轮辩论中不知道应当在哪方面进一步举证，证明何种事由，对于当事人的辩论

---

① 参见黑龙江省高级人民法院（2016）黑民终 62 号。

② 法律推理是从一定的前提中，以法律和法学中的理或理由为基础，按照一定的推论规则或规律，为法律适用提供正当性证明的逻辑思维活动。

③ 法律证成可分为内部证成和外部证成，即法律决定必须按照一定的推理规则从相关前提中逻辑地推导出来，属于内部证成；对法律决定所依赖的前提的证成属于外部证成。前者关涉的只是从前提到结论之间推论是否是有效的，而推论的有效性或真值依赖于是否符合推理规则或规律。后者关涉的是对内部证成中所使用的前提本身的合理性，即对前提的证立。

权是一种变相的侵害。在几种发回重审的类型中，此种类型对于重审案件的指引最少，或者说在某些情况下零指引，对于司法资源的耗费最多，造成重复审判的可能性最大。虽然《民事诉讼法》将发回重审的次数限制为仅一次，但其不意味着当事人对于发回重审后的结论是满意的，对于生效的判决而言，还有再审程序和上访程序。从另一个角度而言，推翻已生效的判决或是通过行政手段寻求正义，对于司法公信力的建立更加有害。

此外，在此种类型下导致再发回的可能性最高，即使在现有立法情况下由事实原因导致的发回重审仅能发回一次，也最可能导致再次发回一审的判决与原判毫无区别。如在（2016）黑 10 民终494 号案件中，关于被告侵占原告土地的案件中，原审认为：原告姬×等六人承包的宁安市江南朝鲜族满族乡施业区内的 164 坰耕地中的 63282 平方米耕地，原告等六人对该林地享有使用权。其他五人与原告解除合伙关系，原告便独自享有该 63282 平方米耕地的使用权。被告徐×虽耕种该诉争林地多年，但自原告对该林地享有使用权后，被告即应与原告签订承包合同，方可耕种该林地。现被告不认可与原告承包林地关系，还强行耕种该诉争土地，是对原告的林地使用权的侵害。原告要求被告返还该诉争 6.3282 公顷林地，符合事实及法律规定，法院予以支持。随后案件被提起上诉，第二审法院经审理以一审判决事实不清而将案件发回原审法院重新审，在经历发回重审一审后，案件再次上诉至二审法院。上诉人认为："本案是经一审、上诉审、发回重审的案件。在原上诉审法院已经发现一审判决事实不清发回重审，而一审法院在重审中依旧罔顾事实，违法判决，极大地损害了上诉人的合法权益。本案无论是从上诉人承包耕地三十多年的事实层面，还是畜牧场与江南乡土地确权争议，一审判决支持原告的诉求都是错误的。"

尽管本案最终二审法院维持了原判，但当事人针对第二审法院所作出的发回重审裁判提出的质疑仍应引起重视，第二审法院作出发回重审的裁定笼统概括无明确指引时，发回重审的裁定对于重审法院的拘束力何以体现，在无明确发回之理据时新判决维持不变是否有违法理。因此可以说发回重审制度的正位首先依赖于第二审法院对于裁定发回重审事由之明确，只有在重审法院有据可依的前提下，方有讨论如何更有效地保护诉讼当事人诉权的基础。此问题同时引发另一思考，即当发回重审之裁定有明确指引时，其拘束力又当如何，发回重审之法院可否不依照发回之裁定指引予以裁判。此问题将在下文中展开讨论。

类型二：第二审法院裁定书中作为裁定发回重审适用法律错误的类型。

第二审法院错误适用法律裁定发回重审即是民事诉讼法学者常指的第二审法院对发回重审制度的乱用与错用。第二审法院作出将案件发回原审法院重新审理的裁定所依据的法律规定并非发回重审法定事由，一般而言此种问题多是由对发回重审适用的不严谨、不重视和法院裁定发回重审的随意性所导致的。

根据调研的情况，二审法院因适用法律错误而裁定发回重审。在421个样本案例中，样本一中有6个案例出现此种裁定的情形，占样本一的1.43%。例如在黑龙江省佳木斯市中级人民法院民事裁定耿✕与佳木斯市公共交通有限公司财产损害赔偿纠纷①案件中，二审法院裁定发回重审的裁定书中发回理由为："本院认为，原审判决适用法律错误，依据《中华人民共和国民事诉讼法》第一百七十条第一款第二项之规定，裁定如下：撤销佳木斯市前进区人民法院（2015）前民初字第101号民事判决书；发回佳木斯市前进区人民法院重新审理。"再如黑龙江省牡丹江市中级人民法院民事裁定东宁县华✕建筑安装公司与姜晓波施工合同纠纷②民事案件中，二审法院的发回重审的理由为："本院认为，原审认定事实不清，适用法律不当，根据《中华人民共和国民事诉讼法》第一百七十条第一款（三）项的规定，裁定如下：一、撤销东宁县人民法院（2014）东民初字第428号民事判决书；二、发回东宁县人民法院重审。二审案件受理费5276元，退还上诉人东宁县华宇建筑安装工程有限责任公司。"

---

① 参见黑龙江省佳木斯市中级人民法院（2016）黑08民终14号。
② 参见黑龙江省牡丹江市中级人民法院（2016）黑10民终248号。

　　根据《民事诉讼法》第 170 条之规定，当原审法院所作之判决认定事实错误或者适用法律错误的，第二审法院应当根据一审裁判类型作出依法改判、撤销或者变更的裁判结论，而非将案件发回重审。只有当原审法院所作判决存在认定基本事实不清或严重违反法定程序两种情况下，第二审法院才可作出撤销原判决将案件发回原审人民法院重审的裁判。因此，第二审法院以原审法院适用法律错误作为将案件发回重审的事由属于错误适用法律裁定发回重审的类型。

　　此种类型中，二审发回重审裁定书对裁定发回重审的法律依据产生混淆适用或出现适用错误，误将应当以判决、裁定方式依法改判、撤销或者变更的案件发回重审。根据调研结果，尽管此类错用或直接乱用发回重审制度的情况所占比例较小，仅占总样本的1.43%，但此类情况之出现应当完全避免。在《民事诉讼法》修改前，曾有学者提出过关于发回重审的"二难理论"，其认为既然二审法院能够认定原审法院对于法院适用法律是错误的或者原审法院裁判中存在对事实判断不清的情况，则说明第二审法院已知应当适用何种正确的法律规则对案件加以裁判或已将案件事实查明。若未查明事实或确定应适用的法律则无从判断一审所认定之事实清或不清、法律适用错误或正确，因此其无依据"事实不清"或"法律适用错误"而裁定发回重审之基础。对此观点，笔者对于法律适用错误的部分的分析予以赞同，法律适用问题与事实认定不同，由于对事实的认定不因所学专业之区别或学历的高低而具有本质性差别，法官对事实的判断与普通人在相同证据资料下所作出的事实判断或因普通人有更多的社会生活经验而得出更为准确的判断，所以在英美法中事实的认定交由陪审团作出。日本学者中岛弘道认为，司法审判中对事实的认定具有不完全性和主观性的特点。与普通人对事实的认知无异，司法审判中的事实是通过证据资料的认定所还原之事实，证据资料的完全性尚不能保证，所得结论之事实认定必然存在不完全性。其次，当同一证据资料展示给不同人时由于各自经验阅历、生活环境等因素的影响对于还原事实必定加上个人想象，依据不完全证据资料所认定的事实具有一定的主观性。因此事实清楚与否的认定与法律适用错误的认定在本质上即有不同，法律适用的正确性更多依赖专业知识的储备和学习且法院对于案件所应适用的法律无需当事人通过言词辩论得以证明，因此当法律适用出现错误时，第二审法院应当依法改判而非发回原审法院重新审理。更为浅显的是，《民事诉讼法》已经明确规定了法律适用错误应当依法改判、撤销或者变更，从法逻辑和法理上而言法律适用错误也不应当是发回重审的基础。因此，依据法律适用错误而裁定发回重审应当说是法院本身适用法律错误。

此外，根据调研情况显示，与以上案例不同的是在第二审法院作出发回重审裁定时存在适用规则不规范的情况，其不是将法律明文规定的应当以判决、裁定方式依法改判、撤销或者变更的案件发回重审，而是将案件发回重审所依据的事由并非法律中所规定的理由并且也非如上适用错误的情况，且存在适用不严谨或自行拟定发回重审事由的情况。例如黑龙江省双鸭山市中级人民法院民事裁定×县电业局与黑龙江×粮油工业有限公司供用电合同纠纷①二审裁定发回事由如下："本院认为，原审法院认定部分事实不清，依照《中华人民共和国民事诉讼法》第一百七十条第一款第三项之规定，裁定如下：一、撤销宝清县人民法院（2016）黑0523民初823号民事判决；二、本案发回宝清县人民法院重审。二审案件受理费2634元退回给上诉人×县电业局。"再如黑龙江省双鸭山市中级人民法院民事裁定黑龙江×有限公司与黑龙江×种业有限公司买卖合同纠纷②二审案件中裁定发回重审理由为："本院认为，原审判决认定的部分事实不清，适用法律不当，依照《中华人民共和国民事诉讼法》第一百七十条第一款第（三）项之规定，裁定如下：一、撤销集贤县人民法院（2015）集商初字第187号民事判决；二、发回集贤县人民法院重新审理。"

根据《民事诉讼法》第170条之规定，当原审法院所作之判决存在认定基本事实不清或的决遗漏当事人或者违法缺席判决等严

---

① 参见黑龙江省双鸭山市中级人民法院（2016）黑05民终578号。
② 参见黑龙江省双鸭山市中级人民法院（2016）黑05民终145号。

重违反法定程序的二种情形或二种情形之一时，第二审法院应当作出裁定撤销原判决发回原审人民法院重审的裁定，在第一种情形下第二审法院也可在自行查清事实后依法改判。由此可见，民事诉讼程序中已经将第二审法院可作出发回重审裁定的事由作了严格的限制，仅在基本事实不清和严重违反法定程序的情况下第二审法院具有裁定发回重审的权限，而部分事实不清不属于二种情况中的任何一种，换言之，即使所认定不清的部分事实属于基本事实，对于判决结果具有重要影响，第二审法院也必须就不清之事实属于基本事实加以论证，不得以部分事实不清为由作发回重审之裁定。

从目的解释的方法分析，立法者对于是由事实原因导致的发回重审进行了严格的限制和监控，其目的是法官在因事实原因裁定将案件发回重审时需审慎为之，虽然此规范是对发回重审适用的描述，但其应当属于强制性规范①，并且是唯一可以作为可由事实原因发回重审之理由。即在裁定是否发回重审时，法官对于案件的裁定应当完全依照上述法律条文的规定裁决，不得擅自修改条文规定或自行创设新的规则。上例中，撇开裁定发回重审的事实不清的认定无推理的问题而言，法院发回重审依据为"原审判决认定的部分事实不清，适用法律不当"或"原审法院认定部分事实不清"均不是法律明确的规定，不应当成为发回重审的理由，即使在调研所选样本中此类型仅占1.43%但对个案而言此种错误是完全可以避免发生的，而由此也造成了对当事人因发回重审而迟延获得正义之损害。

类型三：第二审法院以原审判决程序中存在严重违反法定程序为理由将案件发回重审的类型。

根据《民事诉讼法》对第二审法院适用发回重审制度之规定，当原审法院所作之判决存在认定基本事实不清或判决遗漏当事人或者违法缺席判决等严重违反法定程序的二种情形或二种情形之一

---

① 强制性规范，这是与任意性规范相对应的概念，指必须依照法律为或不为一定行为的规范。包括命令性规范和禁止性规范两类。而任意性规范是指导性质的，可以自由选择做不做或者怎么做。

时，第二审法院应当作出裁定撤销原判决将案件发回原审人民法院重审的裁定，当认定原审法院所作之判决存在基本事实不清时，第二审法院也可在自行查清事实后依法改判；而认定原审判决过程中存在判决遗漏当事人或者违法缺席判决等严重违反法定程序的情形时，第二审法院应当裁定将案件发回原审法院重新审理。可见，严重程序违法是第二审法院作出裁定将案件发回原审法院重审的依据之一。

根据调研的情况，在 421 个样本案例中共有 56 个案件第二审法院因一审程序错误而裁定将案件发回原审法院重新审理，其中因原审法院审理案件过程中存在违法法定程序的情况而将案件发回重审分为三种情形：

第一种：第二审法院所作将案件发回重审的裁定对所违反的法定程序描述清楚，具有严重违反法定程序的情节，确为发回重审事由。在此种情况下，第二审法院将案件作出发回重审的裁定是对原审法院所作判决过程中存在严重瑕疵的纠正，是第二审法院行使监督职能的体现。从民事诉讼法程序正义的角度出发，实体正义与程序正义是相辅相成的，实体正义之取得依赖司法机关审判过程中对程序正义的严格执行。因此，在第一审裁判过程中确有严重违反法律程序情形时，第二审法院作出将案件发回重审的裁定是对当事人正义判决结论取得的保护，是发挥民事诉讼二审发回重审制度应有之功能的体现。例如，黑龙江省农垦中级法院民事裁定刘×与巴彦县佳农农资综合有限责任公司种植、养殖回收合同纠纷①，二审民事裁定中发回重审裁定理由为："本院认为：原审认定基本事实不清，在审理过程中，发现不适用简易程序，未裁定转为普通程序。依照《中华人民共和国民事诉讼法》第一百七十条第一款（三）、（四）项的规定，裁定如下：一、撤销黑龙江省牡丹江农垦法院（2015）牡民初字第 356 号民事判决；二、发回黑龙江省牡丹江农垦法院重审。二审案件受理费 300.00 元（上诉人预交），退还上诉人巴彦县佳农农资综合有限责任公司。"从此案例中可以看出，

---

① 参见黑龙江省农垦中级法院（2016）黑 81 民终 287 号。

第二审法院作出将案件发回重审的裁定基于原审法院审判程序适用错误，本应适用普通一审程序对案件加以审理，原审法院却因其对案件性质错误判断而适用了简易程序对案件加以审理。根据我国《民事诉讼法》第157条至163条的规定，基层人民法院和它派出的法庭审理事实清楚、权利义务关系明确、争议不大的简单的民事案件或当事人双方约定同意的可以适用简易程序。相比于第一审普通程序而言，适用简易程序审理案件的期限较短仅为三个月，审判组织在审理简单的民事案件时审判员可为一人独任审理。因此，以简易程序审理应当适用普通程序的案件会导致案件辩论、审理不充分，导致当事人诉讼权利的损害，如以上案例第二审法院作出将案件发回重审的裁定，且说明适用简易程序属原审法院裁判中所存程序瑕疵具有说服力，并当案件发回原审法院重新审理后重审法院依第二审法院所作裁定对其所存瑕疵具有纠正的能力。因此，第一审法院审理过程中确存严重违反法定程序的情节的，第二审法院对该案作出发回重审裁定且对所违反的法定程序描述清楚是对当事人审级利益的保护，也是民事诉讼发回重审在发挥其应有之功能。

　　第二种：裁定中未说明违反何种法定程序，是否具有严重的情节。根据调研结果，第二审法院未说明原审法院在何种程序适用中存在瑕疵，也未说明是否具有严重性的情况占第二审法院以原审程序中存在严重违反法定程序为理由作出发回重审裁定的案件总数的46.35%。例如，黑龙江省绥化市中级人民法院民事裁定黑龙江××房地产开发有限公司与曹×、周×、周×确认合同无效纠纷①二审民事诉讼的发回重审的裁定理由为："本院认为，一审裁定违反法定程序。依照《中华人民共和国民事诉讼法》第一百七十条第一款第（四）项之规定，裁定如下：一、撤销兰西县人民法院（2015）兰民初字第80号民事裁定；二、发回兰西县人民法院重审。"从此裁定中可见，在样本中近半数第二审法院以原审程序中存在严重违反法定程序为理由作出发回重审裁定的案件并未说明在原审审理过程中因存在何种违反法定程序的事由也未阐明该违反法

---

① 参见黑龙江省绥化市中级人民法院（2016）黑12民终334号。

定程序具有严重性对案件的审理结果的实体正义的取得具有严重影响。此即为大多数民事诉讼法学者所述的民事诉讼二审发回重审制度滥用及规避对民事诉讼发回重审制度适用限制的主要情况①。在《民事诉讼法》第 179 条最后一款中，立法者作出了对同一案件仅可作出一次将案件发回原审法院重新审理的限制，其目的是防止案件因反复发回重审而出现"审而不判"的情况。但根据最高人民法院关于《民事诉讼法》适用的司法解释，仅可作出一次将案件发回原审法院重新审理的限制仅适用于以基本事实不清作为再次发回重审事由的情况，也就是说当案件经过重审后再次上诉至第二审法院时，第二审法院仍可依据重审程序中存在严重违反法定程序将案件再次发回重审。质言之，第二审法院以程序中存在严重违反法定程序将案件作发回原审法院重新审理的裁定可不受《民事诉讼法》所规定的次数上的限制。而在司法实践中，第二审法院以原审程序中存在严重违反法定程序为由裁定将案件发回重审，却未说明违反何种法定程序是否具有严重的情节，其目的即是在一定程度上规避《民事诉讼法》对发回重审次数的限制。当案件发回原审法院重新审理时，因发回重审裁定书中并未指明原审法院中存在何种瑕疵，与前一种情况相比重审法院无法对其进行纠正仅能依自身对案件的判决以新案件对其进行审理。因此，近半数以原审程序存在严重违反法定程序为事由的发回重审裁定，未说明违反何种法定程序是否具有严重的情节是对民事诉讼发回重审制度不规范的适用，是滥用民事诉讼发回重审制度的情况之一。

　　第三种：第二审法院将案件裁定发回重审理由中既包括事实不清的理由，也包括程序违法的理由。根据调研报告结果显示，第二审法院以原审判决存在事实不清且程序违法作为将案件发回原审法院重新审理理由的案件占总因程序具有瑕疵导致案件发回重审量的 12.31%。例如，黑龙江省绥化市中级人民法院民事裁定书（2016）黑 12 民终 30 号张×与孙×民间借贷纠纷二审民事诉讼中，二审法

---

① 参见蔡晖：《对认定事实存在问题的案件不应发回重审》，载《人民司法》1998 年第 2 期。

院裁定发回重审的理由为："本院认为，原审判决认定事实不清，程序违法。依照《中华人民共和国民事诉讼法》第一百七十条第一款第（三）、（四）项的规定，裁定如下：一、撤销明水县人民法院（2015）明商初字第 752 号民事判决。二、发回明水县人民法院重审。"当出现事实认定及程序都存在瑕疵时是否具有加成的效果，如上案例，原审认定事实不清和程序违法是发回重审的理由，进一步而言，如果事实不清一因素或程序违法一因素均不构成发回重审之程度，而两者同时存在时是否因具有加成之效果而可行发回重审之裁定。此问题与民法体系中侵权责任法中有原因力理论①具有相似性，简而言之不同侵权主体共同造成了侵权后果之发生，但任一个侵权行为均不具有造成损害结果的能力的责任承担问题。然而此理论逻辑对民事诉讼中第二审法院裁定将案件发回重审的理由显不适用。首先，侵权责任法中原因力理论之建立基于损害事实之存在，而民事诉讼中发回重审裁定作出的理由是基于是否符合法律规定的第二审法院将案件作发回重审裁定的要件而决定的，即原因力理论是由结论推导责任，而发回重审的裁定则是由理由推导结果，二者推导过程不同。最后，侵权责任是民法中解决损害与补偿的民事法律责任的认定，而发回重审制度的适用是法官依法行使裁判权的体现，两者的法律基础不同。最后，侵权责任在权责不明时可依据民法原则如公平正义等在各方利益间裁量，而第二审法院作出将案件发回原审法院重新审理的裁定如上文所述则是属于强制性规范。在第二审法院进行法律判断是否应当作出将案件发回原审法院重新审理的裁定时，法官应当完全依照上述法律条文的规定对于案件进行裁决，不得擅自修改条文规定或自行创设新的规则。因此，笔者认为，当出现事实认定及程序都存在瑕疵时且任一瑕疵均不构成发回重审事由时，不得因两者同时存在而认定具有加成之

---

① "原因力是指构成侵害的多个原因中对损害结果起着作用力的大小。原因力因过失相抵规则而浮出法理表面，但在我国侵权责任法中尚未条文化，在确定共同原因的侵权赔偿责任时，基本上是按照原因力来确定违法行为人的赔偿责任的。"http：//blog. sina. com. cn/s/blog_ 974ad6380100xqhb. html.

效果而行发回重审之裁定。因此，如上案例中普通的事实认定不清与一般的程序违法均不是独立成为发回重审的事由，且不得因两者同时存在而认定具有加成之效果，法院因认为原审判决认定事实不清、程序违法而裁定发回重审是不具有法律依据的。

综上所述，对以上三种不同类型因第一审程序中存在严重违反法定程序事由情形而导致第二审法院作出将案件发回原审法院重新审理裁定的案件的类型化分析，对于完善民事诉讼发回重审制度具有重要意义。首先，在此三种类型中，截至调研时，以调研样本为基础，有近半数因第一审程序中存在严重违反法定程序事由情形而导致第二审法院作出将案件发回原审法院重新审理裁定的裁定书中并未说明原审程序中存在何种严重违反法定程序的情形，也未对其严重性进行分析。而此种情况是造成当事人、民事诉讼法学者、司法工作人员对民事诉讼发回重审制度适用诟病的重要原因，是第二审法院对民事诉讼发回重审制度滥用与乱用的重要手段。此外，存在 12.31% 的发回重审案件为第二审法院将事实不清与违反法定程序二事由混杂作为裁定发回重审的理由。需要强调的是，随着《民事诉讼法》对民事诉讼发回重审制度适用的修改，程序违法已经不再具有"遇即重审"的待遇。根据《民事诉讼法》第 170 条第 4 款之规定，"原判决遗漏当事人或者违法缺席判决等严重违反法定程序的，裁定撤销原判决，发回原审人民法院重审"，根据民事诉讼法的规定，发回重审的程序事由要求是严重违反法定程序的情形，由此也可再次证明立法对于适用发回重审收紧的态度。最高人民法院《关于适用〈中华人民共和国民事诉讼法〉的解释》第325 条规定下列情形可以认定为民事诉讼法第 170 条第 1 款第 4 项规定的严重违反法定程序："（一）审判组织的组成不合法的；（二）应当回避的审判人员未回避的；（三）无诉讼行为能力人未经法定代理人代为诉讼的；（四）违法剥夺当事人辩论权利的。"尽管最高人民法院《关于适用〈中华人民共和国民事诉讼法〉的解释》中所列举的四种并不能涵盖所有严重违反法定程序的情况且司法解释的法律位阶低于法律，因法官裁定发回重审的事由并不必然涵盖在所列举范围内，但是若欲适用在违反法定程序的事由发回重审案件且该事由未被涵盖在司法解释的范围内，法官需论证其严重性与所列举事由的相似程度。根据调研数据可见，在第二审法院以原审程序中存在严重违反法定程序情况作为将案件发回原审法院重新审理的事由时，具有过半数的裁定书内容不具有明确性和对重审法院审理程序的指导性。

类型四：民事诉讼二审发回重审的裁判书具有较强说服力的类型。

民事诉讼之立法基础是通过国家公权力对个体案件的法律关系裁判达到定纷止争之目的，而每一个民事诉讼当事人、诉讼参与人都希望在公平正义的程序保障之下获得公正及时的裁判。[①] 对于民事诉讼发回重审制度而言，第二审法院作出将案件发回原审法院重新审理的裁定前诉讼当事人已经历民事诉讼二审程序，其负担了较大的诉讼成本，因此在得到发回重审裁定时，当事人必然希冀法院以确实的理据说服其承担因再次进行诉讼程序所需支付的诉讼成本。[②]

根据调研的情况，二审法院因一审事实原因裁定发回重审且具有在 421 个样本案例中，共有 365 个案件是因基本事实不清而由第二审法院作出将案件发回原审法院重新审理的裁定，其占样本总量的 86.6%，其中类型四即第二审法院作出较为详细具有指引意义的发回重审裁定的案件占总样本的 39.6%。根据笔者调研，2014 年第二审法院作出较为详细具有指引意义的发回重审裁定的案件占全部发回重审比例明显低于 39.6%，而在 2013 年《民事诉讼法》

---

① 习近平总书记在中共中央政治局就全面推进依法治国进行第四次集体学习中强调，要坚持司法为民，改进司法工作作风，通过热情服务，切实解决好老百姓打官司难问题，特别是要加大对困难群众维护合法权益的法律援助。司法工作者要密切联系群众，规范司法行为，加大司法公开力度，回应人民群众对司法公正公开的关注和期待。要确保审判机关、检察机关依法独立公正行使审判权、检察权，并提出努力让人民群众在每一个司法案件中都能感受到公平正义的司法要求。

② 此处诉讼成本是指因案件需在此审理所付出的实际成本、机会成本、诉讼成本等的总和。

修改以前第二审法院作出较为详细具有指引意义的发回重审裁定的案件则更少。从数据上说，具有较强说服力的发回重审的裁定文书随着司法改革的逐步深入日渐增多，但不足半数的比例仍可以看出民事诉讼发回重审制度的适用仍具有正位之必要。发回重审裁定的简单、粗略并非第二审审理法官之原意，其作出发回重审裁定理由中参杂过多无法明确例举在裁定书中的事由，也因此必须简单作出裁定文书。另外，由于无论《民事诉讼法》或相关法律都未对第二审法院所作发回重审裁定的拘束力作出明确规定，第二审法官也存在案件发回原审法院重新审理即为原审法官所负责的侥幸心理，第二审法官不愿承担因在裁定书中提供过多指引所造成的对案件审理结果的责任，同时第二审法官也存在因人情关系等理由故意简化发回重审裁定书的情况，因此就造成了民事诉讼二审发回重审裁定书过于简单的情况大量存在。根据习近平总书记对司法发展方向的要求，司法审判要每一个当事人都感受到公平正义的存在，而责任的推卸、人情的缘由、领导的指示都是与司法发展大方向相违背的。在民事诉讼发回重审制度中，更多的有说服力的裁定书的形成是发回重审制度正位真正发挥保障当事人诉讼权利、审级利益、辩论权的基础。

如上所述在调研样本中，第二审法院具有明确事由作出将案件发回原审法院重新审理的裁定占总样本量的 39.6%，此类型裁定书中第二审法院说明了案件具有进一步辩论的必要性及原审审理所得结论所依据的事实在认定过程中存在的瑕疵与审判结果存在因果关系及影响，因此此类裁定书一经作出对重审法院再次审理案件时应为的法律判断具有较强的指导意义，不仅纠正了原审法院判决中存在的错误也在保障当事人审级利益的同时保障了案件得到正确判决的可能性。例如，黑龙江省高级人民法院民事裁定中×建设集团股份有限公司、×建设集团股份有限公司×分公司与王×建设工程施工合同纠纷①一案二审民事裁定中发回重审理由非常翔实，具体如下："本院认为，实际施工人是指无效合同的承包人，如转包承

---

① 参见黑龙江省高级人民法院（2016）黑民终 289 号。

包人、违法分包合同的承包人、没有资质借用有资质的建筑施工企业的名义与他人签订建设工程施工合同的承包人。由此，实际施工人虽是无效建设工程施工合同的一方当事人，但其已经实际组织工程施工，并投入人工、材料及机械设备等费用。对实际施工人的认定需综合工程组织施工及人工、材料、机械设备费用的投入情况。本案中，王××与×公司及×分公司均举示了对黑龙江汉能300MW薄膜太阳能电池生产项目综合生产厂房土建18-54轴工程（以下简称案涉工程）进行投入的证据。王××虽未举示其与××公司签订的施工合同及实际组织施工的直接证据，但其持有×公司出具的工程结算书，×公司对此无法作出合理解释，同时，×公司亦认可王××在案涉工程施工中从事了部分工作。现王××及×公司均主张对案涉工程进行了施工，但举示的证据均无法形成优势证据。原审判决以认定案涉工程总造价所依据的《工程结算价》中并未标明为18-54轴的结算价，所附六份结算造价中，仅有三份标有'18-54'的字样，另外三份未标明为案涉工程的结算造价。王××在举示上述证据时自述，该证据为×公司委托其与黑龙江××薄膜太阳能有限公司进行结算的材料，故该《工程结算价》应为×公司的单方结算价格，不能作为认定案涉工程总造价的依据。综上，原审判决认定王××为案涉工程的实际施工人及案涉工程的结算总价款为24923955.19元，证据不足，属认定基本事实不清。依照《中华人民共和国民事诉讼法》第一百七十条第一款第三项之规定，裁定如下：一、撤销大庆市中级人民法院（2013）庆民一民初字第23号民事判决；二、本案发回大庆市中级人民法院重审。上诉人×建设集团股份有限公司预交的二审案件受理费78300元予以退回。"在本案中，法院首先对当事人法律地位加以确认，认定王××的确具有民事诉讼当事人资格，其后进一步论证了原审法院据以判决该案所涉工程的实际施工人及案涉工程的结算总价款的认定的证据资料存在瑕疵，且该证据是与一审判决结果具有直接因果关系的证据资料，因此属于基本事实存在瑕疵影响案件最终判决的情况，从而得出应当发回重审之结论。从法律适用及论证上都具有充分性和完整性。当事人针对此裁定在重审程序中可以有针对性地提出新的证据或抗辩对案件事实加以论证，同时重审法院依据此裁定书对原审判决中存在的事实认定之瑕疵有明确重新认定之指引。

以上为笔者依照第二审法院作出将案件发回原审法院重新审理的裁定书对发回重审事由描述的正确性与翔实性对调研样本进行分类。根据第二审法院所在地的法律发达程度对民事诉讼发回重审制度的适用分析，以上述两个基础样本为分析基础可见，笔者对样本中421个样本案件按区域分类，将哈尔滨市中级人民法院作出发回重审的案件作为一组，其他城市中级人民法院作出的发回重审案件作为一组加以对比。其中，哈尔滨市中级人民法院作出的将案件发回重审的裁定书属于第四类即第二审法院作出较为详细具有指引意义的发回重审裁定的案件占哈尔滨市中级人民法院作出发回重审裁定总案件的59.6%，而其他城市作出的将案件发回重审的裁定书属于第四类的占其他城市人民法院作出发回重审裁定总案件比例仅为30.9%，远低于总比率39.6%。

从此数据可见，不同地区对于民事诉讼发回重审制度的适用规范性仍存在较大不同，以哈尔滨市作为代表的较为发达地区的第二审法院对于适用民事诉讼发回重审制度具有较高的正确比率。从调研中笔者得知，哈尔滨市中级人民法院法官普遍具有更高学历，比其他地区有更多硕士学历及法学博士学历的法官。而在偏远地区法院中，具有硕士学历的法官都鲜有存在。此外，从司法培训的角度，省会城市及其他较大的市法官有更多对法律适用、法律裁判的培训活动，法官有定期学习的要求，而偏远地区法院法官此类学习机会较少。因此笔者认为各地法院应当通过典型案例的形式对基层法院、第二审法院法官进行培训，从而保障二审发回重审制度基础之正确性。另外，从法官流动性上而言，以省为单位，据不完全统计63.5%的法官表达了去中心城市进一步发展的意愿，27.4%的法官表达愿意留在现所在城市继续司法工作，而仅有9.1%的受访法官表达出愿意去相对偏远的地区工作，但其中也有部分法官表示去偏远地区工作需要以行政职级提升为前提。以上数据都说明，由于各地区发展的不均衡化，在司法系统中也存在人才流动的单向性和人员素质呈金字塔型分布的情况。由此可见，司法系统人才流动的单向性也是造成民事诉讼发回重审制度运行情况不良的重要理由。

二、拘束力问题对法院审判的影响

第一，经过发回重审程序的案件息诉比例低。如上文所述，第二审发回重审裁判存在较大比例的"空文书"① 的情况，第二审裁定对案件发回原审法院重新审理解决当事双方争议并无指引，重审判决作出后若判决结论发生改变则原判决中相对胜诉的当事人会认为重审法院存在错误，若判决结论未发生改变则可能引起双方当事人对诉讼程序之不满。对重审法院而言，当第二审法院以空文书的方式作出发回重审的裁定时，为避免诉讼当事人将矛盾转移到自身法院，很多情况下重审法院坚持原一审之裁判。这也是在重审程序完成后再次上诉率一直保持较高比率的原因。另外，很多重大案件的判决是第一审得出法律结论之前由审判庭呈报给审委会加以讨论的结果，因此当第二审法院因非必要原因将案件发回原审法院，重审法官经与原审法官沟通在很多情况选择维持原审的判决。此外，即使第二审法院作出了上述第四类裁判，由于我国缺乏发回重审制度中对第二审法院作出裁定的拘束力的明确规定，当案件发回重审后，第一审法院仍可依据其审理一审案件之程序重审案件。在《民事诉讼法》修改后，以基本事实不清作为发回重审理由的案件仅可发回一次，在一定程度上减轻了第一审法院的负担，对同一案件不再会因反复发回而造成第一审法院司法资源的过度消耗。但从另一个角度说，对于重审结论维持原审判决的情况第二审法院不再具有多次纠正的方法。民事诉讼二审发回重审制度上存在过多空白点，导致当事人对制度不信任的同时又不具备对制度的处分权，因此只有不断将案件上诉至更高级别的法院审理才会使其确信获得公

① 在司法实践中，存在大量的发回重审的裁定书中对于其事由并为作具体的说明，当重审法院对案件重新审理时，并无对案件审理的明确指引在实践中称此类裁定书为"空白书"。

正判决，因此发回重审制度并未起到使当事人息诉的功能。

第二，第二审法院承担更多案件审理责任。由于发回重审制度是案件由下至上再至下的移交审理，对第二审法院而言其作出发回重审的裁定是对第一审法官所作判决的否定，无论基于何种原因将案件发回重审第一审法院都存在一定的抵触情绪，因此发回重审裁与不裁很多情况下需要与原审法院沟通，即使第二审法院作出发回重审的裁定也要给第一审法院"留面子"，因此不会在裁定书中指出其审判存在的瑕疵。根据调研情况显示，此种情况在我国大部分地区仍然存在，以黑龙江省为例，在2012年以前发回重审内部函还作为第二审法院对发回重审案件解释说明的主要方法，但由于内部函不具有法律上的拘束力，反复发回问题不断出现，内部函制度逐渐被取消。但根据调研数据，即使在2016年内部函停止适用实践时间较长后，第二审发回重审案件裁定出现理由简略不具有对重审指引与无实体意义拘束力的情况仍占到40%以上。

当第二审法院作出的发回重审裁定后，如上所述较大比率的案件会在重审后再次上诉至第二审法院，对于仍存在基本事实不清的案件由于发回重审次数上的限制导致第二审法院需通过自行调取证据或提供当事人辩论机会以保证案件的公正审判，因此在某种意义上，第二审法院承担了部分一审法院之工作，增加了第二审法院的审理压力。

第三，在重审程序后当事人申请再审比率较高。民事诉讼的功能为在平等主体之间出现民商事矛盾时通过公权力的公正性对纷争作以评判达到定纷止争之目的。而民事诉讼发回重审制度的功能则是在民事诉讼进行中因法院自身存在过错导致在裁判过程中出现严重程序错误或对事实的认定不清导致影响裁判结果时重新对案件进行审理以保护当事人审级利益和辩论权。通过第二审法院裁定将案件发回原审法院重审的方式对当事人权利的保护必然会产生诉讼拖延的副作用，即使重审法院或第二审法院在当事人可接受时限内对案件作出裁判，当事人对于重审判决或重审后再上诉所作之判决的接受度较未经历发回重审程序的一审判决或上诉判决的接受度要略低。我国民事诉讼制度为四级二审制，四级分别包括由基层人民法院、中级人民法院、高级人民法院和全国最高人民法院所构成的四级司法审判机关；二审则是指民事诉讼案件具有经历上述四级法院中二级法院审理程序而得出裁判结果之权利，我国《民事诉讼法》第10条规定，人民法院审理民事案件实行两审终审制度。① 然而根据实践调研所得资料，我国目前的民事诉讼再审程序的启动要求放宽，对于具有一定裁判难度的案件来说，已经不再是案件经过两级人民法院审判后即告终结而是仍存在再审的可能性。

再审程序属于审判监督程序的内容范围，是指在案件判决生效后，为纠正判决中存在的错误，包括法律适用错误、事实认定错误及诉讼审理程序存在严重瑕疵等对案件重新进行的审理的程序。与第二审发回重审制度不同，再审重审可以通过提审的审理方式对案件在较高层级的法院进行再次审理，对于诉讼当事人而言，越高层级的法院具有越强的公信力，因此有部分学者提出目前再审程序的简易启动使我国民事诉讼制度成为了实质意义上的三审制，尽管这样的说法仍具有偏颇性，但从另一个侧面也看出再审程序的适用的普遍性和二审制司法公信力加强之必要性。根据调研数据，经过发回重审程序案件申请再审比率高于未经发回重审程序的案件。需要承认的是，一般而言经过发回重审程序的案件与未经发回重审程序的案件相比存在案情复杂程度较高、争议较大、影响较广等特点，具有以上特点的案件是其申请再审比率高的重要因素，因为在案件难度较高的案件中由于基层法院法官个人水平及接触案件深度的局限，对于复杂案件事实认定及法律关系的判断上确有出现错误的可能性。但不可否认的是，发回重审制度自身所存之问题，例如第二审法官对于案件属于自行裁判范围或是发回重审范围的认识不清，上述发回重审类型一裁定的大量出现、在即使存在第二审法院明确发回重审事由的情况下因法律未规定其所具拘束之效力重审法院对于第二审法院所作发回裁定中提出瑕疵更正的忽视等问题的大量存在，导致即使案件经历发回重审程序后仍可能存在一定瑕疵而影响判决结果的公正性而需要对案件进行再审，从当事人的角度在经历

---

① 参见江伟：《民事诉讼法》，高等教育出版社2007年版，第43页。

多个诉讼程序审理后由于制度的不严密性和当事人在诉讼过程中监督权的难以实现使其仍对案件判决结果存在质疑因此也是再审率高的另一重要缘由。

三、拘束力问题对当事人的影响

尽管民事诉讼发回重审制度是对当事人审级利益和辩论权的保护，但由发回重审的事由可见，案件被第二审法院作出发回重审的裁定必有法院存在瑕疵之要素，或因程序出现严重违反法定规定的情况或因案件判决依据存在未经充分辩论的事实。简而言之，民事诉讼发回重审制度不仅是对当事人权利的保障制度也是司法体制中的纠错和监督机制。拘束力问题对当事人的影响如下：

（一）当事人弃诉选择其他行政途径解决争议

民事诉讼的本质意义在于通过国家权利的公正裁判对平等主体之间争议加以认定以维护民商事活动运行的安全性和有序性。因此以诉讼方式解决纠纷的诉讼主体除要求公判裁判的结果外，还有及时解决纠纷之诉求。法律作为判断是非的最后一道防线对于诉讼当事人而言不仅应当承担公正审判的功能，也同时也应当具有终止争议之权威。在美国，当平等主体之间存在争议时，争议双方对于争议事项之解决具有多种选择，其中部分州存在社区纠纷解决中心对于家庭事务或邻里矛盾进行调解，这种制度与我国居委会职能相似。众所周知，美国作为英美法系的代表国家，其法律制度及司法运行都较为发达。但出人意料的是，司法诉讼并不是人们对于争议解决手段的第一选择。在美国司法体系中，也存在着一定程度的法官少案件多的情况。在美国，如果法官在审限时间之内因自身原因无法完成案件之审理，可能会面对取消资格等严重的后果。与此相异的是，尽管我国民事诉讼法已明显规定了各程序案件的审限，但在实际审判活动中审判时限的要求往往难以达到。根据调研数据，经历第二审发回重审案件的审理期限普遍长于未经发回的案件。根据湖南省岳阳市发布的审理期限报告①，发回重审案件最长有达 3 至 4 年仍未审理完毕的情况，具体情况如图 5 所示。

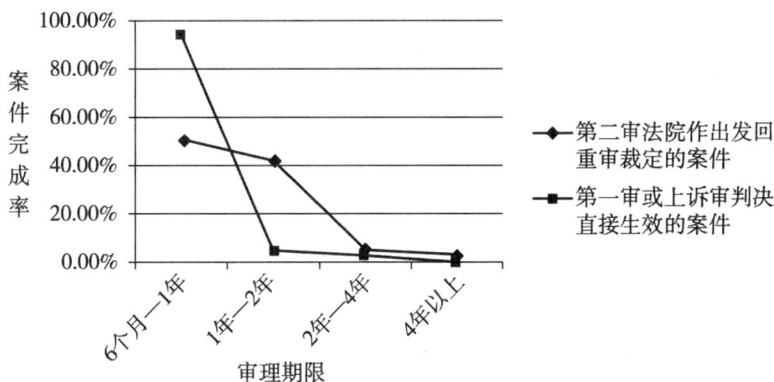

图 5：经历发回重审的案件审理期限与未经历发回重审案件审理期限示意图

　　根据图 5 可以看出，由第二审法院作出发回重审裁定的案件与未经发回重审的案件在审理时限上有较大差距。根据我国民事诉讼法的规定，第一审诉讼审理时限为六个月，而从图示中可见绝大多数未经发回重审程序的案件在一年时效内可以审理完毕，而对于第二审法院作出发回重审裁定的案件仅有不到 60% 的案件可以在此时限内完成审理。在调研中了解到，由于民事诉讼发回重审导致诉讼审理时间较长，民事诉讼中存在大量利用第二审法院将案件发回重审的机会将资产转移或隐匿的行为。虽然我国法律对转移诉讼执行资产或隐匿行为有明确的冻结扣押、对该行为当事人作出处罚的规定甚至在刑法中对较为严重的行为有犯罪规定，但很多情况下，当事人对于资产的转移或隐匿无法通过证据加以证明，或因法院执行案件过多而错过最佳时机对当事人所诉财产进行保全。因此，案件久拖不决的情况，对于当事人而言意味着其权利的迟延取得或无

━━━━━━━

　　① 参见湖南省高级人民法院网：http：//hunanfy.chinacourt.org，最后访问日期：2021 年 5 月 23 日。

法取得。

我国有信访机制，公民、法人或者其他组织采用书信、电子邮件、传真、电话、走访等形式，向各级人民政府、县级以上人民政府工作部门反映情况、提出建议、意见或者投诉请求，依法由有关行政机关处理的活动①，当事人在面临发回审理时间长或所得判决结果不符合其预期结果时，往往会产生弃诉选择信访等行政途径解决争议②。当此种情况出现时，由于当事人对法院裁判丧失信心，其会对法院对案件的审理过程中出现"四不"的反应，即不积极、不主动、不撤诉、不应诉的。当事人在面对案件被第二审法院反复发回原审法院重新审理而对实际审判推进较慢时，当事人则会丧失前期诉讼之信心，对法院通知、组织调查、组织调解的司法工作配合程度不高表现出不积极的情绪；当面对当事人消极参与诉讼活动律师、法官或对方当事人提出的调解或撤诉的建议时，由于前期审理消耗了当事人的诉讼成本和时间，当事人具有接受调解或撤诉是对其自身利益的损害、与其接受调解不如等待诉讼结果的"破罐破摔"的情绪，当事人会表现出不撤诉、不应诉的状态。因此在很多情况下就形成了诉讼案件审理中当事人消极应诉的同时积极寻求国家信访等行政手段对案件结果或事件结果进行干预。根据《中国司法文明指数报告》数据显示，民事诉讼符合公正性要求的指数为 60.2，在民事司法程序文明指数中位居末尾。

其中，59.6%的受访者认为民事诉讼活动中司法裁判非常可能或可能受到不公正干预而出现不公判决或诉讼拖延的情况。

而在调研中有 25%的司法专业人士作为受访者对司法裁判非常可能或可能受到不公正干预而出现不公判决或诉讼拖延的情况进行评估，其中从业 11 年到 20 年的司法专业人员有 69.3%认为司法裁判非常可能或可能受到不公正干预。

---

① 参见《中华人民共和国信访条例》。

② 参见崔巍、赵文、马志坤：《涉检信访理论问题浅探》，载《法制与社会》2013 年第 33 期。

有较多的诉讼当事人、诉讼参与人甚至审判人员对于诉讼中司法的公正性表现出质疑，在发回重审案件中表现得更为明显，一方面来说，因为发回重审制度是对当事人审理权利的保证所以当诉讼时长较长、诉讼出现拖延时当事人并不会轻易弃诉而是采用将案件搁置在法院中待审的态度；另一方面，当事人对于民事诉讼发回重审的功能实现有不满情绪，因此在参与诉讼的同时通过政府或法院信访部门不断寻求解决的现象大量存在，这导致民事诉讼发回重审不仅消耗当事人及法院的司法资源和诉讼成本而未能起到定纷止争之功能的同时也损耗了司法公信力（如图6、图7、图8所示）。

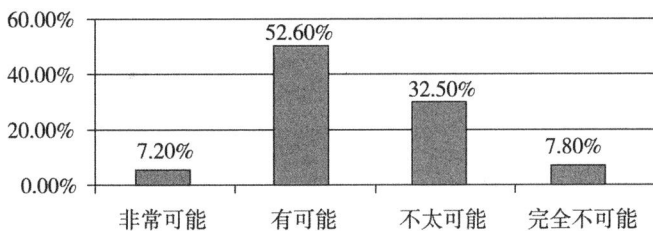

图6：接受调研人员认为民事诉讼活动中司法裁判受到不公正干预可能性所占比例示意图

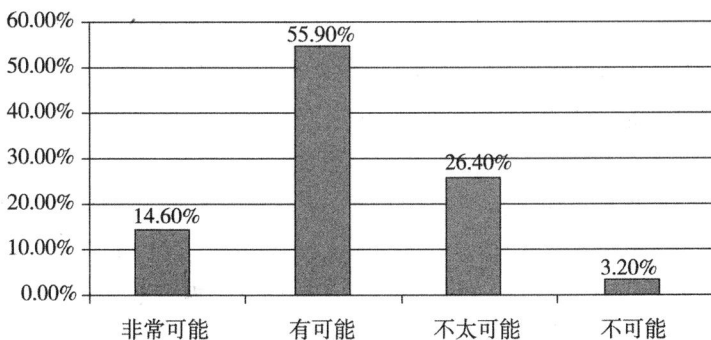

图7：接受调研人员认为民事诉讼活动中法官不当拖延的可能性所占比例示意图

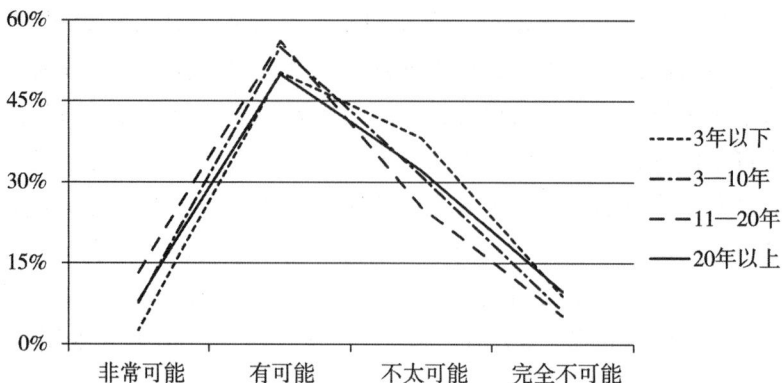

图 8：接受调研的具有不同工作经验的专业人员认为民事诉讼活动中
案件受到不公正干预可能性所占比例示意图

（二）"法闹"现象频出

如笔者一再强调民事诉讼制度的功能是定纷止争，民事诉讼追求公平止义，其价值意义在于只有做到公正审判才能做到使诉讼双方都对法院的裁判信服，从而才能依据裁判对各方权利义务予以执行做到消怨气、归和气。然而，近年来法闹事件不断出现，法官在执行案件时被当事人放狗追①、十堰法官在庭审过程中被当事人砍伤②，如医闹一般，法闹事件也在各地法院不断上演，轻则举旗呐喊重则持刀伤人，法院中有着"几乎每个法官都被闹过、威胁过"的说法。而在当事人经历发回重审案件后，大量因当事人不满法院所作裁判与原审裁判无实质区别而却因诉讼拖延得不到权利实现的法闹现象出现。笔者需要强调的是，法闹本事是违法行为，当事人应当通过合法途径对自身权利加以保护，无论是举旗或是举刀都是

---

① 参见广州日报：《"法闹"日甚谁来保护法官？》，载《广州日报》2015 年 9 月 16 日版。

② 参见李伟：《湖北十堰 4 名法官法庭上被当事人捅伤血溅当场成重伤》，载《法制新闻》2015 年 9 月 9 日版。

对公共秩序的侵害。但从另一个侧面也可看出，由于司法制度具体化到民事诉讼发回重审制度的制定、执行仍存在不完善之处，因此才会出现当事人对司法诉讼信心的丧失通过其他途径对争议加以解决的情况。

第四节　实践中发回重审制度次数限制问题

一、次数限制与发回重审制度目的的偏离

根据图 1、图 2 显示，全国民事诉讼发回重审比率在一定程度上受到上诉案件数量的影响，同时由于 2013 年 1 月 1 日《民事诉讼法》修改生效，根据数据统计全国上诉案件数量与民事诉讼二审发回重审案件数量有较大回落，必须肯定的是立法对于司法运行的影响，但在 2014 年上述二数据又出现较大涨幅，因此笔者产生了以下疑问：首先二审发回重审案件数量与比率是不是当年民事诉讼中需重新审理案件的直接反应和客观呈现，是否存在因新政策的出台而导致第二审法院积压案件不作裁判的情况，因而导致当年发回重审比率的下降，第二审法院对发回重审制度适用与法律限缩法官适用二审发回重审制度自由裁量权及适用次数有无因果关系。第二，由图 4 中所呈现的改判案件数量与发回重审裁定数量之间的比率相对稳定来看，第二审法院法官如何区分发回重审与自行裁判之间的界限，在何种条件下第二审法院将作出案件发回原审法院重新审理的裁定。第三，当案件被第二审法院作出发回原审法院重新审理的裁定后对原审法院、第二审法院及重审法院会产生怎样的影响，发回重审制度是否可以真正达到使争议双方服判息诉的效果。第四，在《民事诉讼法》修改以后，因对案件发回重审的次数作出了仅可发回一次的限制是否使得第二审法院在作出将案件发回原审法院重新审理的裁定书撰写要求有所提升。尽管对于发回重审的次数进行了限制，但 2014 年的发回重审比例的提高是否说明有更多的案件被裁定为发回重审的案件且仅可作出一次发回裁定对于案件的顺利进行保证当事人能及时获得司法公正裁判与救济是否行之

有效。

针对发回重审规定中对同一案件发回重审作出次数限制与发回重审制度目的的偏离问题,笔者针对第二审法官及法官进行了调研(附件三)。根据调研数据,第二审法官对于同一案件普遍表示绝不会以基本事实不清为由再次作出发回重审的裁定。对于"经过重审的案件,是否认为不会再有因事实原因导致发回重审的必要"的问题中,大部分法官选择"仍可能具有必要"。在简答式调研问题"从您专业视角来看,增加发回重审的次数限制是否有必要,为什么"中,有大部分法官回答有必要,理由大多是有利于防止诉讼拖延。对于问题"您认为次数限制的最大弊端是什么"的简答问题的回答中,大部分法官的回答集中于次数的限制导致有必要二次发回重审或多次发回重审案件丧失了通过发回重审获得对原审裁判救济的权利及程序错误造成的发回重审无次数限制是发回重审滥用的重要途径这两个理由。对于"对于发回重审次数的限制是否可以有效阻止发回重审制度的滥用"的问题,76.2%的法官选择"有一定效果",12.0%的法官选择"具有效果",1.8%的法官选择"没有任何作用"。①

根据实证调研数据及结果,在2013年《民事诉讼法》对发回重审制度的适用次数作出仅为一次的限制之后,2013年的发回重审案件数量确有大幅下降,但到2014年,发回重审案件数量又大幅上升,且2014年发回重审率的上升幅度远高于2014年二审案件的增长幅度。也就是说,发回重审率在2013年的大幅下降并不能说明次数限制可以有效地控制发回重审裁定的作出。更为重要的是,根据对法官的调研和座谈,对于民事诉讼发回重审对次数作出限制,大部分法官认为属于数据控制的范畴,因为从本质上而言,第二审法官对于发回重审制度的适用并未有本质的变化,仅是在数量上进行了限制,在部分案件中导致第二审法院法官必须在原审及重审法官法律判断存在错误的情况下对案件进行审理,这在一定程度上与发回重审制度设计存在偏离。

① 具体问题参见附件三。

二、次数限制对发回重审制度合理适用的负面影响

根据调研结果，民事诉讼发回重审制度中对于次数的限制在一定程度上导致了与发回重审目的的偏离，使部分案件中当事人审级利益受到损害。根据调研数据及座谈结果，次数限制对发回重审制度合理适用存在负面影响，主要表现在三个方面。

第一，次数限制具有导致当事人审级利益无法保障的可能性。民事诉讼发回重审对次数作出限制大部分法官认为属于数据控制的范畴，从本质上而言，第二审法官对于发回重审制度的适用并未有本质的变化，仅是在数量上进行了限制，在部分案件中导致第二审法院法官必须在原审及重审法官法律判断存在错误的情况下对案件进行审理。质言之，由于《民事诉讼法》对发回重审适用次数作出了限制性规定，重审后案件失去纠正重审中法律判断错误的可能。在实践中笔者发现，法律中未对发回重审裁定拘束效力作出明确规定，导致在实际司法运行中大量相同案件产生，当重审法院作出与原审法院相同的判决时，由于拘束力问题与次数限制问题的共同作用，案件仅能在第二审级依法裁判，不仅偏离了发回重审制度目的，在部分情况下使当事人诉讼审权利受到损害。因此，需要强调的是从发回重审制度的适用前提及界限上厘清发回重审制度的适用并增加对裁定效力的进一步规定是从本质上完善发回重审制度的方法，次数限制虽从形式上减少了反复发回的可能性，但方法的错误适用可能会导致发回重审功能的实现更为艰难。

第二，次数限制具有导致第二审法院与第一审法院职能不清的可能性。当案件经历重审后，不可否认的是仍然存在一定比例的重审法院对重审案件审理时存在法律判断错误的情况。在此种情况下，由于《民事诉讼法》对发回重审次数作出了限制，因此第二审法院需要通过自行调查等方法对案件自行裁判。简而言之，在此种情况下，第二审法院需要行使第一审法院的职能。我国司法体系目前状态即为司法公信力较弱导致案件上行，甚至我国最高法院也

在受理案件审判的工作。从司法体系发展的角度而言，此种现象是不利于我国司法体制发展的。四级审判体系的设立目的即是根据案件的标的、影响等原因使案件仅可能在适当的审级得以审判，案件上行不仅造成上级法院审判责任过重的负担①，也会导致各审级责任不清的严重后果。因此，取消对发回重审次数的限制，对重审后再次重审案件进行严格限制是进一步完善发回重审制度的方向。

第三，由于对因基本事实不清与存在严重违反法定程序的情况的次数限制并不一致，这可能导致第二审法院对严重违反法定程序的事由的乱用。根据笔者的调研，部分法官在对发回重审制度次数限制问题的意见中表示，发回重审制度也并非完全导致案件不能够反复发回，由于最高法院作出的对次数限制的解释中将重审程序中存在严重违反法律程序的情况作出了排除，因此第二审法官表示反复发回的问题仍然存在，只是在适用时第二审法官确实会相对谨慎，这与法律修改前的任意反复发回存在较大不同。尽管大多数法官认为对反复发回已相对谨慎，但次数限制并没有在本质上解决发回重审正确适用的问题，并且对因基本事实不清与存在严重违反法定程序的情况的次数限制并不一致可能成为导致第二审法院对严重违反法定程序的事由乱用的重要原因。

综上所述，笔者通过对次数限制的调研认为，发回重审制度在初期发展及完善阶段可以通过对次数的限制对发回重审滥用与乱用进行限制，但从长远的发展及全面完善的角度来看，对于发回重审的完善要从适用制度的规定的具体化、适用前提的明确化、重审裁定拘束力的完善化等方面进行，次数限制随着发回重审制度的不断

---

① 以最高法院为例，我国最高法院目前仍然进行重大案件的审理工作，并且根据不完全统计，现在最高人民法院供职的法官超过百人，这在其他国家是鲜见的。在美国，最高法院仅受理法理的解释问题，在极其特殊的情况下方对案件进行审理。从这些方面可以看出，案件上行在我国是一种长期现象。

完善应当予以去除。

第五节　审判权以外因素对发回重审制度适用的影响问题

一、审判权以外因素对发回重审影响的具体表现

从一定意义上说，审判权以外因素对司法运行的影响并非发回重审制度适用所特有，在整个司法运行过程中都可能存在违规违法的司法行为的出现。对于民事诉讼程序而言，发回重审制度是以牺牲司法效率为代价对当事人诉讼权利加以保护的重要防线，从对当事人权利的保障制度来看审判权外的其他因素对发回重审的影响对当事人诉讼权利所造成的危害是巨大的，甚至是不可弥补的。

根据调研数据可见，在民事诉讼发回重审案件中绝大多数的发回事由是第二审法院作出的"基本事实不清"的法律判断。在实践调研中，第二审法官对于案件发回与不发回也存在其无奈之处。有超过半数的法官承认发回重审案件与自行裁判案件无明显界限，很多被裁定发回重审的案件事实上可以由第二审法院直接作出审理。而在发回与不发回之间起到决定性作用的是案件自裁后对自身及本法院的影响与压力，一般而言，对于争议较大关注度较高的案件直接作出判决可能会给第二审法官自身带来审判的压力或者自行判决后当事人申请再审可能性较高的案件第二审法官一般均采用作出发回重审的裁定规避矛盾。① 从当事人的角度而言，发回重审裁定一经作出，第二审法院并未对当事双方的权利义务关系作出实际

---

① 根据实践调研，在各地区法院，除以发改率作为对法官考核的指标外，近几年案件再审率、案件上访率同样成为对法官考核的重要指标。因此，对于争议较大关注度较高的案件直接作出判决可能会给第二审法官自身带来审判的压力或者自行判决后当事人申请再审可能性较高的案件第二审法官一般均采用作出发回重审的裁定规避矛盾。

判决因此双方都仍有胜诉的可能性，而一旦二审法院作出相应实体判决则败诉方或将败诉之矛盾集中在法院或法官身上而引发上访或再审等问题。对于第二审法官来说，面对裁判压力时，其更愿意作出发回重审裁定。在此种情况下，以发回重审制度作为"分压"手段的裁定理由在裁定书中肯定只能以"基本事实不清"一笔带过，由于第一审法院出现严重违反法定程序而裁定的发回重审对于原审法官来说是对其行使的监督权的表现，同时在此种案件被发回之后对该案件进行判决的审判庭组成人员均会受到相应的调查有的甚至要接受批评和处分，因此第二审法院在面临需要分压或案件出现"打招呼"等情形时，必然会选择以基本事实不清作为发回重审的理由。根据法官座谈，绝大多数法官表示当领导示意对某一案件应当适用发回重审裁定时，第二审法官对听从领导意见存在不置可否的态度。发回重审制度的适用就目前的司法运行现状并不是第二审法官可以完全自主独立作出裁定的制度。

二、审判权以外因素对发回重审制度影响的成因分析

审判管理权对于发回重审制度的影响并非全部负面，从笔者调研的结果来看，在越为偏远的地区，审判管理权的地位越为重要，对于发回重审制度及其他司法权的干预也更多。[1] 从另一个角度而言，审判管理权对司法权的干预在一定程度上也保障了司法权的正常合理行使，因此审判管理权对发回重审制度适用的影响应当从两方面加以分析。

在部分地区，审判管理权对发回重审制度适用的过分干预是导致发回重审制度滥用与乱用的重要原因之一。[2] 通过笔者的调研，在黑龙江省省会城市的各中级法院，上级领导直接要求对某案作发回重审裁定的情况较为少见，而在较为偏远地区领导对于审判权行

---

[1] 参见郭松：《审判管理进一步改革的制度资源与制度推进——基于既往实践与运行场域的分析》，载《法制与社会发展》2016年第6期。

[2] 必须指出的是非审判权对于案件结果的干预并非仅在发回重审制度所特有，因此对此问题更多地从制度监督及权力制约的角度加以控制。

使的干预程度远远高于发达或较发达城市。造成这种现象的主要原因为中心城市司法透明化程度更高，对于法官个人或领导对审判权的干预都存在更多监督，而偏远地区由于信息闭塞等原因对于法官审判权行使的监督较少或监督权的行使受阻因此存在大量审判管理权的干预。此外，中心城市的法官在业务能力及学习上更为专业，根据笔者调研黑龙江省高级人民法院及中级人民法院审判人员基本通过国家司法考试且具有本科以上学历，近几年对于法官学历要求具有明显提高的趋势，具有硕士学历及博士学历的法官也大量存在于中级及基层人民法院之中。但对于偏远地区的法院而言，法官群体中仍存在较多高龄法官，其业务能力及法律学习基础都相对薄弱但仍进行着审判工作。因此，法官队伍的不同也造成审判管理权干预审判权程度的差异。限制审判管理权对审判权的干预是进一步完善发回重审制度适用的重要方面。

根据笔者的调研，在部分法院存在发回重审制度适用需经上一级领导审核批准的规定，从合理适用发回重审制度的角度而言，管理权在很大程度上起到对审判权适用的监督的职能。对于审判管理权对发回重审制度的影响，首先笔者持较为中立的态度。从一方面讲，过度的审判管理权必定会造成对发回重审制度适用的干扰甚至成为滥用与乱用的原因，但从另一方面审判管理权也监督审判权的行使，保障当事人案件的依法合理审判。根据目前现行情况，在偏远地区审判管理权的过度适用是导致发回重审制度滥用的主要原因之一，因此有针对性地对审判管理权作出限制对发回重审制度完善具有重要意义。

制度功能的有效实现得益于制度本身的完善性，与此同时执行组织的高效正确执行也是保证制度实现的必要条件。只有各级法院相互协作正确地运用规定、妥善地适用制度才能使整个民事诉讼体系发挥其定纷止争的作用，从此种意义上说审判组织结构的管理与运行的正确性与适当性比制度的高制约性更加重要。以美国法中民事诉讼发回重审制度为例，巡回法庭对高级法院作出的事实认定或陪审团作出的事实认定作出发回重审裁定的情况极为鲜见，只有在极特殊的情况下巡回法庭或州最高法院才会作出将案件发回重审的裁判，根据美国法律重述①对民事诉讼规则的说明，只有在案件出现极其特殊的情况时如法官对陪审团存在不当指引或出现对伪证的认定等情况下，巡回法庭或州最高法院才会作出发回重审的裁定，因此在民事诉讼中发回重审制度的适用并不常见，其在美国民事诉讼制度中也算不上是特别引人注目的议题。更加值得一提的是，尽管在美国民事诉讼程序中巡回法院法官和州高等法院法官在极少数情况下作出发回重审的裁判，但美国法在发回重审的适用规定中却给予了法官较大的自由裁量权，在《美国联邦民事诉讼规则中》甚至仅规定巡回法院法官和州高等法院法官可依据"法院所认定事实存在明显错误"而将案件作发回重审的处理，但在美国不仅极少适用发回重审制度也极少有当事人对巡回法院法官和州高等法院法官所作的发回重审的裁判表示不满，美国民事诉讼发回重审的高效运作的主要机理在于上下级法院对于法律适用的严格遵守和仅以法律为依据的审判独立规则。

随着我国司法改革的不断进行与深化，对于审判管理权的强调日益突出，最高人民法院依据新的改革方向提出"改革和完善审判管理制度，健全责权明确、相互配合、高效运转的审判管理工作机制"，此改革思路为进一步加强审判管理机制提供了重要的依据及保障，然而作为审判权衍生的管理权，不可避免地会存在一定的与审判权的矛盾和冲突②。审判管理权对于审判权的干涉、制约与扰乱等现象是普遍存在，审判实务中审判权与审判管理权在审判管

---

①　美国法院以普通法作为审判标准和依据，其中以判例作为法官对于法律的适用标准和参照的审判方法最为普遍。但由于个案例都具有其独特性而审判原则及法律适用具有一定内在逻辑，因此每年由大法官、资深律师、法律研究学者及法学教授通过对一系列典型案例加以分析得出对审判特定案件应当适用何种法律规则、原则的总结称为美国法律重述。

②　民事审判权和民事审判管理权这两种权力在法院审判领域共同存在，两者的共同目标是为实现法院的审判职能。民事审判权和民事审判管理权之间存在着积极冲突和消极冲突两种基本情形。参见王琦：《审判权与审判管理权的冲突与良性互动——以民事审判管理为视角》，载《海南大学学报（人文社会科学版）》2013年第31期。

理主体、内容等方面存在着多维的冲突。目前，中国法院依旧奉行着院长责任制的司法行政与审判合体的运行模式，法院的科室管理模式与行政机关的管理体系差别甚少。众所周知，无论从工作量到工资水平再到社会地位，基层法官的待遇与中级人民法院法官的待遇相差甚远，因此除法院工作人员在本院内部流动以外，也大量存在法院人员跨级别流动的情况。此外，司法系统领导之间的流动也大量体现为跨级别升职等情况。因此，随着各级法院人员流动日益紧密，管理权的作用与影响也日渐凸显。如陈杭平在《组织视角下的民事诉讼发回重审制度》一文中指出，发回重审作为衡量审判质量的一项指标，也因此构成组织激励、管理的重要组成部分。如果所作判决被发回，承办人乃至合议庭成员均要承担一定的负面后果，包括申辩说明、通报评讲、公开检查、纪检调查等直接后果及对评先评优、晋级晋职的间接影响。① 由此可见，民事诉讼二审发回重审制度的适用在上下级之间存在一种相对稳定的制约关系。这种关系的存在是基于上下级法院的"潜规则"而产生，一般而言对于发回重审案件从二审法官意欲将案件发回重审或在某些情况下被示意案件需要发回重审时首先需要经过二审法院的内部审批程序，在一些地区在内部审批之前二审法院会针对该案件可否发回重审、第二审法院近期总发回量与原审法院进行沟通，而后二审法院方可审批通过发回重审程序。由此可见，我国民事诉讼发回重审制度的适用在很多地区仍是两级法院内部商议的决定，在较大程度上受到法律以外因素的影响。

从审判权与审判管理权的权力属性来看，审判管理权是派生于审判权的辅助性权力，其运行应以保障和促进审判权独立、合法、高效运行为基点。然而审判管理权的过分介入必然导致审判权受到不良影响及侵害。虽然根据立法导向，限缩发回重审范围是立法预期的结果，然而单纯减少发回重审数量并不是立法与修法的目的。尽管随着司法文明化的程度不断加深，对于当事人诉讼权利的保护

---

① 参见陈杭平：《组织视角下的民事诉讼发回重审制度》，载《法学研究》2012 年第 1 期。

日渐重视，司法改革视角下民事诉讼法官个人能力的评估总体呈现轻数据、重实际的趋势，但在我国大部分地区基层法院及中级人民法院依然采用结案率作为对法官工作业绩考核的重要指标。① 近几年，大量基层法院法官辞职正是审判组织管理结构存在较大弊病所造成的。在法院体系中，法官职位的晋升主要取决于该法官对本法院所作贡献的情况，而法官对于所在审判庭或是本法院的贡献主要体现在其完成审结案件的数量、其所审案件改判率的情况及其完成调解案件的比率。也就是说，对于法官而言结案率、改判率、调解率等各种考核数据与其工作职位的晋升具有较大的关联。然而，需要指出的是对于数字比率的过度重视往往会造成以损失实体正义为代价。当第二审法院面临具有审判难度的二审案件时，其对该案件审理的耗时远高于对其他案件的审理时，为达到法院设立的结案标准在第二审法官对此案件具有可以作出发回重审裁定的条件时其在很大程度上会放弃自行裁判的选择，其实际理由并非为了保障当事人审级利益而是保障个人结案指标。民事诉讼发回重审制度本身即是为了保障当事人上诉权与辩论权的有效实现，在追求公平正义之时适当牺牲司法效率。然而根据现行发回重审制度的适用情况，第二审法院作出将案件发回重审的裁定已不仅仅是维护当事人合法权利的正义之剑，在某些程度上更是用以评价法官或法院合格与否、是否符合党纪要求、是否得以升职及任免的标尺，更何况发回重审制度对于部分法院、部分法官而言本身就是结案率、改判率、发回率、信访责任的平衡工具。

以黑龙江省各二审法院作出将案件发回原审法院重新审理的运行机制为例，大部分法院要求第二审法院作出将案件发回重审的裁定需经民庭审判长签字认可。在其他地区，也存在部分第二审法院规定在《民事诉讼法》修改后第二审法院作出将案件发回重审的裁定前需由作出二审裁定发回重审法院的主管院长签发函件同意将案件发回原法院重审，如对案件的第一审判决为基层法院审委会讨

---

① 参见聂叙昌、金晓荣、申遇友：《对民事诉讼发回重审制度的法律思考》，载《人民司法》2005 年第 8 期。

论决定则需要第二审法院经审委会对是否将案件发回重审研究讨论后，方可由主管院长签发函件同意作出发回重审的裁定，或经第二审法院对该案件负责审判的审判长或审判庭庭长与原审程序中审判长或审判庭庭长先行沟通后，在得到原审审判长解释或认可后，第二审法院方会作出将案件发回原审法院重新审理的裁定。此外，深圳市中级人民法院审判委员会第三十六次会议讨论通过的《关于统一民事案件改判和发回重审标准的若干意见》中规定，对于法官依法审理的二审案件、再审改判案件或发回重审案件应当严格依据本意见中的规定执行，对于案件的发回、改判应当掌握合适的裁判尺度，对于具有重大影响的案件的改判和裁定发回重审应当与原审法院或审判组织进行沟通，并经上诉审法院庭长或院长批准的情况下，方可作出裁判。① 黑龙江省部分城市也存在发回重审案件裁定书下发的同时，原审法院纪检监察部门将对原审判案件审判人员予以登记，如发现原审人员存在违法违纪行为则将介入查处。再如，河南省信阳市中级人民法院要求在作出发回重审裁定的同时第二审法院同时发出《执法监察通知书》和《二审改判与发回重审案件审查表》，原审审判人员根据原案件判决理由及依据填写以上两表并有原审法院纪检委予以调查核实。

有学者认为在第二审法院作出将案件发回原审法院重新审理的裁定不仅是对当事人审级利益的保障，同时也增加了对原审法院所作判决的监督，是对民事诉讼程序正义的维护②，不得否认的是尽管在个别案件中因第二审法院将案件作发回重审的处理虽不符合法定要求但在实际效果层面上的确达到了降低矛盾的作用并且赋予了当事人对于案件重新辩论的权利，但从民事诉讼整体制度运行的角度而言，审判组织结构及审判管理权在一定程度上影响了法官审判

---

① 《关于统一民事案件改判和发回重审标准的若干意见》第 7 条规定："二审、再审改判和发回重审，应依本意见执行，严格掌握发、改标准，统一发、改尺度。凡重大改判和发回重审的案件应与原审法院或原审合议庭沟通，并按《合议庭规则》及其他相关规定报庭长或主管院长审批。"

② 参见陈杭平：《组织视角下的民事诉讼发回重审制度》，载《法学研究》2012 年第 1 期。

权的行使，其作为对于法官工作绩效的考核评估的手段也是造成发回重审滥用与乱用的重要因素之一。

综上所述，尽管审判权以外因素对司法运行的影响并非发回重审制度适用所特有，但对于当事人而言，发回重审制度是以牺牲司法效率为代价而对其诉讼权利提供保护的重要防线，不能因为审判管理权及审判组织结构存在的弊端而无视。对于法官的管理与监督应当在保障审判公正性的基础上进行严格规定，减少审判组织及审判权外因素对发回重审制度适用之影响是进一步完善民事诉讼发回重审制度的重点。

第四章 域外法民事诉讼发回
重审制度比较及评价

根据前章对民事诉讼发回重审制度规范研究和实证研究的阐述可见，尽管目前民事诉讼发回重审制度的立法规范化和适用的合理化都受到了立法者、学者及司法从业人员的重视，但由于在《民事诉讼法》规范设立中仍有不严谨之处、在法院对民事诉讼发回重审制度的运行中仍存在肆意而为的情形，因此现有的民事诉讼二审发回重审制度仍需进一步完善。本章将在参照外国法对民事诉讼发回重审制度的规定及适用的研究基础之上，结合我国实际情况，讨论民事诉讼二审发回重审制度之应然归位，为进一步完善民事诉讼发回重审制度，避免制度滥用、乱用丛生的现象出现，充分保护民事诉讼当事人诉讼权利提供比较法基础。

第一节 大陆法系主要国家及地区
发回重审制度规定及评析

一、德国法民事诉讼发回重审制度比较及启示

德国民事诉讼制度作为大陆法系的典型代表具有严格、精确、周密等特点，在大陆法系国家，民事诉讼制度的借鉴与考察多以德国法规定为研究对象。因此，对于域外法的研究中，笔者将着重对德国民事诉讼发回重审制度进行分析并提出参考适用的可能性，为完善我国发回重审制度提供比较法基础。

第一，德国法发回重审适用前置标准的具体规定及对我国的启示。

在德国，民事诉讼发回重审制度的适用具有较为严格的限制，无论在控诉程序或是上告程序中法官仅能以在原审法官判决过程中存在过错作为将案件发回重审的前提，具体而言在控诉审中法官裁定将案件发回原审法院重审审理一般仅依据原审裁判的作出未依据所应认定的事实和应当适用的法律或在审判过程中存在严重违反法定程序的情形，在上告审中法官认定原审法官对法律适用违反联邦法的规定或超出法律规定的裁判范围，且上告法院不能自行作出审理结论的才应当将案件发回原审法院重新审理。①

首先，发回重审制度的适用以原审判决存在错误及案件具有进一步言词辩论的必要性为前提。根据《德国民事诉讼法》第529条、第530条、第533条、第537条及第538条之规定，控诉法院针对一审裁判被声明不服的部分以控诉法院审理时新的辩论为基础得出对于事实问题及法律问题的结论，根据其结论与被声明不服的原裁判部分相比对，若二者所得结论一致则控诉法院驳回控诉；若二者结论存在差异，一般情况下由控诉法院作出新的结论变更原判②；除以上两种情况外，仅在程序错误及特殊情况下，控诉法院会作出撤销原判发回重审的裁定，即为"控诉审法院审查被声明不服的判决的方式应当是重新对争议进行辩论和裁判"③，"具有必要的进一步言词辩论情况下，控诉法院可将案件发回一审法院更审"。④ 由此可见，在德国控诉法院作出撤销原判将案件发回原审法院重新审理的裁判需以案件具有进一步言词辩论之必要为前提。

对于在何种情况下为当事人对于存在争议的事实具有进一步辩论的必要的情形德国法多有规定，根据《德国民事诉讼法》第564条及第565条第1款的规定，上诉审法院如果认为确存在上诉人所

---

① 参见［德］汉斯-约阿希姆·穆泽拉克：《德国民事诉讼法基础教程》，周翠译，中国政法大学出版社2005年版，第321页。

② 参见［德］汉斯-约阿希姆·穆泽拉克：《德国民事诉讼法基础教程》，周翠译，中国政法大学出版社2005年版，第321页。

③ 参见《德意志联邦共和国民事诉讼法》，谢怀栻译，法律出版社1984年版，第124页。

④ 同上注，第124页。

声明不服的事由，上诉审法院应当作出撤销存在瑕疵的原审部分判决的命令。当上诉审法院作出撤销的命令后，该案件应当被发回原审法院重新审理或在必要时发交其他法院重新审理。① 根据《德国民事诉讼法》第538条第2款的规定，民事诉讼中原审法院因其判断错误而导致上诉法院作出发回重审的裁定的可能性共有二种情况：第一种为第一审法院仅就诉之合法与否作出裁判，法院仅作出了驳回原告诉讼请求②的裁判，而并未对案件实体法上的权利义务分配进行裁判；第二种为在关于请求的原因与数额均有争执的诉讼中，第一审法院认为请求的原因不存在而驳回原告诉讼请求的。在以上二种情况下，根据德国民事诉讼法的规定，在上诉审程序中若法院对案件当事人的实体权利义务关系加以认定则使当事人丧失享有审级利益之权利，因此在此种判断错误发生时应当裁定将案件发回原法院重新审理。此二种情况皆属于有进一步辩论之必要并且具有查清可能之事实的情况，因为在此二种事件发生之时当事人并未对实体权利义务关系作出任何辩论且该辩论对于法院裁判结果具有重要影响，另外未辩论之事实为非因当事人承担举证责任之风险而未能在原审程序中完全辩论。

----

①　《德国民事诉讼法》第564条及第565条第1款规定："当上告法院认为上告有理由时，应当立即撤销被声明不服的判决。判决由于程序上的欠缺而被上诉审法院撤销时，同时将有欠缺的部分程序撤销。""撤销判决后，上诉法院应当依据将案件发回控诉法院再为言词辩论和裁判的必要将案件发回到控诉法院的另一审判庭。"

②　一般而言，法院依据以下事项裁判驳回原告诉讼请求：1. 原告自身缺乏诉讼权利能力和行为能力。2. 原告不是与本案有直接利害关系的当事人。3. 没有明确的被告。4. 无具体的诉讼请求、事实和理由。5. 不属人民法院主管工作的范围。6. 判决、裁定已经发生法律效力，当事人又起诉的，告知其按申诉处理后当事人拒绝的，予以驳回起诉。7. 按照法律规定，当事人不得在一定期限内起诉的案件，在不得起诉的期限内起诉的。8. 属于行政诉讼范围的。9. 双方当事人之间有仲裁协议、约定仲裁的，应向原告告知向仲裁机构申请仲裁，仍不撤诉的予以驳回起诉。10. 未经劳动仲裁的劳动争议案件或虽经劳动仲裁但不属于人民法院受理的劳动争议。11. 二审程序审理中认为依法不应由人民法院审理的案件。

根据德国著名民事诉讼法学者汉斯·普维廷、奥斯卡尔·标罗及罗森贝克对于民事诉讼司法程序中上诉法院适用发回重审制度作为对案件审理后的处理结果的观点，其认为只有在上诉审法院有充足的理由认定控诉法院或第一审法院未给予当事人就其所声明的争议充分辩论的机会的情况下上诉审法院才可依其职权作出将案件发回原审法院重新审理的命令。也就是说，原审法院所作之判决即使存在依据当事人充分辩论的结果而未能作出相对正确的事实结果的认定或对于事实认定后所应适用之法律存在错误时，依据德国民事诉讼法的相关规定，均不具备将案件发回原审法院重新审理的条件。

其次，德国法要求对于引起发回重审的原审法院的错误与裁判结果之间具有直接的因果关系。根据德国法的规定上诉审法院因认定原审法院在审理过程中因其过错未能给予当事人对其所声明的结论充分辩论而在上诉审中认定当事人具有为所争议之案件进一步言词辩论的必要所作出将案件发回原审法院重新审理的裁定中所述的未经当事人充分辩论的事实是指原审法院据以裁判案件之证据。简而言之，能够引发民事诉讼发回重审制度启动的当事人对事实具有必要的辩论对象需以该事实与裁判结论具有直接因果关系为限。当事人对提供给法院之证据材料具有针对其存在性、客观性、相关性及合法性等问题具有充分辩论的权利，对于证据的提供方式为当事人自行提供抑或是法院依职权自行调查之结果在所不计。

如上文所述，在民事诉讼发回重审中，若原审法院裁判结论所依之证据并未或未完全给予当事人辩论的可能，该案件应当由第二审法院裁定发回原审法院重新审理。根据《德国民事诉讼法》第563条的规定及民事诉讼法学者 Stein Jonas 及 Pohle Grunsky 对民事诉讼发回重审制度适用的理论分析，其指出即使原审过程中存在未予以充分辩论的事实或在上诉审中当事人提出了新的事实用以证明其所主张的观点，但若即使对当事人所提之证据予以充分辩论依然对所得的判决结论不具有影响能力，那么将案件作发回重审的处理即为毫无疑义的，因此对于存在此种情况的案件，上诉法院为自行审判即可，此观点在德国民事诉讼法学家米夏埃尔·史地尔纳所编撰的《德国民事诉讼法学文萃》中也有提及。① 可见，在以德国为代表的传统大陆法系国家中，对于民事诉讼发回重审制度的适用具有较为严格的规定，不仅要求上诉法院首先需对原审审判程序中法官存在过失进行判断，还需对当事人就案件是否具有进一步言辞辩论之必要进行法律判断，其后在以上判断的基础上仍需对当事人针对案件作进一步辩论后其所辩论之事实与判决结果之间的因果关系或曰对案件结果的影响进行分析，以上述各法律判断作为上诉审法院作出将案件发回原审法院重新审理的基础。

再次，民事诉讼发回重审制度的适用应以存在重审法院具有查清可能之事实为前提。在我国民事诉讼案件中，绝大多数情况下②第二审法院依据"基本事实不清"将案件发回原审法院加以审理。需要再次强调的是，民事诉讼中第二审裁判以第一审审理为依据并结合第二审程序自行调查之事实对案件进行裁判，一般而言以自行裁判为主，显而易见的是如果第二审法院认为原审判决认定事实错误或适用法律错误第二审法院需自行变更判决，只有在特殊的情况下才会将案件发回原法院重新审理。但对于第二审法院以案件基本事实不清为依据裁定将案件发回原审法院重新审理是否以原审法院具有查清事实之能力并未作明确规定，因此在我国被裁定发回重审的案件在很多情况下经过重审之后依然维持事实不清的状态，从而导致案件不断地被发回和被上诉。尽管目前由于民事诉讼发回重审制度以基本事实不清为理由仅可有一次被第二审法院发回重审的可能，但未明确民事诉讼发回重审制度的适用应以存在一审法院具有查清可能之事实为前提仍是民事诉讼案件乱发回及审判延误的主要原因。《德国民事诉讼法》第 563 条规定了免除"在结果上无济于事"的发回重审的适用。所谓的免除"在结果上无济于事"的发

---

① 参见［德］米夏埃尔·史地尔纳：《德国民事诉讼法学文萃》，赵秀举译，中国政法大学出版社 2005 年版。

② 根据笔者调研数据结论，在民事诉讼二审发回重审案件中，约有超过 70% 的案件以基本事实不清作为理由被第二审法院作出发回重审的裁定，具体比例参见图三。

回重审是指第一审法院、第二审法院或是重审法院其最终将呈现的是对诉讼所作出的"正确"的结果。在前审法院适用法律正确也会得出相同结论的情况下，尽管另一方当事人依然可以通过上告程序使得法院再次得出此结论，但法院裁定的发回重审从结果的角度而言是毫无意义的。《德国民事诉讼法》要求上告法院不仅需要对被声明不服的合法性、法律适用进行审查，也需对结果的正确性进行评判，由此即使重新辩论的情况下前面的审级也必然得出同样的结论则其将被视为"在结果上无济于事"的发回重审而予以免除。①

由此可见，根据对《德国民事诉讼法》的比较研究，民事诉讼二审发回重审制度的适用具有较为严格的适用程序。上诉法院将案件作出发回原审法院重新审理的裁定首先应当对原审所存瑕疵进行评估，以原审法院审理过程中存在过错为上诉审作出发回重审裁定的基础，在此基础上进一步评估该案当事人是否对其所声明不服具有进一步言辞辩论之必要，在满足此条件后仍需对案件发回重审法院后其是否具有查清事实的可能，对于发回重审后在结果上无济于事的案件上诉法院应当以自行裁判的方式对案件加以审理。

最后，由严重程序违法致发回重审时，该违法程序具有严重影响审判合法性基础为前提。根据《德国民事诉讼法》第538条之规定，有下列各项情形之一，控诉法院认为当事人具有进一步言辞辩论的必要时，应将案件发回原审法院重审：被声明不服的判决认为不合法而驳回的；被声明不服的判决只就诉之合法与否为裁判的；在关于请求的原因与数额都有争执时，被声明不服的判决先就请求的原因为裁判或驳回其诉的，但关于请求的数额的争执已达到可以裁判的程度时除外；被声明不服的判决是关于证书诉讼或票据诉讼而宣告保留权利的；被声明不服的判决是缺席判决。《德国民

---

① Baumbach/Lauterbach，第563页，评注："在这里显示了上告作为一种真正的上诉手段的性质，因为这里不仅要撤销原来的裁判，而且也要做出新的裁判来替代被撤销的裁判。"参见［德］米夏埃尔·史地尔纳：《德国民事诉讼法学文萃》，赵秀举译，中国政法大学出版社2005年版，第496页。

事诉讼法》第 539 条规定①，第一审的诉讼程序有重大瑕疵时，控诉法院认为影响案件公正结果的，可以将判决与有欠缺的部分程序予以撤销，将案件发回第一审法院。由此可见，根据德国法的相关规定，当上诉审法院认定原审法院因其自身过错导致当事人对案件未予辩论或因原审审判程序中存在严重影响判决合法性基础的程序瑕疵时，上诉法院得以作出将案件发回重审的裁定。

根据德国学者的解释，无论程序瑕疵是否因第一审法院存在过错所造成，当第一审法院基于存在严重违反法定程序对案件作出判决且该严重程序瑕疵与判决结果之间存在因果关系时，该瑕疵程序与判决结果之间的因果关系以对证据资料的认定的瑕疵体现，即使该严重违反法定程序为应该回避而未作回避之审判人员的情形。②程序瑕疵的严重性评判标准并非依据该瑕疵出现在第一审诉讼程序中时间的长短或瑕疵数量，而是依据原审法院基于存在瑕疵的审判程序对案件进行审理所认定的事实与审判结论之间存在严重影响的程度，或者说程序瑕疵导致判决合法性基础的丧失的可能性是程序瑕疵严重性的评判标准。当上诉审法院若依据原审法院所提供该证据资料为自行裁判必然会导致判决合法性基础受到严重影响时，上诉法院应当将案件作出发回原审法院重新审理的裁定。德国学者如罗森贝克·哥特瓦尔德等认为在控诉法院裁判案件由于存在重大瑕疵发回重审时，其必须说明此瑕疵的严重性从而为上告法院能够重新审查控诉法院是否遵守了裁量的界限做足准备。可见，对于第二审法院裁判依据程序瑕疵作发回重审之裁定时要求该瑕疵具有重

---

① 参见《德意志联邦共和国民事诉讼法》，谢怀栻译，法律出版社 1984 年版，第 124 页。

② 假设第一审严重违反法定程序的事由为应该回避而未作回避之审判人员的情形，则该瑕疵与判决之因果关系是通过此审判人员采纳不应采纳的证据材料的可能性所表现出来的；再假设第一审严重违反法定程序的事由为原判决遗漏当事人，则该瑕疵与判决之因果关系是通过因遗漏当事人而导致该当事人未能参与全部辩论而致使对其有利的证据资料无法加以认定表现出来的。因此可以说，瑕疵程序与判决结果之间的因果关系以对证据资料的认定的瑕疵体现。

大性。所谓具有重大瑕疵并非单纯的严重违反诉讼法之规定，而是指第一审程序瑕疵严重影响审判合法性。

由此可见，严重违反法定程序致发回重审要求程序违法具有严重性，其表现为第一审法院基于存在瑕疵之程序对案件进行审判并得出与该违反法定程序存在因果关系的审判结论并且第二审法院若依据严重违反法定程序得出证据资料对案件进行审判将影响判决合法性之基础。

综上所述，德国法对于民事诉讼发回重审制度的适用具有严格的限制和明确的前置标准，发回重审制度的适用以原审判决存在错误及案件具有进一步言词辩论的必要性为前提，同时要求引起发回重审的原审法院的错误与裁判结果之间具有直接的因果关系并且要求重审法院具有查清事实可能，对于由严重程序违法致发回重审的情况则要求该违法程序具有严重影响审判合法性基础为前提，只有满足以上前置标准，案件在德国则具有发回原审法院重新审理的可能，因此，对于德国上诉审法院而言，上述前置标准作为区分发回重审与自行裁判的界限为保护当事人诉讼权利提供理论依据。

第二，德国发回重审裁定的拘束效力规定及对我国启示。

对于由于发回重审的裁判已经作出，重审裁定书对于原审法院、上诉审法院及重审法院即产生拘束效力，根据德国法的相关规定，拘束效力对于保障当事人获得公正及时的判决具有重要意义。

首先，当第二审法院作出将案件发回重审的裁定后，原审判决并非必然毫无意义。原判被撤销仅表示原判决所判定的双方当事人之间的法律关系及权利义务的认定转为无效，却未对证据资料的效力作出明确规定。根据民事诉讼发回重审制度适用基础，第二审法院以原审判决认定存在基本事实不清为理由将案件作出发回重审的裁定时，需以第一审法院因自身过错导致据以判决之事实并未得到当事人全面辩论且该未经充分辩论的事实与判决结论存在因果关系。当第二审法院以基本事实不清为理由裁定将案件发回重审时，未得全面辩论而予以认定之事实必然会引起新的针对该事实的辩论，但经双方当事人完全辩论之证据资料是否需要重新辩论是需要讨论之问题。根据笔者对黑龙江多家中级人民法院走访与座谈，目前而言由第二审法院裁定发回重审之案件将被恢复为诉讼起点状态。也就是说，一旦判决被第二审法院作出撤销并发回原审法院重新审理的裁定，案件即转化为未审理的状态，所有证据资料需重新提交、全部证据需重新质证辩论、当事人诉讼请求可以修改、可以在重审前提起反诉等。一言以蔽之，在我国当第二审法院作出将案件发回重审的裁定后，重审案件将被视为全新案件。

　　作为传统大陆法系代表的德国对此则作出了相对不同的规定。根据《德国民事诉讼法》第565条的规定，重审法院应当以上诉审法院撤销原审判决所根据的法律判断作为再次对案件作出裁判的依据。① 在德国学术界，学者对于被撤销判决之效力存在不同学说。主流观点认为，被最高法院裁定撤销并非对该判决的全盘否定，仅在据以作为上诉审法院将案件发回重审主要原因的原审程序中所存在的瑕疵或所认定不清之事实或适用错误之法律等方面具有不可重复作为重审裁判理由之约束。简而言之，上诉审法院所作将案件发回重审裁定对被撤销判决的拘束力仅限于与撤销该判决具有直接因果关系的事由，并且该事由需在裁定撤销的裁判文书中直接或间接地表述出来。该观点认为虽然前审判决被上诉审法院裁定撤销，但仅对与撤销有直接因果关系的事实具有约束力，而撤销对间接具有因果关系导致判决撤销的事实不具有约束力。质言之，在重审法院审理案件的过程中，不得与被撤销的判决中直接引起上诉审法院作出撤销判决的事实作出相同的事实认定，但非直接导致原判决被撤销的事实或法律适用可以在重审中作与原审判决中相同的认定并作为重审裁判之依据。例如，德国联邦最高法院因案件在控诉审程序中实体权利义务关系之分配的认定存在瑕疵裁定将案件发回控诉法院重新审理。从理论上而言，联邦最高法院认定控诉法院对于权利义务之分配存在错误即说明当事人具有权利义务分配之基础，也就是间接地说明了原告与被告具有适格的当事人地位，而控诉审法院在重审中并不因为

---

　　① 参见《德意志联邦共和国民事诉讼法》，谢怀栻译，法律出版社1984年版，第128页。

133

最高法院以权利义务分配存在错误而将案件作出发回重审的裁定而据此认定原被告具有适格当事人之地位，因为当事人资格问题并非导致德国联邦最高法院作出发回重审裁定的直接事由而是间接致原判决被撤销的事实或法律认定，因此重审法院对此具有依据法律自行裁判之权利，而不必遵循撤销裁定所表述之意思。然而判断事实属于具有直接因果关系还是间接因果关系时，并非仅看裁定文书中撤销对案件①所作判决发回重审的理由，而是该事实是否构成裁定撤销之必要前提，如若是裁定撤销案件的必要前提而并没有直接在裁定撤销理由中列明，那么高等法院或控诉法院重新审理过程中对于该事实也不得当然使用。

其次，关于德国法中对于拘束力范围的具体规定。德国法学者认为控诉法院应当受到其上诉法院裁判结论之拘束，且主流观点认为并非发回重审裁定中的全部内容都具有拘束力，而仅是具有否定意义的法律判断对重审法院具有拘束力。德国最高法院作出发回重审的裁判或基于存在对审判结果具有影响未充分辩论事实或基于重大程序瑕疵或基于法律适用错误中的一种或多种情况的出现，纠正控诉审审理过程中存在的瑕疵、保障当事人诉讼权利是最高法院将案件发回重审之目的，因此控诉法院应依照最高法院或上诉法院将案件裁定发回重审的理由对案件进行修正，但并不说明除上诉法院所指明瑕疵之外的其他裁判具有完全正确之理据。质言之，当最高法院认为案件存在必须发回重审的事由时，其据以将案件发回原审法院重新审理的理由对重审法院应具有拘束力，但其他在裁定书中未涉及的部分或在裁定书中予以肯定的部分对于重审法院不具有拘束力。因为，当最高法院决定裁定将案件发回原审法院重新审理时，其裁定理据均围绕发回重审制度适用之应然性及将案件发回原审法院重新审理的必要性进行展开，其中对于控诉法院认定事实或法律适用所作的肯定判断并非基于案件裁判之出发点而是另有目的，因此在重新审理程序中在裁定中的未涉及事项与认定的法律判

---

① 在德国，民事诉讼为三审终审制，在第二审程序及第三审程序中一般都存在上诉法院作出将案件发回重审的裁定的可能。

断并不应当理所当然地作为案件审理中肯定之依据，由此最高法院据以作出被裁定撤销的案件的法律判断对重审法院具有拘束力，而肯定性判断则不具有拘束力。

再次，关于发回重审裁定书内容对上诉审法院的拘束效力的具体规定。尽管发回重审的裁定由第二审法院作出并且其依据对于重审法院重审案件时具有拘束力，但并不意味着案件裁定发回重审第二审法院法律判断之责任即告结束。从程序的角度而言，为保障当事人审级利益，案件经过第二审程序发回原审法院审理是为了纠正第一次审理时由于法院失误而造成的当事人之不利益，发回重审后当事人当然具有一审诉讼中当事人应享之所有权利，例如辩论权、上诉权等。在重审判决作出后，若当事人未对重审判决提起上诉，在上诉期届满时，重审判决生效，第二审法院将不再因该案发回重审的裁定受其拘束。如若在上诉期届满前，当事人再次对重审案件提起上诉，则因该案曾经历该二审法院之裁判，第二审法院将面对承受原第二审程序所得法律判断之拘束问题。当案件经历重新审理程序后再次上诉的，二审法院对原第二审裁定拘束承受范围应当与重审法院所受拘束范围相同。

一般而言，为了维护司法的统一性，当案件经历重新审理程序后再次上诉的二审法院受原第二审裁定发回重审之拘束范围应当与重审法院所受之拘束相同。对于原第二审作出的否定性裁判，第二审法院再次裁判时应当首先予以确认是否在重审程序中加以修正，对于基本事实不清的而被裁定发回重审案件应当确认有新的辩论发生并对该事实充分辩论，对于严重程序违法而被裁定发回重审的案件应当确定重审程序中无严重影响判决结果的严重违反法定程序的存在。对于原裁定中肯定之事项需根据其是否能够作为原裁定发回重审的必要前提加以判断。如果该肯定之事实作为撤销案件的理由的必要前提而被原二审法院加以确定的，应当成为对重审法院和第二审法院不具有拘束力之例外。针对当案件经历重新审理程序后再次上诉的，发回重审裁定书对于重审后的上诉审法院的拘束力问题德国法作出了明确规定。根据《德国民事诉讼法》第 318 条的规定："法院在其宣示的终局判决与中间判决中所作的裁判，对该法院有拘束力。"① 第 565 条第 1 款、第 2 款规定为:"撤销判决后,将案件发回控诉法院再为言词辩论和裁判的,这种发回可以将案件发回到控诉法院的另一审判庭。控诉法院应该以撤销所根据的法律上的判断作为它的裁判的根据"。② 德国民事诉讼中强调发回重审案件的裁判对发出裁判的法院同样具有拘束力,且拘束力之范围扩展为终局判决和中间判决。根据德国法之规定能够作出发回重审裁定的法院一般而言是第三审法院,由控诉法院对案件进行重新审理。在第三审法院作出将案件发回控诉审法院重新审理的裁判后,其在裁定书中所作的对案件发回重审的理由对于第三审法院同样具有拘束力。而当重审案件再次上诉至第三审法院时,第三审法院的终局裁判对第三审法院具有拘束力。并且依据《德国民事诉讼法》的规定,第三审法院与控诉法院所受拘束之对象为对案件在第三审作出撤销裁定的法律上的判断。由此可见,根据德国法的规定,当案件经历重新审理程序后再次上诉的,原上诉审法院所作的发回重审裁定对第三审法院或上诉法院具有拘束效力,并且所承受的拘束效力范围与重审法院所受拘束范围相同均为撤销裁定的法律上的判断。

综上所述,针对发回重审裁定的效力问题德国法作出了相对明确的规定,根据《德国民事诉讼法》,并非发回重审裁定中的全部内容都具有拘束力,而仅是具有否定意义的法律判断对重审法院具有拘束力,并且上诉审法院所作将案件发回重审裁定对被撤销判决的拘束力仅限于与撤销该判决具有直接因果关系的事由,并且该事由需在裁定撤销的裁判文书中直接或间接地表述出来。当案件再次上诉后,原上诉审法院所作的发回重审裁定对第三审法院或上诉法院具有拘束效力,并且所承受的拘束效力范围与重审法院所受拘束范围相同。

---

① 《德国民事诉讼法》第 318 条规定:"法院在其宣誓的终局判决与中间判决中所作的裁判,对该法院有拘束力。"

② 参见《德意志联邦共和国民事诉讼法》,谢怀栻译,法律出版社 1984 年版,第 128 页。

第三，德国非典型部分发回重审制度的规定及适用。

部分发回重审制度的表现形式共存在二种，一种是在该国民事诉讼法中明确规定当第二审法院对原审案件认定达到需要发回重审的标准时，第二审法院可仅就第一审程序或事实认定中存在的瑕疵部分发回原审法院审理，称为典型的部分发回重审模式；另一种为该国民事诉讼并未在其民事诉讼法中对发回重审是否可以为部分发回作出规定，而是其发回重审制度本身就表明是将有瑕疵部分发回原法院重新审理的制度，称为不典型的部分发回重审模式。采用第二种部分发回重审的国家包括德国、日本等。

根据《德国民事诉讼法》第529条、第533条、第537条及第538条之规定，控诉法院针对一审裁判被声明不服的部分以控诉法院审理时新的辩论为基础得出对于事实问题及法律问题的结论，根据其结论与被声明不服的原裁判部分相比对，若两者所得结论一致控诉法院则驳回控诉；若结论存在差异，一般情况下由控诉法院作出新的结论变更原判；除以上两种情况外，仅在程序错误及特殊情况下，控诉法院会作出撤销原判发回重审的裁定，即为"控诉审法院审查被声明不服的判决的方式应当是重新对争议进行辩论和裁判"，"具有必要的进一步言词辩论情况下，控诉法院可将案件发回一审法院更审"。并且根据德国法的规定，二审法院对于所作出的发回重审的裁定必须充分说明理由。而根据德国法，裁定发回重审的判决（在德国发回重审的文书可以以判决的形式作出）对于重审法院与本法院都具有约束力，也就是说，当发回重审案件被发交原法院重新审理时，重审法院需要依据作出发回裁定的法院对于直接导致撤销原判决的部分进行重新审理，不得与原审理作相同处理，但以新的证据或事实证明得出相同结论不视为作出相同处理。也就是说，除直接导致撤销原判决的部分受重新审理裁定的拘束力以外，其他部分未受上级法院发回重审的裁定的约束。根据主流的学术观点，在德国对于非直接导致撤销原判决的部分在重审程序中根据双方确认可采用原审理程序所认定之结论。

综上所述，根据德国民事诉讼发回重审制度，虽然案件被发回原审法院重新审理，但对于非直接导致撤销原判决的部分法院可通过当事人确认的方式简化审理的过程。因此，尽管在德国法中没有明确指明部分发回重审的存在，但从实践而言德国发回重审对于非直接导致撤销原判决的部分具有简化审理的机制。

二、日本法民事诉讼发回重审制度考察及借鉴

第一，日本法对发回重审与自行裁判的区分及借鉴。

对于上诉法院对发回重审与自行裁判的界限，日本法中也有较为具体的规定，根据《日本民事诉讼法》的规定，如果当事人对一审裁判不服，可通过控诉①、上告②和抗告③来主张权利。与我国第二审程序中发回重审及自行裁判最具有相似性的日本第二审程序则是控诉程序。根据《日本民事诉讼法》的相关规定，如果控诉明显缺乏法律所规定的要件，且不能补正该缺陷时，应当由第一审法院以决定驳回控诉；或者当控诉不合法并且又不能补正其缺陷时，控诉审法院可以不经过口头辩论以判决驳回控诉。若控诉审法院认为第一审判决内容不当时，或者第一审判决的程序违反法律时，应当撤销第一审判决。由于控诉审是事实审因此控诉法院对案

① 控诉是指当事人不服地方法院所作的第一审终局判决，而向上一级法院提出的请求撤销或者变更该判决的不服申请。在控诉中，当事人不仅可以就原判决是否违反法律提出不服申请，而且还可以就案件事实的认定是否适当提出不服申请。

② 上告是指对于终局判决向法律审法院提出的上诉。根据日本民事诉讼法的规定，对以高等法院作为第二审或第一审作出的终局判决，可以向最高法院提起上告；对以地方法院作为第二审作出的终局判决，可以向高等法院提起上告。但是对于双方当事人达成保留共同提起上告的权利而不提起控诉协议的，对地方法院的判决，可以直接向最高法院提起上告，对简易法院的判决，可以直接向高等法院提起上告。因此，原则上讲，上告是指对控诉审的终局判决，就适用法律存有异议而向作为法律审的上级法院进行的不服申请。

③ 抗告是指当事人或者利害关系人为了谋求自身的利益，而向上级法院请求撤销或者变更下级法院的裁定或者命令而提出的不服申请。

件自行裁判是原则性的处理。① 当控诉法院对第一审以起诉不合法为由所作的驳回诉讼的判决作出撤销的决定时，控诉审法院应当将案件发回第一审法院重审，但对于案件没有必要重新进行辩论时，则无须发回更审。除此之外的情形下，控诉审法院在撤销第一审判决的情况下，认为对案件有必要重新进行辩论，可以将案件发回第一审法院。在以第一审法院的诉讼程序中存在违反法律规定程序为理由将案件发回重审时，视为该案件第一审程序所作判决结果由此而被撤销，也就是说在日本法中撤销原审判决作为将案件发回重审的前提可以通过明示或默示两种方法予以进行。

　　首先，与德国民事诉讼法规定相类似，日本民事诉讼发回重审制度的适用同样要求以言辞辩论的必要存在为前提。《日本民事诉讼法》规定，控诉审法院认为所声明不服之判决确存在判决内容不当或者程序违反法律，控诉审法院应撤销原第一审判决，对于撤销原裁判之案件控诉法院对所声明不服的案件以自行裁判的方式终了案件为其基本情形，撤销或变更第一审判决只能在声明不服的范围内进行。如果控诉所声明之不服明显缺乏法律所规定的控诉要件且不能补正该缺陷时则会以决定的方式驳回控诉，向没有管辖权的控诉审法院提起了控诉的除外。当据以裁判的理由正当时，控诉法院可适时地裁定驳回控诉请求即使在部分情况下控诉请求中声明不服之理由确为存在。根据《日本民事诉讼法》的规定，"控诉法院撤销第一审驳回原告起诉的判决需将案件发回至第一审法院，但案件无另行进行辩论之必要者，不在此限"。② 控诉审法院在确认声明不服之理由成立撤销第一审判决的情况下认定针对声明不服之部分确有重新辩论之必要，得将案件发回第一审法院重新辩论后裁判。同时日本民事诉讼法强调控诉审法院对原审法院以起诉不合法为由所作的驳回诉讼的判决进行撤销将案件发回第一审法院重审的

---

① 具体参见 ［日］新堂幸司：《新民事诉讼法》，林剑峰译，法制出版社 2008 年版，第 633 页。

② 转引自占善刚：《民事诉讼发回重审的理由比较研究》，载《比较法研究》2015 年第 6 期。

案件应当以案件有必要重新进行辩论为依据，若无重新辩论之必要则无须发回更审。根据《日本民事诉讼法》第308条的规定，当上诉审法院经对案件审查后认定原审法院对案件所作判决存在实体裁判错误或存在程序违反法律规定，当案件当事人对其主张及事实具有进一步言词辩论之必要时，上诉法院应当作出将案件发回原审法院重新审理的裁定，该案件事实以对案件判决结果具有影响为限度。由此可见，日本民事诉讼法中同样要求控诉法院作出撤销原判将案件发回原审法院重新审理的裁判需以案件具有进一步言词辩论之必要为前提。

其次，日本民事诉讼制度中对于案件由上诉法院作出发回重审的裁定需以重审法院具有查明事实的能力为基础有较为明确的规定。《日本民事诉讼法》第307条规定，第二审法院如果认为第一审法院所作的错误的驳回原告之诉的判决且当事人有进一步辩论之必要，则第二审法院应当将案件发回原审法院重新审理。① 第308条规定，第二审法院所做的实体判决错误并且当事人有进一步辩论之必要时，第二审法院可以将案件发回原法院重新审理。② 《日本民事诉讼法》第307条所规定情形与上述德国法规定具有相似性，由于驳回原告之诉的判决并不涉及实体争议的审理，因此如果第二审法院自行审判会造成当事人实体争议仅经历一次审理程序，属于上述当事人有进一步进行言词辩论之必要情形，同时也符合所需辩论之事实为第一审法院或第二审法院所依据裁判的事实，其并未通

---

① 第307条规定："控訴裁判所は、訴えを不適法として却下した第一審判決を取り消す場合には、事件を第一審裁判所に差し戻さなければならない。ただし、事件につき更に弁論をする必要がないときは、この限りでない。"日本称为必要的发回。

② 第308条规定："前条本书に規定する場合のほか、控訴裁判所が第一審判決を取り消す場合において、事件につき更に弁論をする必要があるときは、これを第一審裁判所に差し戻すことができる。第一審裁判所における訴訟手続が法律に違反したことを理由として事件を差し戻したときは、その訴訟手続は、これによって取り消されたものとみなす。第一審の管轄違いを理由とする移送）。"

过当事人完全辩论且该未完全辩论事实并非当事人因其负担举证责任所承担的败诉风险所导致的即"具有查清可能之事实"之要求，因此当条件成就时第二审法院应当裁定发回原审法院重新审理。而与第 307 条不同的是，《日本民事诉讼法》第 308 条实体判决出现错误时表明原审案件已经完成第一次实体争议辩论环节，当实体判决之错误经上诉法院自行裁判并不会导致当事人辩论权之侵害时，上诉法院可以职权对案件自行裁判，由此说明当第 308 条规定条件成就时，上诉法院具有依案件具体情况将案件作出是否发回重审的自由裁量权。

再次，由严重程序违法致发回重审时，该违法程序具有严重影响审判合法性基础为前提。与德国民事诉讼法及我国台湾地区"民事诉讼法"关于上诉审法院对于原审法院审理过程中具有程序瑕疵的处理结果的规定相似，《日本民事诉讼法》同样规定并非所有的程序瑕疵均会导致发回重审之结果，只有原审法院所作裁判过程中依据法律规定存在绝对控诉理由存在错误或相对控诉理由存在瑕疵时，上诉审法院才会作出发回重审的裁定。① 根据《日本民事诉讼法》中对绝对控诉理由和相对控诉理由的解释，绝对控诉理由存在错误是指在第一审程序中出现严重程序瑕疵，不论其后果与判决结果是否存在因果关系都将导致上诉审法院作出将案件发回重审的裁定后果；相对控诉理由存在错误则是指第一审程序中出现的程序瑕疵与审判结果存在因果关系时，第二审法院才会放弃自行裁判而将案件交由原法院重新审理。根据日本法的规定，上述绝对控诉理由错误或曰严重程序瑕疵包括违法受理诉讼；违反公开审判之规定；出现应当回避而未回避的审判人员等情况，这些情况的发生均会影响原审判决的合法性基础②，因此日本法作出了在绝对控诉理由存在错误时上诉审法院应当作出将案件发回重审的裁定。

---

① 参见 ［日］高木丰三：《日本民事诉讼法论纲》，陈与年译，中国政法大学出版社 2007 年版，第 587 页。

② 参见田平安：《比较民事诉讼论丛》，法律出版社 2005 年版，第 3~15 页。

综上所述，与德国民事诉讼发回重审制度的适用前提相类似，日本法中上诉法院若需对案件作出发回原审法院重新审理的裁定需确定案件具有进一步言词辩论的必要，并且经过新的言辞辩论及举证对于事实的查明及判决的结果具有影响的可能性，在由严重程序违法致发回重审时该违法程序具有严重影响审判合法性基础的情况下，上诉审法院方有作出发回重审的基础，因此对于日本民事诉讼发回重审制度而言，同样具有较为明确的区分发回重审适用与自行裁判的界限的规定。

第二，日本法对发回重审拘束力的概括规定。

首先，对于民事诉讼发回重审裁定的拘束力问题，日本法对此有较为概括的规定。《日本民事诉讼法》规定，第二审法院如果因严重程序瑕疵而将案件发回原审法院重新审理则该案件视为已经撤销。当第一审判决经法定程序被撤销后，则当事人无需依照原判决执行。尽管依据法理解释，一旦上诉审法院对案件作出了发回原审法院重新审理的裁定自然引起撤销原案件判决的结果，但《日本民事诉讼法》对发回重审裁定书产生了将未生效判决转为无效之拘束力的规定，为重审法院审判活动的事实认定与法律适用提供了明确的法律依据。对于拘束力范围问题的规定中仅明确了上诉法院所作发回重审裁定书对重审法院具有拘束力，但具体拘束范围未做明确规定。《日本民事诉讼法》第 308 条规定，第二审法院所做的实体判决错误并且当事人有进一步辩论之必要时，第二审法院可以将案件发回原法院重新审理。① 日本实务界的主流观点认为，被上诉审法院裁定发回原审法院重新审理的案件在重审法院进行审理时应受裁定撤销案件时所作出的事实或法律判断之约束，对此《日本民事诉讼法》也有相关规定。可见，根据日本民事诉讼法的规定及实务中法律的适用，重审法院需依照上诉法院作出发回重审的裁定书中所认定的事实判断或法律判断对案件进行重新审理。但日本法中对于适用以上三种理论中的哪一种并未作出明确的规定，质

---

① 参见《日本新民事诉讼法》，白绿铉编译，中国法制出版社 2000 年版，第 106 页。

言之，日本法仅明确了上诉法院所作发回重审裁定书对重审法院具有拘束力，但具体拘束范围未作明确规定。① 在我国民事诉讼二审发回重审制度中，撤销原判决是发回原法院重审的前置条件，第二审法院若要将案件发回原法院重新审理必先对尚未产生法律效力之原判决加以撤销，而第二审法院对原法院之判决作出撤销之裁定后并不必然引起发回重审之后果。由于我国司法体系为两审制，当第一审法院对案件审理完毕后，该判决并不必然成为生效判决，而是出于效力待定之状态。若上诉期届满，当事人未对第一审判决提起上诉则一审判决自动转为生效判决，双方当事人应当依照判决裁判之结果履行各自义务。若上诉期内，有一方当事人对第一审判决结果表示不服可对该判决提起上诉，案件一经上诉第一审判决将不会自动转化为生效判决而是继续保持未生效之状态，直至第二审程序结束第二审法院对原审判决作出新的裁判。根据发回重审之立法目的，其设立价值在于保证当事人言词辩论之权利，维护当事人审级利益和维护不同审级分工之明确性。可以说，在我国并没有严格地区分撤销原判与发回重审这两个阶段，因此日本法对于发回重审拘束效力的概括规定对完善我国发回重审制度具有借鉴意义。

其次，当案件经历重新审理程序后再次上诉的，二审法院对原第二审裁定拘束承受范围应当与重审法院所受拘束范围相同。根据《日本民事诉讼法》第 323、325、326 条之规定，撤销案件的法院所依据的事实判断与法律判断对重审法院及自身具有拘束力。尽管日本法中对于发回重审裁定对自身约束力的规定较为概括，但就拘束力的范围也作出了明确限定，对重审法院及再次上诉后具有审判权的上诉法院发回重审裁定中所作出的事实判断和法律判断均具有拘束效力②。

再次，重审法院或上诉审法院违反该裁定拘束之法律后果。民

---

① 参见罗水平：《民事诉讼发回重审制度中的制约机制研究》，载《求索》2011 年第 8 期。

② 参见《日本新民事诉讼法》，白绿铉编译，中国法制出版社 2000 年版，第 107 页。

事诉讼发回重审制度其设计的目的即是为了保障当事人的诉讼权利，在诉讼程序中对于有争议的事项能够在充分辩论的前提下，在最短的时间条件下得出公正的判决达到定纷止争的目的。如上所述，当第二审法院作出将案件发回原审法院重新审理的裁定后，该发回重审的裁定对原审程序、重审程序、原二审程序和重审后的二审程序在一定程度上都具有拘束力，其拘束之目的是保证正义可寻的同时保障诉讼效率的最大化。然而，无论在法律制度很成熟的德国、法国还是日本，都会存在重审法院或重审后的二审法院违反拘束力的情况。当对上诉审法院所作出的发回重审裁定之拘束力违反时，根据德国、日本的主流观点，当事人可以对违反第二审法院所作出的发回重审裁定之拘束力的裁判提起上诉，如上诉后上诉法院同样违反该拘束力进行裁判，当事人可申请再审作为保障自身权利之方法，但各国法中未有明确关于证明确为违反拘束力之裁判纠正后对当事人之补偿方法。

综上所述，对于发回重审裁定的拘束效力问题，日本法仅作了相对概括的规定，仅明确了上诉法院所作发回重审裁定书对重审法院具有拘束力但具体拘束范围未予以明确。但由于日本法对于法官所作裁定文书内容要求较我国更为细化，因此对于裁定书内容的确定对于重审法院对案件的审理具有重要的指导意义对我国完善发回重审制度具有借鉴意义。此外，日本的主流观点认为当事人可以要求重审法院承担违反上诉审法院所作出的发回重审裁定拘束力的法律后果，当事人可申请对违法重审裁定拘束力的裁判进行再审作为保障自身权利的方法。

三、法国民事诉讼发回重审制度的特别规定

第一，法国法对辩论必要的说明及借鉴意义。

根据《法国民法典与民事诉讼法》的规定，当上诉审法院作出发回重审的命令时，同样需要以当事人对于存在争议的事实具有进一步辩论的必要为前提。

根据法国法的规定，任何民事诉讼当事人均有对其所享有权利进行辩论之权利而不受法院在其未能提出自己的看法的情况下所做

判决的约束，听取当事人辩论意见是法院作为司法机关之义务。就民事诉讼发回重审而言，尽管当事人对于凡可能影响案件审判结果之事实均具有辩论权，但此辩论非彼辩论，并不意味着任何可能影响案件结果之事实都符合可能导致发回重审的具有辩论之必要的要求。根据《法国民法典与民事诉讼法》的规定，上诉法院依据当事人在原审中所作言词辩论及证据材料作为上诉审判之基础而得新的裁判之结果或维持原审裁判之结论，因当事人在原审程序中对该事实基础之辩论存在缺失或不充分时会导致上诉审法院据此事实基础所作裁判结果的不正义和违背辩论原则，所以当此种情况发生时上诉法院将会对案件作出发回原审法院重新审理的命令①。而为保障上诉审发回重审制度适用的适当性，只有在原审法院未将或未全将裁判之基础提供当事人加以辩论或依据未能经当事人辩论之证据作为裁判依据时，上诉法院方应将案件发回原法院重审给予当事人辩论之权利。

简而言之，在上诉审法院依当事人申请认为原审法院在审理过程中对案件存在具有进一步言词辩论之必要而适用将案件发回原审法院或发交其他法院重新审理的情况中，当事人所言针对声明不服之部分确有重新辩论之必要是指第一审法院所为之裁判没有基于或没有完全基于当事人言词辩论之内容所得出，而第二审程序为自行裁判将损害当事人有权对凡可影响审判结果之事实为法庭之上进攻或防御之权利，以此为基础第二审法院方可裁定将案件发回原审法院重新审理。

第二，法国法对发回重审裁定的拘束力的特殊规定。

作为大陆法系的主要国家，法国法中对于发回重审裁定对上诉法院拘束效力及范围的规定与上述国家略有不同。根据《法国民法典和民事诉讼法》第 625 条规定，法国最高法院具有撤销原审法院对争议所作出的判决将案件重新恢复至被撤销之前之状态的权力，且根据《法国民法典和民事诉讼法》的规定，法国最高法院

---

① 具体参见《法国新民事诉讼法典》，罗结珍译，法律出版社 2008 年版，第 931~973 页。

撤销原审判决无需另行作出新的裁判决定或说明撤销理由。① 法国最高法院作出撤销原审法院对争议所作出的判决的裁定后对于撤销案件之拘束效力仅引起了原审法院所作出的对案件的判决被撤销的效果或产生了原审法院所作的与撤销案件的理由有必要性关联的任何决定被撤销的效果，且该撤销的拘束力及于发交法院与最高法院本身。尽管根据法国民事诉讼法的规定，将案件发回重审的裁定的拘束效力及于重审法院和最高法院，但根据上述规定可见，在法国民事诉讼案件被裁定发回原审法院重新审理即导致案件回归至原始未受审状态，且重审法院对案件所作事实的认定和法律的适用并不受最高法院法律判断之限制。申言之，根据法国法之规定，最高法院仅就撤销之决定的事实及理由加以说明不得作其他裁判决定，而案件发交原法院或与原审法院同级法院重审后案件状态将转为原始未审状态，重审法院将对案件全部重新审理无需依照最高法院或上诉审法院在发回重审裁定中对事实及法律上的判断的指引，因此法国民事诉讼发回重审裁定所谓的拘束效力仅指撤销原审法院对案件所作判决之拘束，而并非撤销理由中对案件法律判断之拘束。

就我国而言，我国民事诉讼发回重审模式介于法国与德国模式两者之间。简而言之，德国法对于作出发回重审裁定要求非常严格，需要在发回重审作出时说明裁定发回重审的理由并对该理由进行论证，同时在该裁定中也可以对非直接导致发回重审的法律判断作出法律上的判断，但其对导致撤销后果的法律判断对重审法院和撤销作出的法院均具有拘束力。而法国法则要求最高法院仅就发回重审作出裁定，对其裁定仅在发回的程序上具有拘束力，因为将成为全新案件发回至原审法院，因此对于事实认定、法律适用和程序全部重新进行，由此而纠正原审裁判的错误。目前我国裁定发回重审由第二审法院作出，法律要求裁定发回重审需要说明裁定理由，从这点上来看，此种发回重审模式与德国之规定相似。但我国《民事诉讼法》或各司法解释并未对发回重审裁定的拘束力加以限

---

① 具体参见《法国新民事诉讼法典》，罗结珍译，法律出版社 2008 年版，第 931~973 页。

制，也未对违反重审裁定之后果作出规定且实践中第二审法院裁定将案件发回原审法院重新审理后，案件状态进入全新状态，根据笔者调研我国并不存在不会发回重审之情况，也就是说，一旦案件被撤销并发回重审，法院可依据新的证据资料对原诉讼请求或新的诉讼请求加以审理，欲通过重新的认定与新程序纠正原存在之错误。但不得不指出的问题是，两种模式均具有其局限性。首先德国法所规定的发回重审之模式更像是在原有裁判基础之上的修改更正程序，通过受第三审之拘束控诉法院将导致案件撤销的裁判瑕疵加以更正，但《德国民事诉讼法》规定，在重新审理的拘束力范围仅限于最高法院所判决的诉讼标的而不及于新的诉讼请求。① 由此可见，德国法中对于发回重审的拘束力之范围相对过小，对于新的诉讼请求在重审过程中出现的瑕疵需要最高法院在再上诉程序中加以判别。而与我国相似的法国模式中，其更倾向于用新的诉讼程序覆盖原存在瑕疵之诉讼程序，由于案件在重审之后全部进入新案状态，其模式的局限显而易见，即缺乏对原审法律判断的拘束力，很难保证在新的诉讼程序中不出现这样或那样的事实认定的瑕疵或程序上的瑕疵。

综上所述，在法国发回重审模式下，其对发回重审裁定的拘束力仅限于将案件重审的效力，对于裁定书中对事实的法律判断对重审法院均不产生拘束效力，因此反复发回的可能性更高，当事人诉讼成本也更高，也由此在《法国民事诉讼法》中有发回重审次数限制的规定，这与我国的《民事诉讼法》修改之后的规定具有相似性。

第三，发交其他法院与部分发回重审制度的规定及借鉴。

如上所述，由于法国法对发回重审的裁定文书中对法律判断未赋予拘束效力，因此在法国法中，特别设立了发交其他法院与部分发回重审制度，确保当事人权利的充分保护。

法国法中对于上诉审法院作出将案件重审裁定后，另行组成合

---

① 参见宋冰：《美国与德国的司法制度及司法程序》，中国政法大学出版社1998年版，第413~425页。

议庭及发交其他与原审法院同级法院重新审理的拘束力有明确规定。根据《法国民事诉讼法》第 626 条的规定，"在撤销原判的情况下……发交同一法院由不同司法官组成的法庭重新审理或发交其他法院审理"。①根据《法国民事诉讼法》第 623 条的规定，"撤销原判得为全部撤销，或为部分撤销，如撤销原判仅仅涉及可与判决的其他要点分离的要点时，即为部分撤销"。根据法国民事诉讼法的规定，当第二审法院对原审案件认定达到需要发回重审的标准且导致撤销原判的要点与其他要点相对独立第二审法院可仅就第一审程序或事实认定中存在的瑕疵部分发回原审法院审理。因此，法国法对于民事诉讼发回重审之模式属于第一种模式，属于典型的由法律明确规定的可以部分发回重审的模式。

综上所述，根据法国民事诉讼法及司法实践的规定，当上诉审法院作出将案件重新审理的裁定后，民事诉讼重审裁定仅对案件重审具有拘束效力，为保障当事人诉讼权利及审级利益，法国法设立了在特殊情况下，案件可发交其他与原审法院同级法院审理的制度，为保障诉讼效率设立将案件部分发回重审的制度。对于案件具体由原审法院新合议庭进行审理或出原审法院同级其他法院进行重新审理应当依据个案具体情况，由作出将案件重新审理的上诉法院作出判决。由于我国目前法律对发回重审裁定书的效力规定较为模糊，因此，法国发回重审制度的全面性对我国发回重审制度的进一步完善具有重要意义。

第二节　大陆法系主要国家及地区发回重审规定的相似与差异分析

一、大陆法系主要国家及地区发回重审规定相似性评析及借鉴

民事诉讼发回重审制度各部分的建立及修正并非各自独立，民

---

① 参见《法国新民事诉讼法典》，罗结珍译，法律出版社 2008 年版，第 935~973 页。

事诉讼发回重审制度的每一个分支都为实现发回重审制度应有之功能而设立。

随着笔者对各国发回重审制度之比较，以发回重审制度作为整体而言，各分支之间存在着隐含的联系，传统大陆法系各国家的发回重审制度的规定也具有一定的相似性，而对于相似性的提取对于进一步完善我国民事诉讼发回重审制度具有重要的意义。

第一，传统大陆法系各国对于发回重审制度的适用前提都具有相对明确的规定。换言之，传统大陆法系各国对于发回重审与自行裁判的界限都具有较为明确的规定。根据德国法的规定，发回重审制度的适用要满足基础的四个前提要件，分别是发回重审案件需要具有进一步言词辩论之必要，对于引起发回重审的原审法院的错误与裁判结果之间具有直接的因果关系，重审法院对于案件具有查清事实之可能和对于有程序瑕疵导致的发回重审需导致裁判合法性基础受到影响。只有满足以上四个前提要件，上诉审法院方可具有作出将案件发回原审法院重新审理的可能。根据日本法的规定，控诉审法院在确认声明不服之理由成立撤销第一审判决的情况下认定针对声明不服之部分确有重新辩论之必要得以于将案件发回第一审法院重新辩论后裁判，此外，日本民事诉讼制度中要求发回重审的裁定需以重审法院具有查明事实的能力为基础并且以程序违反法律规定为发回重审要件时，原审程序的违法行为需严重影响判决的合法性基础。法国法对于发回重审制度的适用作了较为简要的规定，其民事诉讼法典中规定当上诉审法院作出发回重审的命令时，同样需要以当事人对于存在争议的事实具有进一步辩论的必要为前提。

尽管传统大陆法系各国对于发回重审适用前提的规定的概括程度和具体适用前提内容的规定不尽相同，但可以显见的是在各国的发回重审制度中，除发回重审事由的规定外，对于适用该制度的前提即其与自行裁判的界限都作了不同程度的规定。根据各国的规定可见，几乎上述各国家都对发回重审制度的适用应当以具有进一步言辞必要为前提作出了明确的规定。由此可见，发回重审制度在一定程度上通过保障当事人辩论权的方法对当事人的诉讼权利加以保护，同时对于言词辩论的必要性的要求也从另一方面保证了诉讼效率，使"毫无意义"的发回重审得以避免。此外，对于因原审程序中存在程序瑕疵而导致发回重审的情况上述各国普遍作出了具有严重影响判决合法性基础的规定。可见，对于因程序瑕疵导致案件发回原审法院重新审理的情况并非"有错即发回"，而是具有严重影响判决合法性基础的特殊情况下方可适用发回重审制度。由此可见，传统大陆法系各国对于发回重审制度的适用都采取了较为审慎的原则，不仅保障当事人合法权利同时也兼顾司法效率，防止发回重审制度的滥用。

第二，传统大陆法系各国对于发回重审拘束效力都具有较为明确的规定，但各国的规定都具有其特别之处，笔者将对各国发回重审拘束效力的相似性进行归纳，为完善我国发回重审拘束力制度提供理论依据。根据德国法的规定，重审法院应当以上诉审法院撤销原审判决所根据的法律判断作为再次对案件作出裁判的依据①，被最高法院裁定撤销并非对该判决的全盘否定，仅在据以作为上诉审法院将案件发回重审主要原因的原审程序中所存在的瑕疵或所认定不清之事实或适用错误之法律等方面具有不可重复作为重审裁判理由之约束。简而言之，上诉审法院所作将案件发回重审裁定对被撤销判决的拘束力仅限于与撤销该判决具有直接因果关系的事由，并且该事由需在裁定撤销的裁判文书中直接或间接地表述出来。在重审法院审理案件的过程中，不得作出与被撤销的判决中直接引起上诉审法院作出撤销判决的事实相同的事实认定，但非直接导致原判决被撤销的事实或法律适用可以在重审中作出与原审判决中相同的认定并作为重审裁判之依据。日本法及法国法中对于拘束效力作出了较为特别的规定，对于拘束效力的差异规定将在下一节进行分析。综合德国发回重审制度拘束效力对此的具体规定，为进一步保障重审案件的裁判的准确性和高效性，明确发回重审拘束效力是保障发回重审制度功能实现的重要手段。

第三，传统大陆法系各国对于将重审案件发交其他与原审同级

---

① 参见《德意志联邦共和国民事诉讼法》，谢怀栻译，法律出版社1984年版，第131页。

法院审理制度的建立与部分发回重审制度的结合具有较为契合的规
定。以发回重审模式而言，部分发回重审是对异地发回重审和严格
发回重审的补充。以德国、日本、法国和美国为例，德国法中对于
案件发回重审的要求相对比较严格要求具有进一步辩论之必要、具
有查清事实之可能和发回重审对于案件判决结果具有实质性影响，
同时德国法要求作出发回重审裁定的法院要对发回重审的理由作出
详细的说明。而对于异地审理问题德国法并未作出相关的规定，根
据主流的观点在德国一般案件被作出发回重审的判决，则案件发回
原审法院依据发回理由作出新的判决。如上所述，德国法制度中的
部分发回重审是不典型的，一旦作出发回重审的判决，重审法院需
对案件全件予以接收，但根据当事人的认定可减少或免除对没有争
议且并未引起原判撤销的事实的辩论。可见当法院作出发回重审裁
定的理由足够详细时法院可通过发回重审判决的拘束力对重审法院
的重审结果具有一定的控制力，因此可降低重审法院偏失的可能性
因而无需作出将案件异地审理之必要，因此在德国法中未有关于异
地审理之明确规定。

　　与德国法规定刚好相反的是法国法对于发回重审制度的整体设
计，根据《法国民事诉讼法》的规定，法国上诉法院对上诉案件
作出撤销原判的判决的效力仅在撤销原审判决范围内有效，其对事
实之确认与否认都不作为更审法院据以裁判案件的标准。法国法中
同时也明确指明当案件被撤销后一般以发交至其他法院为原则也可
发回原审法院的其他审判组织重新审理。同时，在法国法中明确作
出了案件被判决撤销可全部重新审理也可部分发交重审的规定。与
德国法的规定恰好相反，其对于发交重审判决的理由之拘束力规定
仅为具有撤销原审判决的效力，因此裁定撤销的法院对于更审法院
重新作出判决的拘束力较弱，为此若同一法院作出具有导致再次发
回或裁判偏失之风险，因此法国法中引入了异地审理制度以保证新
的审判组织对于更审案件的公正审理。由于案件交由原审法院其他
法院重新审理，对于发交法院而言案件为全新案件，对证据资料全
部重新质证调取将会耗费较高的司法成本，因此在《法国民事诉
讼法》中明确规定了部分发回重审规则。由此可见，发回重审制

度之设计具有整体性、严密性、统一性，在保障当事人获得正当程序的同时对于诉讼效率的最大取得也进行相应设计。如上所述，部分发回重审模式与发回重审判决之拘束力、异地审判制度都具有密切的关系，一言以蔽之，当发回重审判决对重审法院具有较强拘束力即控制力时，一般而言该制度适用不典型部分发回重审且无需异地审判制度；当发回重审判决对重审法院新判决具有相对较弱控制力时，该制度则应引入异地审判制度以确保当事人获得公正裁判，并且适用典型部分发回重审在保障公正的同时最大限度的提高司法效率。

综上所述，通过传统大陆法系各国对发回重审制度规定的相似性分析可见，上述各具有典型代表意义的国家和地区对于发回重审制度的适用都作出了较为审慎的制度规定。对于发回重审制度的适用前提即发回重审与自行裁判的界限都作出了明确的划分，对于发回重审拘束效力作出了清晰的规定，同时对重审案件发交原审法院重新审理或发交其他与原审法院同级的法院审理的规定与部分发回重审制度相互补充，为全面保障当事人诉讼权利及最大化节约司法资源提供了法律依据。质言之，当上诉法院作出发回重审裁定的前置条件越复杂时，发回重审判决的拘束力对重审法院的控制力及拘束效力越强，其可降低重审法院偏失的可能性越强，其对案件异地审理的要求越弱，反之亦反。因此，在结合我国自身司法环境的同时，应当充分借鉴上述各国规定之相似之处，为进一步完善我国民事诉讼发回重审制度的规定提供域外法依据。

二、大陆法系主要国家及地区发回重审特别规定及差异分析

比较分析各传统大陆法系国家和地区发回重审制度的相似性有利于找到其相似规定，厘清对于重要制度的规范方式，从而为进一步完善我国民事诉讼发回重审制度提供比较法依据。同样重要的是，在比较研究各域外国家发回重审制度时，明晰其规定的差异性，并分析差异存在之理由是正确借鉴域外国家制度规定的重要过程。本节将会通过对各大陆法系重要问题规定的差异化比较分析各种规范的适用条件，为进一步完善我国民事诉讼发回重审制度提供

全面比较依据。

第一，对于发回重审拘束效力的不同规定及分析。上述各国家和地区对于民事诉讼发回重审制度都具有较为清晰的规定，但具体而言仍存在不同之处。根据德国法的规定，被最高法院裁定撤销并非对该判决的全盘否定，仅在据以作为上诉审法院将案件发回重审主要原因的原审程序中所存在的瑕疵或所认定不清之事实或适用错误之法律等方面具有不可重复作为重审裁判理由之约束。简而言之，上诉审法院所作将案件发回重审裁定对被撤销判决的拘束力仅限于与撤销该判决具有直接因果关系的事由，并且该事由需在裁定撤销的裁判文书中直接或间接地表述出来。质言之，在重审法院审理案件的过程中，不得与被撤销的判决中直接引起上诉审法院作出撤销判决的事实作出相同的事实认定，但非直接导致原判决被撤销的事实或法律适用可以在重审中作出与原审判决中相同的认定并作为重审裁判之依据。根据我国台湾地区民事诉讼制度对发回重审拘束力的规定，"最高法院"将案件发回第二审法院重新审理后，第二审法院应当依据"受发回或发交之法院，应以第三审法院所作废弃理由之法律上判断为其判决基础①"之规定受"最高法院"发回重审裁定之拘束。此外，根据我国台湾地区司法实践通说，台湾地区"最高法院"或上诉审法院所作出的将案件发回原审法院重新审理的裁定对于重审法院在否定性即直接造成案件发回重审的理由成立的法律判断问题上具有拘束效力。在特殊情况下，上诉审法院所作的肯定性判断或间接导致引起发回重审制度适用的理由，在上诉审法院在裁定书中明确肯定时也可对重审法院产生拘束力，不可一概而论导致不必要的发回重审。

对于具有典型代表性的大陆法系各国和地区对于发回重审拘束效力的规定，德国法与我国台湾地区民事诉讼相关规定最为相似。但两地区的规定仍存在差异。德国法明确规定了发回重审拘束效力的范围，而我国台湾地区仅就"最高法院"或上诉法院裁判的拘束效力加以确定，但具体的拘束效力以实践中通说为依据。存在此

---

① 参见我国台湾地区"民事诉讼法"第478条第4项。

种差异是两地区对于发回重审制度适用前提的规定的差异所造成的。比较两地区民事诉讼发回重审制度适用的规定可见，德国法中对于发回重审与自行裁判的界限规定更为详细，而我国台湾地区对于发回重审制度的适用前提的规定相较于德国法的规定则相对概括。由于德国法中对于发回重审制度适用前提规定的详细具体，在最高法院或上诉法院作出发回重审裁定中必然对发回重审适用理由作出明确的说明，而发回重审适用理由从另一方面而言即是对原审法院审理过程中所存瑕疵的评述，因此在德国最高法院或上诉法院作出发回重审裁定后其拘束效力的范围及内容在其论述中具有清楚的说明。而我国台湾地区由于发回重审适用前提规定较为概括，上诉法院对于案件作出发回重审裁定的自由裁量相比德国法官而言权限更大，在适用发回重审的理论分析中更具有概括性和模糊性。

相比于德国与我国台湾地区发回重审拘束效力的规定，日本法及法国法的规定更具有特殊性。日本法对于发回重审制度拘束效力问题仅明确了上诉法院所作发回重审裁定书对重审法院具有拘束力，但具体拘束范围未作明确规定。法国法的规定则较为特殊，法国民事诉讼法明确规定最高法院或上诉审法院作出将案件重新审理的裁定的拘束效力仅及于将案件发回原审法院或发交与原审法院同级的其他法院，对于在裁定中所作的法律判断均不具有拘束效力，重审法院可依据其自身对事实的认定作出其认为合理的法律判断，即使该判断与原判决相同也在所不计。法国法最高法院的司法地位的认定为对法律适用的审查及违法违宪的审查职能，最高法院仅在特殊的情况下方对案件加以审理，因此当最高法院或上诉法院认为原审法院存在瑕疵需对案件重审时，最高法院对于案件的事实认定无需作出评价。此外由于法国法中明确规定发交法院重审的制度，对于原审法院对案件的违法裁判已有其他途径加以避免，因此无需明示原审法院所存瑕疵之手段。

第二，对于部分发回重审制度各国存在不同的设立方式。对于德国而言，其并没有严格意义上的部分发回重审制度，但由于其法律规定控诉法院针对一审裁判被声明不服的部分以控诉法院审理时新的辩论为基础得出对于事实问题及法律问题的结论，根据其结论与被声明不服的原裁判部分相比，仅在程序错误及特殊情况下，控诉法院会作出撤销原判会发回重审的裁定。根据德国法作出裁定发回重审的判决对于重审法院与本法院都具有约束力，当发回重审案件被发交原法院重新审理时，重审法院需要依据作出发回裁定的法院对于直接导致撤销原判决的部分进行重新审理，不得于原审理作相同处理，但以新的证据或事实证明得出相同结论不视为作出相同处理；对于上诉法院所认定的法律判断非有充分理由也不得作出其他判断，从而避免由事实认定错误所产生的反复的发回重审的发生。尽管德国法中对于部分发回重审制度并无明确的规定，但由于该国法律对于发回重审拘束效力的严格规定导致其在实际意义上达到了部分发回重审之效果。与德国法规定相对的是法国法对于部分发回重审制度的规定。根据法国民事诉讼法的规定，由最高法院或上诉法院撤销原判得为全部撤销，或为部分撤销，如撤销原判仅仅涉及可与判决的其他要点分离的要点时即为部分撤销。也就是说，在法国法中对于部分发回重审制度作出了较为明确的规定。当第二审法院对原审案件认定达到需要发回重审的标准且导致撤销原判的要点与其他要点相对独立第二审法院可仅就第一审程序或事实认定中存在的瑕疵部分发回原审法院审理。法国部分发回重审制度与德国制度的重大差异也基于法国法中对于发回重审制度的适用前提的概括化规定及发回重审拘束效力范围的限缩适用，在保障诉讼当事人合法权利的同时为兼顾司法效率，因此法国法作出了更为明确的部分发回重审制度的规定。

　　第三，对于当事人对案件重审的选择权问题各国和地区也有不同的规定。在上述国家及地区中仅有法国及我国台湾地区对于当事人选择适用发回重审制度作出了明确的规定。对此问题之规定也是大陆法系与英美法系的主要区别，大陆法系各国家和地区对于发回重审制度的适用更多地从规范层面加以限制，对于发回重审制度的适用以适用前提作为保障当事人权利的主要手段，因此当事人选择机制的引入较为鲜见。但通过法国及我国台湾地区对于当事人选择机制的规定可见，对于发回重审制度适用前提规定较为概括的国际及地区其当事人对与诉讼所享有的控制力及处分权更多，从法理角度而言则是通过当事人对于制度的选择达到对司法运行的监督。

综上所述，通过传统大陆法系各国和地区对发回重审制度具体规定的差异分析可见，德国法对于发回重审制度的适用前提作出了最为严格的规定而其他相关制度德国则建立得最少，法国作为对适用前提即对发回重审与自行裁判的界定最为宽泛的国家，其他相关制度如部分发回重审制度、重审案件发交与原法院同级其他法院审理制度及当事人选择机制的建立则最为健全。由此可见，发回重审制度从总体上而言是一个较为完整的机制，在保障当事人诉讼权利与维护司法公信力方面要具有综合的规划和制度的规定。通过对典型传统大陆法系各国及地区的发回重审制度规范的差异性分析能够为符合我国国情的发回重审制度的完善提供更为准确的域外法资料。

第三节　英美法系发回重审制度规定及借鉴

一、发回重审制度当事人权利保障理念及借鉴

与传统大陆法系不同，英美法以判例法作为对新案件的裁判依据，从而确保案件裁判的统一。其司法理念的设定对我国完善发回重审制度也具有重要的借鉴意义。

《美国联邦民事诉讼重述》明确规定巡回法院在审理案件时认定地方基层法院（第一审法院）在作出判决过程中存在法律适用错误或其他错误应当作出将案件发回原审法院重新审理的命令。众所周知的是美国是判例法的国家，在美国法官对于法律适用大多参照之前相似案件的审判程序、法律适用和审判结果以求法律裁判的统一性。在民事诉讼发回重审的裁判最为著名的就是孔雀唱片公司诉象棋唱片公司的上诉案件，经第七巡回法庭的审理认为由于原审法院错误地采信了证据导致案件判决的公正性受到严重影响，基于此错误裁判推翻原审法院所作判决，作出将案件发回原审法院重新审理的命令。其后，在美国联邦最高法院作出将案件发回州高等重

新审理的案件中也遵循了这一原则，例如由美国联邦最高法院作出的发回重审命令的普利斯曼标准公司诉斯维特公司案中，美国联邦最高法院以原审法院的判决中存在法律适用的错误，因法院过错具有导致案件判决结论不正义的可能性，故推翻原审法院所作判决，作出发回重审的命令。①

可见，在美国上诉法院作出将案件发回重审的命令是严格基于第一审法院在所作判决过程中存在过错为原则的。与美国法中规定相似，在英国由陪审团所作出的对案件事实的认定在绝大多数情况下当事人不得提起上诉，根据《英国民事诉讼规则》共有九种情况可能导致案件被作出发回重审的裁令，而此九种情形都是原审法院所作判决存在错误，其中包括法官因过错或故意对陪审团进行错误指示；法官不恰当地拒绝回答陪审团的提问导致判决结果的改变；法官在无法律依据的情况下因其认为陪审团认定的赔偿金额过高或过低而自行修改及法官不恰当地采信证据或排除证据等。可见，在英国上诉法院或最高法院作出将案件发回重审的命令的前提也是原审法院在作出判决过程中存在过错。

参考美国联邦民事诉讼中发回重审制度的适用条件和英国民事诉讼中发回重审制度的适用条件，同样具有民事诉讼发回重审制度的适用应以第一审法院审理过程中存在过错为基础的相关规定。因此，明确民事诉讼发回重审制度的适用应以第一审法院审理过程中存在过错为基础具有重要意义。

英美法系对于民事诉讼发回重审制度中进一步言词辩论必要性没有直接的规定，但根据美国民事诉讼学者 Paul Carriington 在其著名的文章《法院的超负荷及其增加与美国法院的上诉制度：对复合制及其国家机制的威胁》② 中对于上诉审及发回重审制度的描

---

① 参见汤维建：《美国民事诉讼规则》，中国检查出版社 2003 年版，第 343~371 页。

② 参见 Paul Carriington. The overload and increase of courts and the appeal system of American courts：the threat to the compound system and its national mechanism. Harvard Law Review，1969。

述，其认为"对案件进行第一次裁判的法院对于案件必然会付出相对于第二审或第三审法官更多的精力，并且由于法官个人能力的局限性和其有限的对自身能力不足的反思，在某些案件中不可避免地会出现难以和他的同事有效地合作的情况，此外即使是那些无比遵守规则的勤勉敬业的法官，对于案件裁判也难免不添加个人的偏见而使案件的判决结果陷于危难的境地，更何况在美国法庭中存在大量的妄自尊大的法官，他们将自身在处理民事诉讼案件时置于至高无上、独一无二的地位，而这也确实导致了司法工作受到相应的损害"。因此他在文中进一步指出了上诉审的必要性和上诉审中将案件作出发回原审法院重新审理的存在意义。其指出"由远离第一审审判战场的法官对案件进行复查对实现法律价值及目的具有至关重要的意义和监督职能"，"即使在复审的法官能够秉持客观态度给予案件公正判决时，由于第一审法官的偏见所导致的当事人并未针对必要的事项予以讨论时，复查案件的意义即为使案件再次经历全部诉讼程序"。除 Paul Carriington 以外，美国学者 Dalton 教授在刊登在《耶鲁法律杂志》的文章《认真地对待同样属于权利的上诉》中也阐述了相似的观点，其认为"上级法院具有推翻下级法院所作裁判的职能能够使下级法院的法官得以自我纠正错误，但由于案件被推翻比率过小因此很多下级法院并不把此种职称对其带来的威胁当回事，因此上诉复核制度是极具重要性的。在上诉复核过程中，如果因原审判决过程中法官妄自尊大，案件未能充分得以辩论及得出并不客观的结论时，上诉审法院并不能依据其法律经验对案件加以裁决而是应当使案件再次重返原审法院给予当事人更多的辩论及反驳的机会"。同样，著名的关于美国民事诉讼上诉审的文章《民事上诉的作用：后世纪的观点》一文也表达了美国民事诉讼法中上诉审所具有的重要地位和第二审法院以将案件发回原审法院重新审理的方式保障了当事人对案件在第一审程序中未经充分辩论的权利，该文章后被刊载于《南卡罗来纳州法律研究》之上。由此可见，不仅在以德国、日本、法国为代表的大陆法系对于民事诉讼二审发回重审制度的适用作出了应当以具有进一步言辞辩论必要为前提，在以判例法为主的美国对于上诉审中第二审法院将案件作出发回重审的命令也应当依据当事人对于双方争议具有再次作出辩论的必要为基础。

二、英美法系发回重审中当事人对程序选择权的具体化

当事人对程序的处分权在英美法系国家体现得更为明显。在美国民事诉讼程序中，由于上诉法院对于将案件作出发回重审的裁定具有较大的自由裁量权，因此在特定情况下会存在当事人选择接受原审法院在存在瑕疵情况下所作的裁判结果而拒绝接受上诉法院将案件发回原审法院重新审理的命令。① 一般而言，当事人拒绝接受上诉法院将案件发回原审法院重新审理的命令共分为两种情况：第一种情况为当事人对巡回法院或高等法院作出裁定将案件发回原审法院重新审理的裁定表示不服，认为此命令适用法律存在错误；第二种情况为当事人明知原审法院所作裁判的事实依据或程序存在瑕疵由于自身原因拒绝接受上诉法院将案件发回原审法院重新审理的命令。② 根据此二种不同情况，美国法官在审理时一般采取不同处理方式。针对当事人因巡回法院或高等法院作出裁定将案件发回原审法院重新审理的命令适用法律存在错误对裁定表示不服的情况，部分州法律允许当事人针对上诉法院作出的将案件发回原审法院重新审理的命令提出上诉或提出重新审核的动议③。上诉法院收到当事人提出的对发回重审命令予以重新审核的动议后应当停止移交该争议案件材料，并对将案件发回重审的事由予以审核。针对当事人明知原审法院所作裁判的事实依据或程序存在瑕疵由于自身原因拒绝接受上诉法院将案件发回原审法院重新审理的命令的情况，在部分州若双方当事人均作出放弃将案件发回原审法院重新审理的机会

---

① 参见 Yingyi Qian, Gerard Roland. Federalism and the Soft Budget Constraint [J]. The American Economist, 1998。

② 参见宋冰：《美国与德国的司法制度及司法程序》，中国政法大学出版社 1998 年版，第 413~425 页。

③ 参见 John C. Godbold. Fact Finding by Appellate Courts—An Available and Appropriate Power [J]. Cumberland Law Review, 1982。

则原法院所作判决立即生效。①

综上所述，尽管英美法系国家对于发回重审制度的适用前提、使用方法、机制的建立并非如传统大陆法系国家具体明确，但英美法系发回重审制度中同样强调制度适用的前提，以原审法院错误为前提并且当事人对案件具有进一步辩论之必要也是英美法系适用发回重审制度的理念，同时由于英美法给予当事人对民事诉讼程序更多参与及处分的权利，因此当事人对于发回重审制度的选择权及处分权的构建对我国完善发回重审制度同样具有借鉴意义。

三、英美法系与大陆法系发回重审制度的区别及启示

英美法中关于民事诉讼发回重审制度适用的前提并不若传统大陆法系有诸多规定，对于英美法中第二审法院或第三审法院应当以当事人具有进一步言词辩论之必要为基础作出将案件发回重审的命令在上文中已有所论述，但何为具有必要性的辩论在英美法中并未作出如德国民事诉讼法或日本民事诉讼法那样详细的规定，而是通过基于法官自由裁量权的方式，使第二审法官基于案件审理中对案件自行裁判可否得出公正判决的评估自行对案件作出发回原审法院重新审理或为自行判决的决定。因此，对于具体制度而言，英美法对发回重审制度的规定对我的借鉴意义并不明显。

第一，英美法中赋予上诉审法官更多自由裁量权。相比较于英美法系上诉法官的自由裁量模式，德国及日本等传统大陆法系的严格标准模式对于我国目前现状更具有借鉴意义。根据我国《民事诉讼法》修改的立法指导思想来看，限制法官自由裁量权，明确民事诉讼发回重审制度适用的条件是民事诉讼发回重审制度改革的发展方向。通过对域外法的比较研究可见，仅在第一审法院所为之裁判没有基于或没有完全基于当事人言词辩论之内容所得出，且所基于之事实确需当事人为进一步之辩论，而第二审程序为自行裁判将损害当事人对凡可影响审判结果之事实为法庭之上进攻或防御之

---

① 参见 Nancy L. Fuller-Hickman vs Comcast Cable Case, C. A. No. 11A-04-018 RRC。

160

权利的情形下第二审法院方可作为裁定将案件发回原审法院重新审理之前提。

第二，英美法中更为强调当事人对于案件审理程序的处分权即当事人对发回重审制度适用的选择权。尽管在传统大陆法系主要国家和地区中，例如法国、我国台湾地区都作出了符合其国情或地区特色的规定，然而其对当事人选择权的行使的规范方式相比于美国法中所赋予的当事人选择权仍有较大差别。英美法中，法官消极中立地位表现得更为明显，当事人对于案件的掌控主要通过其法庭对抗性辩论所表现。在美国法律重述中，对于当事人选择机制的具体规范的描述并不多，但与大陆法系不同的是即使在规范中未作出明确的规定，但当事人对诉讼程序的处分及选择权可表现于整个诉讼过程中。简而言之，传统大陆法系国家及地区中，对于当事人所具有的权利及义务基本在各国或地区的法律规范中作出较为明确的规定。法院依法对案件进行审理。以我国为例，目前我国对民事诉讼发回重审当事人选择机制未作明确规定，因此在实际司法运行中，当事人即不具有对发回重审制度适用的选择权。与此相反的是，在美国，因其属判例法国家且法官具有消积中立的地位，即使在法律重述或法律汇编中对于当事人对程序的选择权并未作出明确的规定，但在法庭对抗中当事人或其律师对适用发回重审制度提出异议，法院也会参考其意见而作出合理裁判。因此，不得不承认，英美法中，对民事诉讼发回重审具体制度的规定并非如大陆法系各国或地区的规定清楚，其法律运行的流畅性更多是基于其特有的司法传统和较强的司法公信力。因此在具体制度的规范上对我国民事诉讼发回重审的完善的借鉴意义并不如传统大陆法系国家和地区的规范具体直观。

第三，英美法对民事诉讼发回重审司法理念的规范具有借鉴意义。尽管由于司法体制的区别导致英美国家民事诉讼发回重审制度的具体规定无法被我国完全借鉴，但其对发回重审制度适用的理念设定对更新我国民事诉讼发回重审理念具有重要意义。与传统大陆法系及地区的理念有所区别，英美法中的司法理念并非以法条或规范的形式呈现而是贯穿于整个诉讼活动之中。通过对英美法民事诉讼发回重审判例的研究可见，对于保障当事人诉讼辩论权的理念深入其司法体制，对保障诉讼当事人诉讼权利具有重要意义，同时对更新我国民事诉讼发回重审适用理念具有重要的借鉴意义。

　　综上所述，由于英美法系以判例法为主的司法的制度使得其对发回重审制度的具体规定和适用对我国不具有较强的借鉴意义，但对于以当事人权利为中心的发回重审司法理念及当事人对程序处分制度的构建对我国发回重审制度的进一步完善仍具有参考价值。

第五章　我国民事诉讼发回重审制度之完善

第一节　民事诉讼发回重审制度观念更新

一、树立以保障当事人审级利益为核心的发回重审制度

随着十八届四中全会对于"提高司法公信力"要求的提出，司法运行过程中文明程度逐渐成为衡量法院工作及司法成果的重要标准。在以司法文明作为标尺的近代司法理论中，当事人权利的保护是司法文明的最重要的考量。在民事诉讼发回重审制度中，第二审法院对于案件作出发回重审的裁定应当将当事人审级利益作为首要考量要件。

随着我国《民事诉讼法》的修改，民事诉讼发回重审制度也具有了较大的变化，民事诉讼发回重审逐步向司法文明的方向迈进。2013年民事诉讼法中对发回重审制度的修改着重限制法官自由裁量发回重审的范围并且对民事诉讼中因事实原因导致的发回重审进行了次数上的限制，其目的都是要在制度层面对裁判者限权以防止其滥用发回重审程序而侵害当事人利益；从司法主体文明的角度出发，在十八届三中全会以来对于庭长、院长负责制的弱化和对审判管理权的强调逐渐展开及法官对案件的终身负责制度的推行都体现了对于司法主体裁判人员文明要求；从运作文明的角度，民事诉讼发回重审制度改革要求各发回法院对于发回案件之事由作出详细说明，全国大部分地区取消内部函以裁定书形式明确原审判决所存在之瑕疵；在民事诉讼活动中，当事人充分辩论的机会得以增

加、法官在案件审理时态度及即时性均有增强。然而，尽管在诸多方面民事诉讼活动特别是民事诉讼发回重审活动司法文明程度有所提高，但实践中"三不"的情况仍然存在，即对于发回重审适用的理解尚不全面、对法律的执行尚不完善、在立法中发回重审的标准尚不明确。根据张文显教授在《人权保障与司法文明》中所提出的"人权保障是司法文明的核心标志，也是司法文明的强大动力。如果说古代司法的文明意义在于定纷止争、惩恶扬善，那么现代司法的文明意义在于保障人权、维护正义，正是对人权的尊重和保障使司法在现代化的道路上走向了文明"，司法文明具体化理论中，司法文明包括司法制度文明、司法主体①文明、司法运作文明及司法文化文明四个角度。司法制度文明即是指司法组织制度②与司法程序制度③在司法制度设立过程中对于诉讼当事人权利保障的制度性确立；司法主体文明即是指在诉讼过程中具有裁判资格的法院、对于法院具有监督职能的检察院在诉讼活动中对诉讼当事人、参与人权利的保护和司法主体独立性及公正性之保障；司法运作文明是指在司法活动过程中法院对于案件以公正审判为基础，并且充分保障诉讼各方当事人合理诉权及合理诉讼时限之司法运作过程；司法文化是指在司法实践过程中无明文规定的司法运作的行为模式和司法逻辑，司法文化文明即是要求在司法活动中司法主体、诉讼当事人、参与人对于司法制度的优化意识及对更良司法文化的建立与传播的推动。在以上四个维度之中，保障诉讼当事人审级利益依旧是发回重审制度完善的核心。

---

① 司法主体指负责司法权行使的国家机构和个人。参见张保生、张中、吴洪淇：《中国司法文明指数报告》，中国政法大学出版社 2014 年版，第 8 页。

② 主要是涉及司法机关在整个国家法律体制中的性质、地位，司法机关的组织、编制、种类，司法机关职权等。参见张保生、张中、吴洪淇：《中国司法文明指数报告》，中国政法大学出版社 2014 年版，第 7 页。

③ 主要是指诉讼制度，以及司法机关和相关组织依法定程序，适用实体法、程序法、证据法，处理诉讼案件或者非讼案件所应遵循的准则、程序和具体制度的总和。同上注，第 7 页。

第一，以保护当事人审级利益为制度核心要求发回重审制度建立司法适用的标准化程序。从立法角度而言，我国《民事诉讼法》对于发回重审制度适用条件的修改是不断限缩法官对案件作出发回原审法院重新审理裁定的自由裁量范围，其终极目的是减少法官对将案件发回重审裁量权的滥用与乱用，最大限度地实现发回重审的价值。然而，从笔者的实践调研中可见，发回重审在绝对数量和相对比率上下降率并没有达到立法者之预期，相比于传统大陆法系的其他国家和英美法系国家，我国历年民事诉讼发回重审数量及比率依然处于高位，当事人对于案件判决结论之取得依然需要经历较长的时间，重审案件上诉率仍超过普通案件上诉比率，重审后又上诉的案件的当事人行政上访率及再审率也居高位。立法者如此费尽心力对法官发回重审裁定自由裁量加以限制，仍存在以上种种问题，其原因在于民事诉讼发回重审制度之文明适用并不仅仅依赖于立法对第二审作出裁定发回重审之法官裁量权的限制。民事诉讼发回重审制度不能得以有效实现其价值，法官对发回重审裁量权的滥用、乱用确实是发回重审制度使用混乱的重要原因之一，但并非决定性事由。导致民事诉讼发回重审制度无法正位的深层原因在于我国尚无明确的发回重审制度适用的标准化流程，仅对实践操作中具有作出发回重审裁定的法院的行为加以限制如隔靴搔痒无法根除问题之本源。因此，以保护当事人审级利益为制度核心，必先明确民事诉讼发回重审制度适用之标准化流程。

第二，以保护当事人审级利益为制度核心要求建立对发回重审适用作明确化解释。要对《民事诉讼法》关于民事诉讼发回重审的要件的适用明确化解释并非要求以列举式的方法对民事诉讼发回重审事由进行规定。现代社会人们法律意识普遍增强，当存在争议时多会选择用法律的武器保护自身的权利不受侵害或在受到侵害后请求给予赔偿，因此如一些学者所言以列举式的方法说明发回重审应当适用之事由是不符合法逻辑的。如德国法中对于以事实理由发回重审之情由规定为具有进一步言词辩论之必要为前提，而进一步言辞辩论之必要的标准是声明不服之判决对于案件结果具有决定性影响。因此，从法理、法解释学、法逻辑的角度而言，尽管对于民事诉讼发回重审事由并未作出列举式说明，但其对发回重审事由之说明对于司法工作人员和诉讼当事人而言具有较强的说明性和指导性，依据该标准对于发回重审案件之适用所出现的滥用与乱用问题具有较好的制约作用。我国《民事诉讼法》中，对于发回重审主要以"基本事实不清"和"严重违反法定程序"两种情况作为将案件发回原审法院重新审理的法定事由，并未如日本法之规定将发回重审案件分为法定强制的发回重审和任意性的发回重审。然而，我国立法者在修改民事诉讼法对于发回重审事由之规定时既希望可以限制法官对发回重审程序的自由裁量权又希望可以给特殊案件作发回重审之裁定留有余地，因此作出在法律规定词语上的限制。然而，对于司法工作人员而言，"事实不清、证据不足"与"基本事实不清"之差别几乎难以区分，如果适用发回重审程序则更多地靠请示领导和法官手中是否仍有发回重审"指标"。由此，发回重审制度之功能将与其应有之位日渐偏离。因此，对民事诉讼发回重审制度适用要件作明确化解释是建立明确的司法制度文明标准，保障我国民事诉讼发回重审制度正位的必要方式。

第二，以保护当事人审级利益为制度核心要求二审裁判明确发回重审与自行裁判之界限，仅在特殊情况下作发回重审的裁定，对于上诉案件以调解与自行裁判为主。从宏观角度而言，民事诉讼的设立目的即是以和平的方式对双方当事人的矛盾作出裁判从而化解阻碍民商事活动顺利进行的民事争议。① 司法诉讼作为对当事人权利保障的最后一道防线必然会存在其特有的公权性和强制性，质言之，通过民事诉讼判决对案件中当事人的权利义务进行界定时并不能必然保证当事人在心理上对案件判决的完全信服。因此，随着司法改革的不断深化，司法调解在诉讼审判活动中也逐渐承担更为重要的作用。民事诉讼发回重审裁定作出前的调解更能达到使当事人息诉的功能。第二审法院在作出将案件发回原审法院重新审理之前，当事人对双方所存之争议已经完成了第一审审理程序和第二审

① 参见曹志勋：《论普通程序中的答辩失权》，载《中外法学》2014 年第 2 期。

的审理程序，根据调研数据所显示的平均时间来看，案件所经历的
总时长应当不短于九个月而大部分案件在第二审法院作出发回重审
的裁判前审理时长往往超过一年。① 在民事诉讼的过程中，当事人
往往需因案件的开庭审理、证据的取得与提供、庭前调解的参与等
原因奔走往返于法院之间，在第二审法院作出将案件发回原审法院
重新审理裁定前，大部分当事人已经处于身心俱疲的状态之下，因
此有"进行一次诉讼扒掉一层皮"的说法。在此时增加诉讼调解
程序是使当事人息诉，法院达到定纷止争目的的最好时机。首先，
在经历二级法院对案件的审理之后，双方当事人通过举证和法庭辩
论对于案件争议有了较为全面的认识，在与律师对案件的分析商讨
过程中，对自身的胜诉可能性也有了相对客观的评估。由于第二审
法院一旦作出将案件发回重审的裁定，当事人则需要重新经历审判
程序，从心理学的角度分析，当事人对案件重审具有抵触情绪。因
此，此时增加诉讼调解程序对双方通过各自退让得出符合双方利益
的结果具有可行性，并且当事人自愿达成调解协议对使当事人息诉
以防止行政信访、法闹等情况的出现具有重要意义。此外，民事诉
讼发回重审裁定作出前的调解能够有效缩短当事人获取财产性补偿
的时间。第二审法院作出将案件发回原审法院重新审理的裁定后重
审法院将适用民事诉讼一审程序对该案进行重新审理。也就是说，
案件一旦被作出发回重审的裁定，当事人最快取得判决仍需要经历
一审程序的审理，其后即使双方当事人均未提起上诉，胜诉当事人
最终获取财产权利仍需经历执行程序，如当事人财产实现通过执行
庭对案件结果进行执行则需经历更长时间的等待。因此，在第二审
法院作出将案件发回重审的裁定前增加诉讼调解程序是给予双方当
事人缩短获得财产性补偿时间和完结诉讼的选择机会。如上所述，
在经历二级审判程序后双方当事人对于各自权利义务关系有了更加
完整的认识，在第二审法院发回重审裁定作出前达成调解协议对双
方当事人都是有效缩短争议解决时间的合理性选择。

　　综上所述，第二审法院在依法作出将争议案件发回原审法院重

---

　　①　见图5。

新审理的裁定前，增加诉讼调解程序不仅能够有效达到定纷止争使当事人息诉的效果，也能有效地缩短双方因需要重新参与案件审理所消耗的时间成本。在第二审作出发回重审裁判前增加诉讼调解程序不仅是为双方当事人对诉讼程序如何进行提供了选择的机会，也可起到节约司法资源的效果。因此，发回重审制度的完善应当以最大化保护当事人审级利益为出发点，不仅保护当事人辩论权，同时也要保护当事人及时获得公正裁判的权利。

二、确立以辩论权为基础的发回重审制度

发回重审制度作为诉讼程序中对原审裁判瑕疵的更正机制，在以保障当事人审级利益的前提下，参考英美法系所赋予的当事人对于发回重审制度适用的选择权利及我国目前发回重审制度的完全的法官职权主义，笔者认为在完善发回重审制度之前，应当建立以辩论权为基础的发回重审观念。

第一，以辩论权为基础的发回重审制度观念要求上诉法院在作出发回重审裁定时不仅考量对当事人审级利益的保护，也要进一步对当事双方辩论权的损害情况进行评估。从一方面而言，发回重审制度是为了弥补原审法院在审理过程中存在的法律判断的瑕疵或程序性的瑕疵所造成的当事人诉讼权利受损的可能性，从另一方面而言，如若当事人在原审法院中的辩论权利已经完全行使那么将案件发回原审法院重新审理则是对当事人在正义取得实效上的侵害，这也是传统大陆法系国家发回重审制度所强调的"具有进一步言词辩论之必要"的意义所在。此外，以辩论权为基础的发回重审观念要求上诉审法院对于案件是否得以发回原审法院重新审理应当逐步从完全职权主义向折中主义①发展。目前我国上诉审法院作出发回重审的裁定完全基于二审法官对于原审案件的法律判断，对于当事人的意见基本采取较为消极的态度。在英美法系中，当事人对于

---

① 所谓折中主义是指发回重审的适用并不完全以上诉审法官的意志为全部可能，也不完全以当事人的选择为完全选择的可能，而是对职权主义与当事人主义的折中选择，在职权主义的基础上充分参考当事人选择的结果。

诉讼程序具有较为宽泛的选择权，或者可以说在英美法系中当事人对于诉讼程序在一定程度上具有决定权。但由于我国属于具有社会主义特色的大陆法系国家，司法理念与英美法系从本质上有较大差别，赋予当事人过多决定权在我国也不具有可行性，因此发回原审法院重新审理应当逐步从完全职权主义向折中主义发展，一方面给予当事人更多对案件辩论及选择的权利，另一方面又不因权利的过分增加而造成对诉讼制度的过大冲击。

第二，以辩论权为基础要求减少审判管理权等其他非审判权对民事诉讼发回重审制度适用的影响。审判权与审判管理权之冲突一直以来存在于民事诉讼程序之中，为避免行政权对审判权的过度影响，在司法改革过程中逐步以法官对案件的终身负责制及审判管理权替代院长、庭长负责制等具有较重政治色彩的司法机构管理模式。然而，在民事诉讼发回重审制度中，依然存在行政化严重的问题。司法行政化本身的制度设计并非出于让行政职能替代或影响司法职能的目的，然而在其运行的过程中出现了权力滥用的情况，因此去行政化并不是完全去除对于审判管理的机制，而是合理配置管理权使其更加有效地保障审判权的行使。减弱结案率对法官考核晋升等影响。尽管从理性人的角度考虑，法官对于案件裁判的结案率从一定程度上体现了法官对于工作的努力程度，但由于案件审判工作以当事人权利得到应有保障、案件获得公正审判为核心，过分强调结案率会导致案件瑕疵的大量存在，导致审判结果的不公正。因此，减弱结案率对法官考核晋升等的影响，对于民事诉讼发回重审的完善具有重要意义。根据《中国司法文明指数报告》关于司法文明的定义，司法文明是指在司法运作过程中对人权之保障、正义之维护使司法活动在现代化格局下逐步完善。而在民事诉讼程序中，民事诉讼文明主要表现在以下五个方面：民事起诉受理的及时性、民事诉讼裁判的公正性、民事诉讼调解的合法与自愿、民事裁判结果执行的有效性和民事司法所提供诉讼救济途径的多样性。①

---

① 参见张保生、张中、吴洪淇：《中国司法文明指数报告》，中国政法大学出版社 2014 年版，第 8 页。

质言之，在民事司法文明指数考核中对民事司法程序文明指数的评定基于以上五大类。民事诉讼发回重审制度作为与民事司法文明密切相关的制度对于民事司法文明指数具有重要的影响，其主要从民事诉讼裁判的公正性与民事裁判结果执行的有效性两个方面与司法文明直接相关。由此，为保障发回重审制度的适用仅以审判权作为唯一对案件的影响因素，笔者建议通过增加对第二审发回重审裁定法官的责任，从而达到增强依照法律规定维护当事人及时获取审判结果及财产利益的权利的目的。增加依法裁判与第二审法官的自身利益相关程度为实现民事诉讼发回重审合理有效适用具有重要意义。目前，存在大量因领导指示、关系招呼等原因而由第二审法官作出裁定将案件发回重审的情况。当领导指示对某案件作出发回重审裁定时，该法官对于领导指示的遵照与否与作出裁定的法官利益相关，从博弈论的角度而言，当第二审法官面临领导指示或关系打招呼要求作出发回重审裁定情况时而案件本身不应当作出发回重审裁定的案件时，法官面临着遵照领导或个人关系的要求作出将案件发回重审的裁定与依照法律规定维护当事人及时获取审判结果及财产利益的权利而依法裁判的博弈。在此博弈中，遵照领导或个人关系的要求作出将案件发回重审的裁定与第二审法官个人利益更相关，而依照法律规定维护当事人及时获取审判结果及财产利益的权利而依法裁判从利益角度分析与法官利益相关性较小，因此在第二审法官作为理性人的情况下，其应当选择遵照领导或个人关系的要求作出将案件发回重审的裁定。这也就是现实司法活动中，民事诉讼二审发回重审制度滥用、乱用屡禁不止的原因。通过上述分析可见，通过排除审判权以外的其他权力的干扰的方式或通过增强依照法律规定维护当事人及时获取审判结果及财产利益的权利而依法裁判与第二审法官的自身利益相关程度二种方法都可达到构建民事诉讼发回重审适用文明制度的目标。排除审判权以外的其他权利的干扰的方式在很大程度上依赖于对民事诉讼发回重审制度适用的监督体系，对此笔者将会在下一小节作具体论述。增强依照法律规定维护当事人及时获取审判结果及财产利益的权利而依法裁判与第二审法官的自身利益相关程度主要通过增强第二审发回重审裁定法官责任的方式实现。当第二审法官因审判权以外的其他权利的干扰而作出发回重审的裁定时，其将面临较为严重的司法后果。通过增强第二审发回重审裁定法官责任做到第二审法官不敢滥发回、乱发回，通过增强第二审发回重审裁定法官责任同时也可做到其他具有审判权以外的人因第二审法官或将因违法发回而承担过重后果而无法向其提出滥用、乱用发回重审制度的要求。

综上所述，参考域外法的规定并从司法理念与博弈论的角度分析，为进一步完善我国发回重审制度，应当确立以辩论权为基础的民事诉讼发回重审理念。确立以辩论权为基础的民事诉讼发回重审理念要求第二审法官作出将案件发回原审法院重新审理应以进一步言词辩论的必要为前提，其次辩论权的保护应从完全职权主义向折中主义倾斜，此外由于在有审判权以外的其他权利的干扰时作出滥用、乱用发回重审制度的选择是因为遵照领导或个人关系的要求作出将案件发回重审的裁定与第二审法官个人利益更相关，而依照法律规定维护当事人及时获取审判结果及财产利益的权利而依法裁判从利益角度分析与第二审法官利益相关性较小。因此，增加第二审发回重审裁定法官责任而增强依照法律规定维护当事人及时获取审判结果及财产利益的权利而依法裁判与第二审法官的自身利益相关程度实现第二审法官在观念上不敢滥发回、乱发回从而达到保护当事人审级利益及诉讼权利之目的，在以辩论权为基础的保护机制下进一步完善我国民事诉讼发回重审制度。

第二节　完善我国民事诉讼发回重审制度具体思路

一、厘定发回重审与自行裁判的界限

尽管随着司法改革的不断发展，民事诉讼发回重审制度的适用在一定程度上有所进步，但发回重审制度在适用中仍存在诸多问题，其中最待解决的问题之一即为发回重审与自行裁判的界限的区分。发回重审作为第二审法院基于保护当事人民事诉讼权利、审级

利益及辩论权的考虑对案件作出的裁定结果在一定程度上损害了当事人及时获得判决结果的权利，因此发回重审制度的适用要基于合理的前提，而现行法律中对二者界限区分主要依靠对第二审法官发回重审权力适用的限制而非在理论上对二者加以区分，因此以规范的形式对发回重审与自行裁判的界限进一步加以明确具有必要性。

第一，我国民事诉讼第二审法院作出将案件发回重审的裁定应当以原审法院所作审理结果或过程存在过错为前提。

首先，过错理论的基础是基于对双方当事人诉讼权利的保护。过错理论对于民事诉讼发回重审制度的合理使用具有重要意义。民事诉讼发回重审制度作为司法运行过程中对诉讼效率价值的牺牲而选择正义价值之结果，其在适用时须具有双方诉讼当事人权利的必要。如果民事诉讼发回重审制度的适用仅对一方诉讼当事人的权利具有保障意义，从所消耗的诉讼时间和所增加的诉讼成本的角度而言，对于另一方诉讼当事人的诉讼权利即产生了损害的效果。依据我国的立法原则，为保障权利不受到更大程度的损害所采取的措施须以必要限度为限。必要限度则是指所引起的损害应当以避免的损害为限，必须小于所要避免的损害。在我国《刑法》中对此原则，具体规定为使国家、公共利益、本人或者他人的人身、财产和其他权利免受正在发生的危险时，在迫不得已的情况下可采用损害另一较小的合法权益而保全较大合法权益的行为，但所损害的权益应以不超过所保护权益的范围为必要限度。此立法原则在民事诉讼发回重审制度中同样适用，当一方诉讼当事人诉讼权利受到侵害时例如在调取证据资料过程中存在阻碍等情况发生时，如非第一审法院所存在过错所导致，诉讼当事人有权申请法院依职权对其诉讼权利加以保护，但第二审法院不得依基本事实不清作出将案件发回原审法院重新审理的裁定。因为在此种情况下，如当事人及法院在用尽方法获取证明一方所声明主张的证据资料仍无法获得时，法院在调取证据、审理案件及作出裁判的程序上并不具有瑕疵，如作出将案件发回原审法院重新审理的裁定尽管给予一方当事人从实体上获得公正判决的机会，但从程序适用上而言却侵害了另一当事人及时获得公正判决的权利。在第二审法院认定第一审裁判过程中因其过错导致判决结果具有瑕疵时，第二审法院方可使用民事诉讼发回重审制度予以纠正。对于过错原则的适用，在我国《侵权责任法》中具有相关规定，其要求行为人的过错是侵权责任的归责原则必备的条件。

　　根据《民事诉讼法》的规定，当第二审法院认定原审存在基本事实不清或审理程序中存在严重违反法定程序的情形时，第二审法院可作出将案件发回原审法院重新审理的裁定。运用目的解释的方法分析以上两种情况可见，在原审法院对案件进行判决的过程中因其自身出现法律判断错误而导致判决所得结论得出所依据的证据未经充分辩论或未予辩论的，应当认定为法律所规定的基本事实不清的情况；在原审法院对案件进行判决的过程中因其自身过错导致审理程序中存在严重违反法定程序情况时，应当认定为第二审法院应当作出将案件发回重审的事由。在以上两种情况发生时，因原审法院审理中存在过错导致裁判结果对双方当事人都具有不公正性，此时具有作出将案件发回重审的基础。有学者指出，即使将第一审法院在审理中存在过错作为发回重审的前提，但笔者所论述的因对双方当事人共同产生了判决结论不公正之影响使得案件具有发回重审基础的理论并不存在。此类学者认为，基于瑕疵的判决必然导致了一方当事人获得了更多的利益而损害了另一当事人的诉讼权利，因此并不存在基于对双方当事人共同产生的不公正的判决结论。笔者要强调的是，在第二审法院以原审程序中存在严重违反法定程序情形将案件发回重审的，依据不正当程序所得的审判结论对于双方当事人具有不公正性，使双方当事人在获得公正判决的权利上均有损害，这是较容易理解的。当第二审法院基于错误的法律判断产生错误的事实认定时，基于此事实所得结论却如部分学者所言会造成一方当事人的损害和一方当事人不应具有利益的取得，但从民事司法整体性而言，相对胜诉的当事人丧失了依据正确事实认定赢得裁判的机会。例如，在上述×设集团股份有限公司、×建设集团股份有限公司×分公司与王×建设工程施工合同纠纷一案中（具体案由见第三章第二节第五部分案例），第一审法院错将未具有证明为工程造价能力的《工程结算书》及未经双方确认的单方结算价格作为认定双方当事人债权债务的总额。第二审法院认为原审法院在对证明双方当事人债权债务数额的证据的法律判断上存在瑕疵，因此该判决认定债务人所应承担的债务具有不公正性，同时由于原审法院对事实认定所存过错导致债权人所获判决数额不具有合法性及合理性，因此导致双方当事人的诉讼权利均有损害。可见，民事诉讼发回重审制度的适用以第一审法院审理过程中存在过错为基础是对双方当事人诉讼权利的保护。

其次，民事诉讼发回重审制度的适用以第一审法院审理过程中存在过错为基础除体现保障当事人审级利益的功能，兼有体现对原审审判结果及程序的监督职能。民事诉讼发回重审制度具有保障当事人审级利益的功能在很大程度上是通过第二审法院对原审判决作出的法律判断正确性及程序适用的准确性的监督权的行使而实现的。由于民事诉讼当事人对于民事诉讼具有处分权，法官对于争议裁判应当保持相对中立的立场。因此无论第一审法院或是第二审法院都应当尊重诉讼当事人对诉讼推进策略，及其所选择提供的对其所声明裁判不服而提供的证明资料。在民事诉讼审理中，法官应当始终保持相对消极的状态，不具有主动发现事实的权力和责任。法官消极中立的地位在英美法中表现得最为明显。以美国为例，在美国民事诉讼案件中，民事诉讼程序主要包括诉达程序、证据开示程序、审前调查程序和庭审程序四个阶段。诉达程序主要为确定双方当事人所存争议焦点为节省庭审程序的时间并为诉讼双方当事人提供需准备的方向。在证据开示程序中，双方当事人对各自将呈堂的证据先行通知对方，使双方都能为诉讼的开展做好充足的准备。审前调查程序也称为庭前会议，一般而言为当事人提出动议之程序。庭审程序为民事诉讼程序中的最后环节，由于前期双方当事人对对方即将提供何种证据已经有所了解，在民事诉讼庭审程序中法官保持消极中立的态度由当事双方对其所主张观点进行论证，法官或陪审团根据各方及其律师的法庭辩论对事实真伪进行判断，法官对所认定的事实进行法律适用。因此在美国，提供何种证据用以证明所主张观点，事实的充分性、相关性、真实性都由当事人自行证明。尽管在我国法官仍具有依职权查清事实的职能，但随着司法文明的不断深化，为维护各方当事人权利法官中立地位被不断强化。因此从法官中立地位的角度出发，当由于当事人自身原因导致法院裁判案件的基本事实不清时，第二审法院不得以案件基本事实不清为由作出将案件发回原审法院重新审理的裁定，而是应当依据法律规定的风险负担理论对原审案件判决的正确性进行判断。质言之，民事诉讼发回重审制度并非给未能有效提供证据的当事人对案件重新提出证据并加以审理的机会，而是当原审法院在审判过程中因过错导致判决结论得出存在瑕疵时，给予原审法院对其审理程序及法律判断纠正的机会。正因此，民事诉讼发回重审制度的适用以第一审法院审理过程中存在过错为基础除体现保障当事人审级利益的功能，兼有体现对原审审判结果及程序的监督职能而非发现事实的职能。综上所述，民事诉讼发回重审制度的适用以第一审法院审理过程中存在过错为基础，是为了保护当事人诉讼权利不因法院审理时所存过错而造成更大损害，是第二审法院对案件监督职能的体现，同时以法院存在过错为民事诉讼发回重审适用的基础；从法官地位而言突出了法官消极中立的审判地位，是对双方当事人诉讼处分权的保证。

最后，参考域外法的规定，明确以原审存在错误为发回重审适用前提对完善发回重审制度具有重要意义。根据笔者对黑龙江省中级人民法院和高级人民法院的调研可见，我国目前民事诉讼发回重审制度的适用仍处于较不规范的状态。就我国目前第二审法院对案件作出发回重审的裁定的依据可见，存在大量案件被裁定发回重审的理由为第二审法院认为原审法院并未发现案件的真实情况，仅在证据可证明部分事实的情况下对案件作出判决。美国大法官奥利弗·温德尔·霍姆斯曾指出了法律的魅力在于其不确定性，法律的生命始终在于经验而从来不是逻辑，没有人可以坐在时光机中给案件作判决。① 因此，此种以原审法院并未发现案件的真实情况而将案件发回重审的裁定是违反法律规律的，也是违背发回重审制度目

---

① 霍姆斯的司法哲学在美国法律现实主义中起到了很大作用，其学派强调现实世界对判决的影响，而不强调法律形式主义和理论。参见 Oliver Wendell Holmes，Jr. The Path of the Law［J］. Harvard Law Review，1897，10。

的的。根据上述比较法研究及民事诉讼发回重审制度经济性分析，民事诉讼发回重审制度并非给予当事人自身原因导致未能按时提交证据或对所声明事实未能提供充分说明的当事人再次证明其诉讼观点的机会，而是因原审法院存在过错导致当事人对用以得出判决结论的事实未经充分辩论或因原审法院审理案件过程中因存在严重违反法定程序的情况导致判决的合法性基础受到严重影响时，为保障当事人审级利益和辩论权，第二审法院通过裁定将案件发回原审法院重新审理的方式对原审所存瑕疵予以纠正和监督。

一言以蔽之，我国现行状态下存在大量案件因第二审法院认为第一审程序中对于案件裁判所依据的事实并不充分或第二审法院认为第一审法院并未真正发现案件事实的真相而作出原审判决所依据的基本事实不清的认定，这正是对民事诉讼发回重审制度适用前提的不明确所导致的。如日本民事诉讼法学者谷口安平所述，人类没有重返过去的能力且由于认识能力的局限性在民事诉讼中追求实体真实的完全再现是不可能，因此只能寻找对实体真实的保证而追求程序正义实现程序公正，从而最大程度地实现实体公正的可能。因此，具有作出发回重审裁定权力的第二审法院明确民事诉讼二审发回重审适用前提，严格执行以原审法院所作审理结果或过程存在过错作为第二审法院作出将案件发回重审的裁定的基础是保护当事人诉讼权利、维护司法制度良性运行的重要前提。

第二，我国民事诉讼第二审法院作出将案件发回重审的裁定应当以当事人对案件具有进一步言辞辩论之必要为前提。

尽管学者及司法实践人员多以发回重审制度规定模糊不清为由对第二审法院滥用与乱用民事诉讼发回重审制度加以诟病，如丰艳馨、蔡晖、姚佳在其关于民事诉讼发回重审制度研究的文章中均提到民事诉讼法应当取消第二审法院以原审法院认定基本事实不清为由作出的将案件发回重审的裁定权。但需要指出的是民事诉讼发回重审滥用与乱用症结之所在并非法律规定的宽泛性和模糊性，而是司法运行及法官对法律适用过程中存在对法律的不规范适用、模糊适用或未能厘清法律适用前提而错误适用法律所导致的。根据《最高人民法院关于适用〈中华人民共和国民事诉讼法〉的解释》

第 335 条的规定，我国民事诉讼发回重审适用中对于基本事实不清的认定应当包括原审法院在审理案件时对于当事人主体资格未予正确确认、对案件性质作出错误法律判断或对民事权利义务作出错误裁判等对案件结果具有实质影响的事实存在不清楚的情况。①

　　各地区法院针对"基本事实不清"一般通过外延之比较进行进一步对适用该法的指引，例如某市中院对于如何适用"基本事实不清"而裁定发回重审作出如下释明，上诉审法院对于案件事实清楚的案件不得以基本事实不清作出将案件发回原审法院重新审理的裁定；对于可以自行查明事实的案件，上诉审法院应当直接改判而非将案件发回原审法院重新审理；针对上诉审法院无法查明事实的案件，应当依据举证责任分配原则对案件作出判决或由于原审法院之过错作出发回重审的裁定；当事人因自身原因在原审程序中未能提供证据的，上诉审法院应当对该证据不予采纳；上诉审法院认为原审判决确存在错误，如不该判则显失公平但其因证据不足无法改判的，上诉审法院应当作出将案件发回原审法院重新审理的裁定；上诉审法院在审理案件过程中对原审判决认定事实未能找到有相对应的证据且当事人对事实不认可的，应当作出将案件发回重审的裁定。② 由此可见，无论从司法解释的层面亦或是各地区实践操

① 《最高人民法院关于适用〈中华人民共和国民事诉讼法〉的解释》第 335 条规定："《民事诉讼法》第 170 条第 1 款第 3 项规定的基本事实是指用以确定当事人主体资格、案件性质、民事权利义务等对原判决、裁定的结果有实质性影响的事实。"

② 参见《北京市高级人民法院关于民商事上诉案件改判和发回重审若干问题的意见（试行）》《关于印发〈广东省高级人民法院关于民事案件改判和发回重审若干问题的指导意见（试行）〉的通知》，二审法院能够查明案件事实的，直接依法改判，无法查明案件事实的，根据举证责任分配的规定进行裁决或者发回重审；当事人因自身过错在举证期限内无正当理由不举证，在二审程序中才提交的，二审法院不予采纳，二审法院经审理认为必须对一审判决予以改判，否则将导致显失公平，且认为无法直接改判的，发回重审；当事人在二审程序中提交法定新证据，且二审法院无法查明案件事实的，发回重审；一审判决认定的案件事实无相应证据证明，当事人对全部案件事实不予认可的，发回重审。

作指引而言，"基本事实不清"其实已经足够用以判断第一审裁判中据以得出判决的事实清楚与否。另有学者指出，鉴于第二审程序已经因基本事实不清而裁定发回重审则是说明第二审程序已将该基本事实查明，因此则无发回重审之必要。针对此种理论笔者需要说明的是法律的适用与裁判并非非黑即白，根据我国四级二审的司法构架，第二审法院之职能并非代替第一审法院查明事实，否则一审法院将设立如傀并且严重增加第二审法院裁判工作任务。从另一个角度讲，第二审程序作为对错误判决的救济途径担负着吸收当事人不满、纠正错误、促进法律适用等多种功能。在我国二审终审的司法制度之下，二审程序在维护司法公信力、保护当事人诉权及上诉权、维护法律适用之统一性等方面具有重要意义。如上所述第一审法院所为之裁判没有基于或没有完全基于当事人言词辩论之内容所得出且所基于之事实确需当事人为"进一步之辩论"，而第二审程序为自行裁判将损害当事人对凡可影响审判结果之事实为法庭之上进攻或防御之权利的情形下，第二审法院方可作为裁定将案件发回原审法院重新审理，以此为基础再来审视"基本事实不清"的问题则思路自然如拨云见日。事实原因导致裁定发回重审是指第一审法院据以作出判决之事实并未得到当事人全面辩论所造成事实不清。

在民事诉讼中，第二审法院作为终审法院承担着对争议案件的事实加以认定与法律适用予以确定的职责，同时第二审法院也具有对声明存在瑕疵的程序予以修正的职责。如上文所述，第二审程序对上诉案件的司法处理应以自行裁判为原则，以发回重审为例外，只有在二审法院自行裁判会导致当事人审级利益受到严重侵害时，第二审法院才会作出将案件发回重审的裁定。在我国民事诉讼实行四级两审终审制。四级包括基层法院即绝大多数案件的一审法院、中级人民法院、高级人民法院和最高人民法院。两审终审则是指一个案件当事人有权经过两级人民法院审理，在二审作出相应判决后案件一般而言转入执行程序不得再次起诉或上诉的民事诉讼程序。我国《民事诉讼法》第10条规定，人民法院审理民事案件依照法律规定实行两审终审制度。两审终审制度是我国司法制度的重要组成部分包括法律规定的审判机关在组织体系上设置的等级、对当事人上诉或检察机关抗诉的许可与限制。在绝大多数国家及地区，民事诉讼审级均为二审终审或三审终审，极少存在一审终审的情形，此种多审级制度是基于公平正义最大化之实现与司法资源之平衡之间建立的。因此作为诉讼主体的当事人理所当然地享有多审级制度所赋予其的审级利益，当事人享有通过在不同审级裁判过程中通过律师协助以证据出示、言词辩论等方式获得公正判决之权利，可见审级利益为司法制度设定时赋予当事人之当然权利。而第二审法院作出将案件发回重审的裁定即是将经过两次审理（特殊情况下则是经过多次审理）的案件再次恢复至案件原始状态重新以第一审程序进行的司法程序，这就使得审级利益与司法成本之间矛盾凸显。案件已经历了二审程序的当事人有得出相对公正判决的权利，若案件再次以新案件的状态重新适用第一审程序进行审理，尽管当事人获得了对案件再次进行辩论的机会，但却丧失了及时取得审判结果之权利，这更进一步地说明了明确自行裁判与发回重审二者一般与特殊关系的必要性。随着十八届四中全会的顺利召开，"以审判为中心"作为未来司法关注的重点，其要求推进以审判为中心的诉讼制度改革确保案件事实证据经得起法律的检验。根据民事诉讼法的基本原则，司法审判应以言辞原则为基础通过对证据的攻防辩论及法律适用的阐释得出对各方当事人均具有说服力之裁判结果。然而，在一些特殊案件中，如果第二审法院依其职权自行裁判则会出现当事人审级利益的严重侵害，当此情况出现时则须第二审法院合理释法采用发回重审程序以维护法律之公正。根据本书第四章中对域外法的比较研究可见，在德国法、日本法、法国法中，对于民事诉讼发回重审制度的适用都具有较为严格的限制。其中，域外法所规定的第二审法院作出将案件发回重审的裁定应当以当事人对案件具有进一步言辞辩论之必要为前提具有借鉴意义。

我国《民事诉讼法》对于民事诉讼发回重审制度的适用前提未作出明确规定，仅在第 170 条中说明发回重审制度的适用范围，即为当原审法院在审理中存在基本事实不清或存在严重违反法定程序时，第二审法院可作出将案件发回原审法院重新审理的裁定。但此规定相较于上述域外国家的规定过于模糊，对于原审审理过程中存在未予以充分辩论的事实或在上诉审中当事人提出了新的事实用以证明其所主张的观点，但若即使对当事人所提之证据予以充分辩论依然对所得的判决结论不具有影响能力，那么将案件作发回重审的处理即为毫无疑义的，因此对于存在此种情况的案件，上诉法院为自行审判即可。因此明确我国民事诉讼第二审法院作出将案件发回重审的裁定应当以当事人对案件具有进一步言辞辩论之必要为前提对合理适用民事诉讼发回重审制度，保障当事人审级利益和诉讼权利，节约司法审判成本均具有重要意义。

第三，我国民事诉讼第二审法院以基本事实不清为理由作出将案件发回重审的裁定应当以重审法院具有能够查明案件事实的可能为前提。

在我国民事诉讼制度中的举证责任①制度已经明确在诉讼中各方应当承担之责任。负有举证责任的一方当事人因其自身原因未能对其所主张之事实提供证据证明则该当事人需承担败诉之风险，简而言之，举证责任是当事人对败诉风险的分配。举证责任分配应主要由制定法完成，我国与其他传统大陆法系国家和地区一样采取由实体法和诉讼法共同规定举证责任的分配的模式。《民事诉讼法》第 64 条规定，民事诉讼当事人对于其所主张的事实具有自行举证的责任，即"谁主张、谁举证"，对于因客观原因导致的当事人自身或其代理律师具有举证困难的证据，当事人应申请法院调取，法院也可依职权自行调取证据。法院对于证据的认定应当依法全面、公正、客观核实，确保维护当事人的合法权利。② 2001 年最高人民法院《关于民事诉讼证据的若干规定》明确法官在一定情况下具

---

① 举证责任，是指民事案件当事人，对自己提出的主张有收集或提供证据的义务。当事人因客观原因不能自行收集的证据，或者人民法院认为审理案件需要的证据，人民法院应当调查收集。

② 《民事诉讼法》第 64 条规定："当事人对自己提供的主张，有责任提供证据；当事人及其诉讼代理人因客观原因不能自行收集的证据，或者人民法院认为审理案件需要的证据，人民法院应当调查收集；人民法院应当按照法定程序，全面地、客观地审查核实证据。"

有裁量举证责任分配之权力，该规定第 7 条指出，如上诉审法院对于举证责任的承担无法依据我国《民事诉讼法》、法律或其他司法解释加以确定时，上诉审法院可依据诚实信用原则、公平原则等基本原则结合各方当事人的举证能力对举证责任加以分配。① 由此可见，在民事诉讼审判过程中，如果出现事实不清之情况一般而言通过举证责任之分配对于案件加以裁判。当此种案件被上诉至二审法院时二审法院依据一审程序之证据材料及举证责任分配对案件加以裁判。如有新证据之提出，则依据上文规则自行裁判。因此，发回重审应以存在一审法院具有查清可能之事实为前提中所强调的"具有查清可能之事实"是指第一审法院或第二审法院所依据裁判的事实，其并未通过当事人完全辩论且该未完全辩论事实并非当事人因其负担举证责任所承担的败诉风险所导致的。

第四，民事诉讼发回重审的适用以原审审理过程中存在严重影响判决合法性基础事由为前提。

民事诉讼程序作为独立部门法与民法并行保证民事审判活动的公正有效进行，其不仅具有工具价值同时也具有程序上的独立价值。20 世纪 60 年代美国联邦最高法院正式确立了"毒树之果"规则②，即在诉讼中违反美国宪法规定所取得的证据材料，在审判中不具有证明力，可见据以作出裁判之要件的合法性是确保审判结果正义的重要组成部分。根据《民事诉讼法》第 170 条第 3 款、第 4 款的规定："原判决认定基本事实不清的，裁定撤销原判决，发回原审人民法院重审，或者查清事实后改判；原判决遗漏当事人或者违法缺席判决等严重违反法定程序的，裁定撤销原判决，发回原审人民法院重审。"③ 对第二审法院依法适用民事诉讼发回重审作为

①　《关于民事诉讼证据的若干规定》第 7 条规定："在法律没有具体规定，依本规定和其他司法解释无法确定举证责任承担时，人民法院可以根据公平原则和诚实信用原则，综合当事人举证能力等因素确定举证责任的承担。"

②　关于"毒树之果"理论，具体参见李旸：《"毒树之果"证据排除规则本土化的必要性分析》，载《法制博览》2016 年第 32 期。

③　参见《民事诉讼法》第 170 条。

对案件裁定结果仅作出了两种可能性的概括：第一，第二审法院可以裁定将案件发回原法院重新审理的情况为原审法院判决所依据的基本事实存在不清楚的情况可能导致判决错误；第二，第二审法院可将案件发回重审的情况为原审法院在审理案件过程中存在严重违反法定程序的情况。其中第二审法院认定基本事实不清是否得当应按前一节所述标准查看是否存在有进一步辩论之必要且事实不清之产生原因是否因当事人承担举证责任之风险而承担败诉的可能，因此此种对发回重审制度的适用是具有法官裁量的发回重审；第二种由于原审审理过程中存在严重程序违法而导致案件发回重审则是因为实体正义之取得依赖于公正程序的严格执行，第二审法院若依据在严重程序瑕疵状态下认定的证据资料对案件自行裁判，判决结果具有不公正的可能性，因此在此种情况下第二审法官应当作出将案件发回重审的裁定而无需进行法律判断。但无论上述何种情形，从法理上而言都属于第二审法院若在二审程序对案件自行裁判将严重影响审判合法性基础的情况。简而言之，当第二审法院认定原审判决基本事实不清时，说明所依据判决之事实具有进一步辩论之必要，由于我国二审适用续审制原则因此如若第二审法院对案件自行裁判其所裁判之依据仍为一审收集之证据材料而据此裁判则严重影响案件判决合法性基础。与此相似，若原审法院审理过程中存在遗漏当事人或违法缺席判决等事项则第二审依此存在严重程序瑕疵所得证据资料作为自行裁判依据将丧失合法性之基础。由此可见，民事诉讼发回重审的适用以原审审理过程中存在严重影响判决合法性基础事由为前提。

综上所述，基于实证研究结论，为完善我国民事诉讼发回重审制度、保护当事人诉讼权利、维护司法制度良性运行，参照域外法的相关规定及依据实践中调研的相关结论，在民事诉讼发回重审制度适用前明确发回重审适用前提，严格执行以原审法院所作审理结果或过程存在过错，当事人对案件具有进一步言辞辩论之必要，重审法院具有能够查明案件事实的可能，原审审理过程中存在严重影响判决合法性基础事由，作为第二审法院作出将案件发回重审的裁定的基础和前提，为正确适用民事诉讼发回重审制度，保障当事人审级利益发挥铺垫作用。

二、明确发回重审裁定拘束效力

完善我国民事诉讼发回重审制度首先应当对第二审法院作出将案件发回重审的裁定书的书写格式进行规范。根据笔者的调研结论，近半数的二审发回重审裁定书以"空白"的形式作出。裁定书中并未对原审法院所存瑕疵作具体描述和分析，导致重审法院在接收案件后无法抓住审理重点，使同样错误反复发生。因此在强调完善对民事诉讼发回重审裁定的拘束效力的规定前，应当对具有作出发回重审裁定的法院所作文书进行书写规范。

在第二审法院所作发回重审裁定书规范性的前提下，我国民事诉讼二审发回重审制度应当明确对重审法院的拘束力。第二审法院所作发回重审裁定的内容只有具有对原审法院、第二审法院和重审法院具有拘束力时，其裁定才能做到真正意义上的维护司法正义，保障当事人审级利益和诉讼权利。

目前我国《民事诉讼法》或司法解释对民事诉讼二审发回重审裁定书效力的问题并没有作出明确具体的规定，各地方法院对于第二审法院之发回重审裁定中所述原审法院存在之瑕疵态度众说纷纭。对第二审所作发回重审裁定作出明确的拘束力的规定是民事诉讼发回重审制度构建司法制度适用文明的前提，而在对第二审法院的裁定作出明确拘束力之前需要强调发回重审裁定的说理充分，从而保证发回重审裁定拘束力对象存在之前提。目前我国各地对发回重审裁定书的书写方法也无明确要求和统一标准。对于原审法院审理过程中存在瑕疵与最终判决结论之间的因果关系缺少论证，甚至存在大量发回重审裁定书中无原审判决瑕疵之说明，仅将法律规定的发回重审的法律条文列于裁定书之中。此种情况下，案件发回原审法院重新审理而重审法院无据可依，导致相同判决的大量出现，不仅耗费了司法资源也浪费了当事人时间成本。在民事诉讼发回重审正位的制度梳理过程中，首先应当明确发回重审裁定的标准和内容，要求其明确原审瑕疵的不可修复性、与判决结论的因果关系之间的论证等重要内容。在发回重审裁定具有标准性后，对于民事诉讼发回重审的第二审裁定的拘束力应当作以较为详细的规定。

如上文介绍，德国法、日本法对于将案件作出撤销的法院发回重审裁定内容效力其法律均具有明确规定，法国法明确规定了将案件作出撤销的法院作出撤销原判决将案件发交原审法院重新审理或原法院重审的拘束力仅限于撤销原审法院裁判的判决，也就是说，法国法明确规定了将案件作出撤销的法院对于发回重审案件的指引及其他判决内容对于发交法院无法律上的拘束力。无论是德国、日本对于将案件作出撤销的法院拘束力进行了明确规定或是法国明确作出撤销的法院对于发回重审案件的指引及其他判决内容对于发交法院无法律上的拘束力都是对重审案件重新审理法院对于如何适用发回重审制度及重审范围作出的较为明确的执行规范。在我国现有制度下，尚未对第二审法院所作出的发回重审裁定书中所指明之瑕疵的法律判断拘束力作出任何相对明确的规定，因此相同判决的情况大量存在，尽管在民事诉讼发回重审制度对于由事实原因导致发回重审的次数加以限制之后，重复发回案件基本消除，但从实际操作的角度而言重审无变化的问题仍大量存在，而为避免当事人诉讼权利受到侵害，法院的处理方法仅为第二审法院与原审法院沟通及在相同判决的基础上自行裁判二种方式。但此二种方法对于民事诉讼发回重审制度仅是从形式上的归正，第一种或会引发审案的不透明化，与司法文明的发展相违背；第二种从本质上来说是对当事人审级权利的侵害而非保护。因此，明确第二审发回重审裁定中对于原审所存瑕疵之拘束力对于进一步优化发回重审制度具有重要作用。

第二，民事诉讼发回重审裁定对二审法院应当具有拘束效力。为确保法律适用之稳定，二审法院应受原第二审裁定发回重审理由之拘束。根据我国《民事诉讼法》的规定，被裁定发回重审的案件应当发回原审法院，更换合议庭重新审理，但对于重审案件再上诉的合议庭组成未做相关规定。普遍观点认为，重审案件再次提起上诉的，二审法院对该案件之审理可由原二审合议庭进行。第二审法院在发回重审之后未像第一审法院明确规定需要更换审判组织的主要原因是第二审法院作出发回重审裁定时并未对实体法上的权利义务作出裁判。第一审判决作出后对于双方当事人权利义务作出了较为明确的分配，若将案件发回原审判庭进行审理不仅会受到原有裁判思想的禁锢也会有不想改变自己观点以维护自身面子的情况的存在，而对第二审法院则不会有此顾虑。因此，即使再次上诉的案件并未分配至原二审合议庭，但以第二审法院为一个司法机关，原二审裁定仍是由该法院法官作出，对于自身所作出之裁定中的法律判断反复推翻是对法律稳定性的破坏，因此从维护司法稳定性的角度而言，二审法院仍应受原第二审裁定发回重审事由的拘束。其次，二审法院受原第二审裁定发回重审理由之拘束是保证当事人对司法之预判。法律作为规范人们行为之准则的，主要作用具有强制性、一般性、可诉性及预判性。从预判性的角度而言，法的适用要具有相对稳定的标准和尺度。在民事诉讼发回重审中，第二审法院在裁定发回重审之时，应对案件中存在影响案件审判结果的事由逐一列明并陈述正确审理的可能的结果，这对于当事人而言是对案件的指导与提示，当事人可依据第二审法院在裁定发回重审时之理据为重审和再次上诉做好充分准备，因此若二审法院不受原第二审裁定发回重审理由之拘束，当案件再次上诉至第二审法院时，其对之前裁定的否认或变更都可能导致当事人权利受到侵害。当然不可否认的是，在二审法院受原第二审裁定发回重审理由拘束的前提是双方当事人及重审法院对事实之认定所提供的证据资料无重大变化，如若出现新的证据或新的事实认定会导致原第二审裁判对案件审判之依据发生改变，那么第二审法院必然需要依据有效的证据资料对案件加以裁判。由此可见，所强调的二审法院受原第二审裁定发回重审理由之拘束并非完全是指第二审法院受原第二审裁定内容之拘束，在某种意义上更多是指二审法院受原第二审裁定发回重审所作理由之法律运用、司法逻辑、分析方法等的拘束。第三，二审法院受原第二审裁定发回重审理由之拘束是对诉讼效率最大化之保证。不得不承认二审发回重审制度是对司法效率之牺牲，是为保证当事人审级利益、维护当事人辩论权利在特殊情况下对当事人及时诉讼结果得出的放弃。第二审发回重审是在公正与效率博弈间的妥协，然而这并不意味着选择发回重审是对案件效率的完全放弃，过于延迟的审判结果对于胜诉的当事人来说都可能失去其本身的价值，由于发回重审自身的特点即需将案件发回到原审重新审理必定会造成审判结果的推迟，但在发回重审过程中应当尽量有效地减少诉讼延迟以保证效率的最大化。当案件再次上诉至第二审法院时，若原第二审程序与法律适用均未产生错误的前提下，二审法院受原第二审裁定发回重审理由之拘束是对当事人诉讼效率保障的追求，可使当事人尽快得到公正之判决结果。

综上所述，根据实证研究结论，目前我国尚未有明确法律对发回重审裁定书的拘束力加以限制，在一定程度上成为了反复发回重审或发回重审无法发挥其功能的主要原因之一。参考域外法的相关规定及依据实践中调研的相关结论，明确第二审法院发回重审裁定书规范并赋予其对原审法院、二审法院、重审法院的拘束效力是完善民事诉讼发回重审制度的重要举措。

三、规范对发回重审制度适用的次数限制

2013 年正式生效的《民事诉讼法》对发回重审制度作出了诸多修改，其中最引人注意的要数第 170 条关于民事二审发回重审规定中所规定的最后一句，当案件经二审法院作出发回原审法院重新审理的裁定后，重审案件再次上诉的，第二审法院不得再次作出将案件发回重审的裁定。而事实上早在 2002 年最高人民法院出台《关于发回重审和指令再审有关问题的规定》已经对发回重审的次数上进行了限制，其规定对于第二审法院作出将案件发回原审法院重新审理的案件原则上只能发回一次，重审后不得再次作出发回重审的裁定。其后最高人民法院在《关于人民法院民事案件发回重审的若干规定》中又进一步对上述次数限制进行解释，其说明第二审法院对案件作出发回重审的裁定，发回一次的限制并不适用于原审程序中存在违反法定程序的情况。

对于有事实原因导致发回重审的次数限制标准与严重违反法定程序所导致的发回重审的次数限制标准之差异是造成司法漏洞的主要原因。同一程序中，如果具有要求更低即可达成目的之途径则其他途径之适用必将会减少。因此，在法律制度的设计上，法律就同一问题所采取的态度及法律后果的标准应当同一。就民事诉讼二审发回重审而言，最早在最高人民法院《关于发回重审和指令再审有关问题的规定》中对发回重审的次数上进行了限制，其认为发回重审制度的适用过程中过多地存在反复发回的情况，使得对很多当事人而言法院适用发挥重审制度就是间接地拒绝裁判，也正是由于案件在不断地发回重审中消耗大量时间与其他资源而无法取得应有之成效，根据学者的大量的关于民事诉讼发回重审完善的建议与最高法院司法人员之研究，以最高法院为主体制定了《关于发回重审和指令再审有关问题的规定》并在其中对发回重审的次数上进行了限制。其后在2013年生效的《民事诉讼法》中，正式将对于二审发回重审次数上的限制纳入法律。与此相对的是，在最高法院出台对于发回重审次数限制的规定后，其又在《关于人民法院民事案件发回重审的若干规定》中对次数限制的规定加以放宽，从原对发回重审次数的限制扩大为对违反法定程序情况的不适用。

在2013年《民事诉讼法》生效之后，并没有新的司法解释对于次数限制的对象进行新的梳理，但根据笔者的实地调研，各地依旧遵守对于违反法定程序情况的不适用发回重审次数限制的规定。需要承认的是，法律的规定与适用需要满足法律活动中各种情况的发生，过于明确的限制会导致法律本身丧失其灵活性，在法院适用法律时需要更大程度地扩大解释法律甚至类推适用法律，这在一定意义上是对当事人权利之侵害并且过大的解释权具有转变成法律滥用之可能。也正缘与此，一般而言，在法律规定中都存在所谓的"兜底条款"或概括性条款。因此，当民事诉讼发回重审中反复发回问题被当事人、学者和司法从业人员所诟病时，根据实际情况增加了对于发回重审的次数上的限制，但由于对次数上的限制没有作出范围上与适用上的规定，可能出现了矫枉过正的情况，因此又将发回重审次数放宽。虽然在了解发回重审次数限制机制的发展与产生的过程能够理解立法者既想对反复发回进行制约，又不希望因此而牺牲需要多次发回以取得正义之途径。但不得不说，以我国目前发回重审裁定中对于发回案件事实与理由的说明，采用何种原因将案件发回重审在某些意义上就是第二审将案件发回之借口，无论是以事实原因裁定发回重审亦或是以严重程序违法的原因都是大多仅列结论而未有推理过程。因此，对于有事实原因导致发回重审的次数限制标准与严重违反法定程序所导致的发回重审的次数限制标准之差异是造成司法漏洞的主要原因。如上所述，如果当达成统一后果具有更便之途时，根据理性人选择理论，其必然会作出相对容易的选择。当发回重审对有事实原因导致的发回重审有次数限制而对因程序原因所致的发回重审没有限制时，当再次上诉后第二审法院欲将案件再次发回，定会以存在违法程序发回重审。因此从根源上解决乱发回、滥发回的问题，首先需要将二种发回重审的理由标准统一。

其次，对于民事诉讼发回重审制度适用次数上的限制并未起到保障民事诉讼发回重审制度有效适用的应有作用，反而成为是原审法院及重审法院对案件进行错误裁判的保护伞。民事诉讼发回重审对于案件发回次数的限制是为了保证当事人不会因反复地发回重审而导致正义的过分迟延。根据笔者的调研数据，从发回总数量上看，在 2013 年后发回重审的绝对数量并未降低，2011 年据不完全统计全国发回重审案件量为 32059 年，2012 年据不完全统计全国发回重审案件量为 39920 件，2013 年据不完全统计全国发回重审案件量为 30321 件，2014 年据不完全统计全国发回重审案件量为 39686 件，2012 年同比 2011 年发回重审案件增加 7861 件，增长率为 24.52%；2013 年同比 2012 年发回重审案件量减少 9599 件，增长率为 -24.05%，2014 年同比 2013 年案件量增加 9365 件，增长率为 30.89%。从趋势上来讲，在发回重审修改后，民事诉讼二审发回重审增长数量在发回重审进行修改当年数量上有明显下降，但在 2014 年发回重审从发回重审绝对数量和增长率而言具有再次提升的趋势。从发回重审率的角度来看，仅从 2011—2014 年四年数据分析，2011 年发回重审案件与全年结案比为 0.488%，2012 年发回重审案件与全年结案比为 0.913%，2013 年发回重审案件与全年结案比为 0.403%，2014 年发回重审案件与全年结案比为 0.495%，从发回率上来看，2011 年到 2014 年除 2012 年有明显增长以外，其他各年的发回率基本上相对稳定和平衡。而根据分析，《民事诉讼法》修改于 2012 年后半年已经予以公布，到 2013 年 1 月 1 日生效，从时间上分析，第二审法院对于发回重审的新规定的政策尚不清楚，在新法正式生效之前存在集中发回重审的情况，因此 2012 年的数据有异于其他。剔除 2012 年数据后，可见在 2013 年后民事诉讼发回重审无论从案件数量或是发回率上都并没有得到想象中的效果，其主要原因笔者认为还是因为在发回重审的事由方面并没有严格限制所有案件发回的数量，而是仅就有事实原因导致的发回重审加以限制，如第二审法院真有意多次发回，并非毫无方法。另外从数据也说明修法之前对于民事诉讼二审发回重审所诟病的反复发回问题的并未如学者所述比例之大，其问题是必然存在的，但并不是全面地大占比地发生。最为重要的是，对于民事诉讼二审发回重审的次数限制并未对发回重审制度的有效适用起到应有作用，反而成为原审法院的不正当裁判的保护伞。

根据《民事诉讼法》的规定，发回重审的案件再上诉后不得在此发回原法院重新审理。从立法的角度而言是为了保证当事人及时取得判决的权利，但从另一个方面而言，第一审法院有违第二审作出的撤销原审案件判决的裁定理由，仍按原判决对案件重新审理的情况大量存在，此问题在修法之前或通过再次发回的方法加以纠正，但修法后即使第二审法院发现重审法院未依照程序完全修正原审审判之瑕疵也不得以事实不清的事由再次将案件发回重审，此种情况下，当事人不仅承担了时间成本，同时也未获其应得之审级利益，在某种意义上是对当事人的二次侵害。从重审后的第二审难度来说，由于第二审法院在裁定发回重审事由上的论证普遍不规范因此原样再上诉的案件大量存在，重审后的第二审难度大幅增加，其原因为如第二审法院依第一审之证据资料自行审理则当事人对第一次上诉后作出的发回重审的裁定表示不服，如若要依法改判第二审法院的证据资料或存在不足即要求第二审法院要增加依职权调取证据审查证据的工作，因此发回重审次数上的限制在一定程度上增加了第二审法院的工作强度。此外从当事人审级利益的角度而言，对于民事诉讼发回重审次数上的限制是对审级利益的侵害。本应在一审法院查清的事实在二审程序中予以裁判从一方面来说是侵害了当事人的辩论权及上诉权，从另一方面而言即是给一审法院改过的机会，使一审法院有效行使其职责而不会致二审法院因承担一审法院之职责而造成其负累，如果一审法院针对事实问题仅限制一次发回重审则会有顾此失彼的可能。换言之，虽然各法院对于同一案件由于事实原因导致反复发回重审的情况已基本杜绝，但仍存在以程序瑕疵为理由的多次发回的现象。可见，仅从次数上限制发回重审并不能真正杜绝重复发回的问题，同时有效限制发回重审的适用使其不至于滥用与乱用也并非单纯在次数上进行限制可到达，而是应到找到问题之症结因势利导、改堵为疏。

发回重审的制度设计本就是为了保证当事人的辩论权维护当事人的审级利益，然而由于法律的适用过程中的司法责任推卸、司法适用能力不强、司法人员利用职务便利权力寻租等原因导致发回重审制度在实践中不能有效地成为保证当事人审级利益的民事诉讼制度甚至成为妨碍当事人获取正义的绊脚石因此从立法者的角度而言限制司法人员发回重审的次数可解决滥发回、乱发回的混乱局面。然而，第二审法院裁定将案件发回重审是民事诉讼当事人获取合理、合法裁判的权利，是对第一审法院存在瑕疵的纠正，即使为了限制第二审法院所固存的发回重审的适用不当的问题，限制发回重审次数是对当事人可将案件多次发回的权利的制约，质言之，从次数上的限制是剥夺了当事人因享有的多次发回重审得出公正判决之权利，当然享有权利与行使该权利是二个不同的问题，也就是说，当事人在绝大多数情况下不希望案件被反复发回重审，但确保案件经过最短程序得出公正判决的途径是确保司法适用的得当而并非消减当事人所享有的发回重审次数上的可能性。从另一个法院适用的角度而言，次数上的限制仅是从形式上限制了发回重审的适用，第一审法院与第二审法院仅就形式意义上的次数受到拘束对于案件取得公平裁判并无较大作用。同时发回重审次数限制一次的规定生效后，第二审人民法院对于上诉案件采取更加审慎的态度，但也存在矫枉过正的情形，由于对发回重审具有严格的审查程序，造成很多应当发回的案件第二审法院采用自行裁判的方法，因此根据再审数据可见，近几年来生效案件的再审启动有明显增长的趋势。不得不说，尽管笔者所研究的对象为民事诉讼二审发回重审制度，但民事诉讼法甚至这个司法体制都是一个整体，牵一发而动全身，为了发回重审案件数量的降低而导致再审数量的增加或是行政上访的增多并不是司法改革的应有之意，只有在维护整个司法体系健全健康发展的机制下，使民事诉讼中二审发回重审归正其位才是民事诉讼研究人员所向往的。比照域外法之规定，外国法对发回重审次数上并无限制之先例。在民事诉讼发回重审的次数限制问题上，根据笔者所收集资料并无其他国家或地区对此有相似之规定。一般而言，如德国、日本、法国对于发回重审更多是在适用程序、发回重审裁定作出后的拘束力上有所规定，与上述观点一致的是，发回重审次数是当事人所享有的获得公正判决的途径之一，对于其次数的限制是间接限制了当事人的权利。而域外法更多在法院的法律适用上作出严格限制，从法官权利管控的角度出发限制发回重审的乱用。

由于发回重审制度适用多年存积的滥用与乱用问题导致诉讼当事人、学者甚至司法人员对其发挥其应有功能丧失信心，并且由于对民事诉讼发回重审制度的修改无法达到减少滥用与乱用的目的，因此《民事诉讼法》从次数上对发回重审次数进行了限制，其目的是欲从发回重审的适用上减少反复发回的可能性。但民事诉讼发回重审次数对因事实原因导致的发回重审与因第一审严重违反法定程序而发回重审的次数限制的标准并不统一导致滥发回与乱发回仍有空子可钻。发回重审的次数限制从权力制约的角度来看其出发点并非从法官适用法律正确之角度对问题进行修正，次数的限制在某种意义上是对保障当事人审级利益的可能性的剥夺。并且从比较法的角度而言，据不完全统计并没有其他国家的民事诉讼发回重审制度对于发回重审次数进行限制以作对照参考，因此笔者认为对发回重审次数之限制的规定仍存在可讨论的空间，即使欲通过次数限制保证诉讼的及时性亦应对发回重审之二事由采用统一之标准并加以完善。

综上所述，参照域外法的相关规定及依据实践中调研的相关结论，完善对发回重审适用次数限制的规定对于发回重审制度的完善具有重要意义。

四、严格限制由程序瑕疵引起发回重审的适用

关于民事诉讼发回重审制度的诸多研究中，学者主要把注意力集中于《民事诉讼法》中规定的发回重审适用的模糊性、笼统性问题上，或者认为对于因基本事实不清导致案件发回重审才是发回重审制度适用的主要理由。也就是说，在发回重审制度中，更多的讨论集中在对因基本事实不清造成的发回重审上而由程序瑕疵导致案件发回重审似乎理所当然。在《民事诉讼法》修改之前，针对程序事由裁定发回重审之规定为，原审判决过程中存在违反法定程序，其可能严重影响案件判决的正确性，上诉法院应当裁定撤销原判将案件发回原审法院重新审理。[①] 而现行《民事诉讼法》则规定为，当原审裁判中存在严重违反法定程序的情形时，例如原审判决中在遗漏当事人的情况下作出判决或未通知应到庭当事人而作出违法缺席判决等情况，上诉审法院应当裁定撤销原判决，将案件发回原审法院重新审理。[②] 从立法修改的角度看，并非所有的程序瑕疵都必然导致发回重审制度的适用，纠正发回重审的滥用与乱用问题更应该将关注点向因程序存在瑕疵致发回重审适用的角度转移。

首先，从宏观角度而言，对违反法定程序进行了限制应当与前一小节论证之发回重审标准相统一，减少利用发回重审标准不同之机会。二审发回重审制度是在第二审审理后在特殊情况下为保障当事人诉讼权及辩论权而作出的选择。由于我国法律传统原因当事人或是司法裁判人员对于事实真相都存在过分追求的情况，也正因此发回重审制度的最初设立对于事实认定不清所致的发回重审并没有严格限制。随着法律的不断适用与发展，批判发回重审制度制定中"重实体、轻程序"的声音大量出现，为纠正这一立法问题在其后

[①] 《民事诉讼法》（2007年修正）第153条规定："原判决违反法定程序，可能影响案件正确判决的，裁定撤销原判决，发回原审人民法院重审。"

[②] 《民事诉讼法》第170条第4款规定："原判决遗漏当事人或者违法缺席判决等严重违反法定程序的，裁定撤销原判决，发回原审人民法院重审。"

的《民事诉讼法》中对于由程序违法所致发回重审并没有具体限
制仅作出了可能影响案件正确判决的规定。因此，在相当长的一段
时间里民事诉讼二审程序中出现并维持着"见程序瑕疵，即发回
重审"的状态。大量的发回重审案件因反复发回而使得公平正义
无法实现，同时反复发回和大量发回造成一审法院疲惫不堪且事倍
功半。随后为避免发回重审的滥用，最高人民法院出台《关于发
回重审和指令再审有关问题的规定》规定，同一案件，当事人上
诉后被上诉审法院作出将其发回原审法院重新审理的裁定后再次上
诉的，不得再次发回原审法院重新审理,[①]其后最高人民法院又在
《关于人民法院民事案件发回重审的若干规定》中又进一步对上述
次数限制进行解释：违反法定程序的不受发回一次的限制。至此，
我国《民事诉讼法》及最高人民法院关于发回重审适用的规定造
成了因事实理由所致的发回重审与因违反法定程序所致的发回重审
两者标准不同。第一，从次数上说因事实理由所致的发回重审仅可
发回一次，因违反法定程序所致的发回重审并没有严格的次数限
制。第二，从适用上说，因事实理由所致的发回重审要求原判决认
定事实错误或者原判决认定事实不清、证据不足，尽管该规定也较
比模糊但其仍需要法官对事实不清、证据不足作出司法判断，然而
因违反法定程序所致的发回重审没有作出任何限制性规定。因此，
根据以上论证可以看出在《民事诉讼法》修改之前，第二审法院
在裁定因事实理由所致的发回重审与因违反法定程序所致的发回重
审所适用标准并不统一，因事实理由所致的发回重审的限制相比较
于因违反法定程序所致的发回重审更为严格。但需要强调的是，二
者虽然属于发回重审的不同事由，但均属于发回重审制度的组成，
二者适用标准的不统一必然会导致司法实践中适用混乱和钻漏洞的
现象的出现。由于因事实理由所致的发回重审适用时需要对事实不
清进行认定与论证而因违反法定程序所致的发回重审并无需过多证
明，因此在法官作出发回重审裁定时即有较大可能混淆两者之间的

---

① 《关于发回重审和指令再审有关问题的规定》规定："将案件发回原
审人民法院重审的，对同一案件，只能发回一次。"

区别，这也能够说明为何在司法实践中存在大量以事实不清作为发回重审事由却无对何为事实不清加以说明及论证的裁定的出现。此外，由于因事实理由所致的发回重审与因违反法定程序所致的发回重审两者适用标准不同且次数限制不同，故必然会出现可利用的法律漏洞。若第二审法院出现逃避审判或权力寻租等情况时，选择多次适用违反法定程序将案件反复发回原审法院重审的案例也大有存在。由此可见，在《民事诉讼法》修改之前，对违反法定程序的限制过于宽松导致因事实理由所致的发回重审与因违反法定程序所致的发回重审两者适用标准的不统一和法律漏洞的产生。而现行《民事诉讼法》因违反法定程序的发回重审的适用规定为，当原审裁判中存在严重违反法定程序的情形时，例如原审判决中在遗漏当事人的情况下作出判决或在未通知应到庭当事人而作出违法缺席判决等情况，上诉审法院应当裁定撤销原判决，将案件发回原审法院重新审理①，其适用需要第二审法院对于严重违反法定程序进行解释与论证，与现行因事实原因所致的发回重审的事由的适用标准相一致。不仅从立法完善性上更加严谨，同时减少利用发回重审漏洞之机会。

其次，从微观角度而言，因违反法定程序致发回重审要求程序违法具有严重性达到影响合法性基础之程度。占善刚在《民事诉讼发回重审的理由比较研究》一文中指出，并非所有的程序瑕疵都可以作为将案件发回原审法院重新审理的理由，只有在第一审法院审理案件过程中存在重大的程序性瑕疵，并且其导致裁判结论无法对当事人诉讼权利得以保障才可以认为该重大的程序瑕疵造成了重新审理的必要性及证据。该文还指出，德国法中规定，对于具有广泛性的或更高代价的发回重审的适用应当予以避免，但对于何为广泛性及更高代价必须依据个案的具体情况加以判断，但是其具有的共同特质为上诉审法院若依据原审法院所调查之证据对案件自行

---

① 《民事诉讼法》第 170 条第 4 款规定："原判决遗漏当事人或者违法缺席判决等严重违反法定程序的，裁定撤销原判决，发回原审人民法院重审。"

裁判或自行改判，对诉讼当事人而言则需承担比将案件发回原审法院重新审理更大的不利益。①

再次，从适用角度而言，因违反法定程序致发回重审适用需有比照例举两种情况的论证。如上所述，现行《民事诉讼法》因违反法定程序的发回重审的适用规定为，当原审裁判中存在严重违法法定程序的情形时，如原审判决中在遗漏当事人的情况下作出判决或在未通知应到庭当事人而作出违法缺席判决等情况，上诉审法院应当裁定撤销原判决，将案件发回原审法院重新审理。② 对于发回重审制度而言，这是具有重要意义之修改，在限缩因违反法定程序而适用发回重审的同时对如何判别何为严重违反法定程序提供了参照。根据法律制定的规律，其本身即有制定的广泛适用性、滞后性和模糊性，过于具体的法律条文难以涵盖不断发展的社会出现的新情况易导致频繁修法的尴尬局面，在某种意义上法律自身的模糊性是为了更好地为新情况提供适用的空间。因此，为了更好地适用法律，对于法律的解释则凸显其重要性。法律解释是在适用法律过程中必不可少的部分，是执法与司法活动的重要依据。一般而言，司法过程中法律的适用依照一定的流程进行，简化其过程如下：理解法条→根据理解对法条进行解释→将对法条大的解释适用于带裁判之法律事实→得出结论。根据以上的简化流程可见，正确理解法律是对法律作出解释与适用法律的基础。理解是对事物、文字、规则、图像等依据个人经验通过对对象的收集、整理、联想和整合形

---

① "德国学者一般认为，只有第一审法院在审理案件时存在重大的程序瑕疵并且由于该程序瑕疵导致裁判达不到可以作出的程度时才可以认为基于重大的程序瑕疵造成了证据调查的必要性。虽然无法为"广泛的"或者"费用高"的证据调查确立一明确的基准而需要具体分析每一个案件而定，但是其具有的共同特质必然是由第二审法院续行诉讼程序并自行作出裁判将比发回重审带来更大的不利益。"参见占善刚：《民事诉讼发回重审的理由比较研究》，载《比较法研究》2015年第6期。

② 《民事诉讼法》第170条第4款规定："原判决遗漏当事人或者违法缺席判决等严重违反法定程序的，裁定撤销原判决，发回原审人民法院重审。"

成一种概念式的形象化的意识。法官或律师作为经过系统的职业化培训的职业群体，从应然角度来说应当对即使相对陌生的法条有着相对正确或相对主流的理解和感知，尽管因为个人素质的差异会产生对法律理解的差异，但一般而言依据其专业性对法律规定的理解不会存在过大的偏离。不得不说，在对法条或法律规则的规定具有相对的认识之后，则会对其进行进一步解释以适用于现实所发生之案件，但对于理解与解释的先后顺序往往很难加以判别，甚至在大部分情况下理解法条的同时即是对法律规定的解释，或者说正是由于对法律解释而理解了法律的规定，但其二者的顺序问题不是本节之重点因此不过多讨论。法律解释是将抽象的法律文本转化为具体案例裁判依据的重要步骤，是从抽象到具体最关键环节，可以说没有法律解释适法活动就不能进行。全国人大常务委员会的陈斯喜先生曾说过，法律解释的主要目的是对立法程序完成后的法律加以解释，其起点应为立法完成时。此外，法律的解释并非独立的职权而应属于执法权的附属权力。陈斯喜先生认为立法机关不具有法律解释的义务和法律职责，对于法律解释的程序而言其与立法程序相差无几，因此不应当将其单独列出。① 就民事诉讼因严重程序违反法定程序致发回重审问题而言，对于例举性法条的适用应当遵循法解释学之方法。当第二审程序中出现原判决遗漏当事人或者违法缺席判决的情况时，第二审法院裁定发回重审是无需争辩的但是现实情况却觉不会仅有此二种而无其他，当第二审法院欲通过严重违反法定程序裁定案件发回原审法院重新审理时，必须对第一审程序之瑕疵与上述二种情况加以对比。第一，对于原判决遗漏当事人或者违法缺席判决的情况首先二者皆因第一审法院存在过失而导致；第二，二者都致使当事人对所争议之事由未能予以充分辩论之机会；第三，该瑕疵与第一审判决之间存在因果关系，或曰若当事人得以对全案充分辩论审判结果或有不同；第四，第二审法院若依该程序所得之证据资料对案件自行裁判则会导致案件合法性基础的丧失。

---

① 参见范愉：《关于法律解释的几个问题》，载《民事审判制度改革研究》，中国政法大学出版社2003年版。

因此，如若法院以第一审严重程序违反法定程序而将案件发回原法院重新审理，至少要在以上四个方面对该违法程序进行论述，证明未列举的可能发生的违反法定程序的可能性与所列举之违法程序程度相一致或更加严重，通过举轻以明重的解释方法确认对案件发回重审的正当性。

综上所述，根据实证研究数据及结论及上述分析可得，由严重程序违法致发回重审时，应当以该违法程序需严重影响审判合法性基础为前提。对于违法程序是否为具有严重性需通过第一审法院基于存在瑕疵之程序对案件进行审判并得出与该违反法定程序存在因果关系的审判结论并且第二审法院若依据严重违反法定程序得出证据资料对案件进行审判将影响判决合法性之基础加以判断，并通过与法条所规定之情况加以对比，违法程序程度相一致或更加严重，通过举轻以明重的解释方法确认对案件发回重审的正当性。

五、确立重审案件发交其他法院审理制度

第二审法院作出将案件发回原审法院重新审理的裁定后，重审法院依照第一审诉讼程序将重审案件视为新案件的审理方式，不仅因对第二审裁定的忽视而导致多次反复重审或由于次数限制问题导致重审上诉后的判决依据仍存瑕疵的问题，也会因重审法院对当事双方予以认可的证据反复质证而造成诉讼时间的迟延，增加当事人诉讼成本和浪费法院司法资源。更为重要的是，由于很多复杂案件在原审法院审理时经审委会讨论而作出裁判结论，当案件在此发回原审法院时，在很多情况下，基于对影响重大案件的保守处理、推卸审判错误责任或领导指示等原因，发回重审案件并不能得到公正的裁判结果，并且由于案件的重审当事人需承受更大的利益损失。因此，参照域外法规定在特殊情况下案件可发交其他与原审同级的法院进行审理的制度，笔者提出我国也应当建立发回重审发交其他法院制度。由于其他同级法院与原审法院不属于同一行政地区，所以后文所述的异地审理同属此意。

第一，民事诉讼发回重审制度中发回法院仅限原审法院存在理论基础缺陷。根据我国《民事诉讼法》的规定，对于第二审认为有必要发回重审的案件应当将案件发回原审法院重新审理。在民事诉讼发回重审建立之初（上文民事诉讼发回重审第一阶段），法律曾规定发回重审的案件可以发回到原审法院或原审法院的同级法院。其后在对该法进行修改时，将可发回其他法院重审的规定取消删减了。而经过多次民事诉讼第二审发回重审制度的完善，案件发回地并没有放宽对于立法者必有相关之考虑。

首先，原审法院对案件事实之查清具有便宜性。根据我国《民事诉讼法》第 21 条至 35 条均是对各种情况发生时法院地域管辖之规定。民事诉讼中，地域管辖的基本原则为被告住所地原则，为防止当事人滥用诉权采用被告住所地原则为基础，在合同案件、侵权案件、票据案件、海南救助、船舶碰撞等问题上有对其管辖的特殊规定。可以说，在民事诉讼开始之时管辖问题已经成为当事人经法律规定和当事人选择的确定结果。根据管辖恒定原则，即地域管辖之确定以起诉时所在法院为标准，在诉讼过程中不因被告住所地发生变动或因法院行政地域划分之变化或其他原因引起地域管辖之变更。从管辖权恒定原则制度设立的角度而言，民事诉讼程序之建立运行以稳定性为重要保障，以保证诉讼的公正性与实效性为目标。当第一审诉讼程序进行完毕，第一审法院对案件作出相关判决后，从应然的角度上，第一审法院应当对案件事实通过双方当事人所提供之证据资料与第一审法院依职权调取之证据对案件加以裁判，若存在无法提供与取得之证据应属举证责任之范畴。在案件上诉至第二审法院且被第二审法院裁定因基本事实不清或原审程序中存在严重程序违法而发回重审时，对于重新审理该案件原审法院具有最便宜性。

首先，根据原审法院之确定是依据法律规定对于案件具有最密切联系地或相对密切联系地加以确定的，因此无论是第一审或是发回重审对于案件证据的调查都相比于同级法院具有便宜性。

其次，发回重审案件的特殊性导致原审法院的审理优势和时效之保障。与第一审案件不同，发回重审案件已经经历了第一审程序与第二审程序，在该二审程序进行的过程中对于大部分证据资料完成了质证及证据采纳等环节。因此当案件发回原法院重新审理时，根据我国目前大部分法院的做法一般会将案件分配给新的审判人员全部重新审理，但在审理过程中对于原第一审、第二审双方所确定的事实，重审法院可依据原证据收集、认定程序快速予以确认，因此对于发回重审的案件而言，原审法院的审理具有时效上的优势。

再次，将案件发回原法院重审在实践操作中具有便宜性，一般而言在第二审法院将案件发回原法院重审以前，第二审法院会与原审法院对案件发回重审的理由或可行性进行沟通，或第二审法院通过内部函的方式对第一审程序瑕疵或事实认定存在的问题加以指导，尽管民事诉讼法学者及笔者本人认为发回前的沟通与内部函应当取消，但那是另外一个问题，将会在下一章中进行讨论，发回重审目前的状态即为二审法院与原审法院的发回前沟通与内部函仍然存在。在此种情况下，第二审法院将案件发回原审法院是最具便宜性的，主要由于其对案件情况的熟悉，在第二审法院对重审进行指导时，原审法院可有针对性地对案件进行审理。

尽管民事诉讼第二审发回案件发回至原法院具有其理论基础和实践操作的便宜性，但在我国将案件发回原审法院重审仍存在诸多问题。首先，原审判决为本法院之所为，重审案件时根据先民事诉讼发回重审状况来看第二审法院将裁定发回重审的理由描述得非常简单，有时甚至仅有发回重审的结论和适用裁定的法条，在此情况下原审法院会出现维护原审法官面子的情形而对案件以维持原判决的方式审结。在个别案件中，第一审判决经过审委会的讨论或院长的参与讨论而得出，此类案件如被裁定发回重审，则重审法院对于此类案件不会全盘推翻或作出较大改变，此种问题的存在对于当事人而言是对其诉讼时间的浪费和对其诉讼权利的侵害。其次，由于案件第一审程序已经完成，而对于法院的法官的业务提升与培训应当具有统一的学习内容和司法规范，因此对于同一法院而言，其内部法官对同一案件的审判思路具有相似性，对于纠正审判错误与瑕疵是不利的。出于此种考虑，域外法对于发回重审案件的发回法院多有其他规定，例如《法国民事诉讼法》第 626 条、《法国法院组织法典》第 131 条第 4 款规定，当上诉审法院或最高法院撤销原判后，案件可根据上诉审法院或最高法院的判断将其发交给与原审法院同级的法院或原审法院的不同审判庭进行重新审理。可见，法国法对发回重审后案件的审判组织第一选择为其他同级法院，当案件由原审法院审理更为适合时可发回原审法院重新审理。《德国民事诉讼法》对此问题作出了与法国相反之规定，其要求发回重审法案件以原审法院为原则，以发交其他法院为例外①。

　　第二，我国应当在明确发交其他法院重审制度局限性的基础上初步建立民事诉讼发回重审异地重审制度。目前在我国民事诉讼第二审发回重审程序中尚无将案件发交至原一审同级法院审理的规定，根据我国民事诉讼法的相关规定，对于第二审裁定发回重审的案件即发回至原审法院重新审理。根据我国《民事诉讼法》第170条的规定，对于基本事实不清或因违反法定程序而导致案件发回重审的案件需依照第一审程序发回原审法院重新审理，重审法院需重新组成合议庭。在我国刑事诉讼中因案件结论涉及人身权的剥夺及定罪量刑等重要事由，针对重大案件可采用异地审理或异地重审制度对当事人权利、国家权利及审判公正提供保障。虽然民事诉讼与刑事诉讼适用标准不同，但民事诉讼中重大人身财产权利面临裁判风险时制度应当提供当事人及法院其他选择以确保公正判决的实现，而发交其他法院审理制度即是所谓的其他选择。由于各地区一审法院均面临着巨大案件审理压力，因此大量的适用发交其他法院审理是不现实的也是不公平的，因此发交其他法院审理制度的适用以案件特殊性为前提。案件的特殊性体现在该发回重审案件标的较大、具有较大影响、判决结果所涉及直接或间接的利益相关人较多或发回原审法院审理存在严重不公正判决的风险，在此种情况下，作为保障当事人诉讼权利及审级利益的手段，第二审法院报其上级法院批准可将案件发交其他法院重新审理。

　　如上文所述，原审法院作为对案件重审之法院对案件具有相对

---

　　① 根据《德国民事诉讼法》第565条的规定，撤销判决后，将案件发回控诉法院再为言词辩论和裁判。这种发回可以发回到控诉法院的另一审判庭。根据主流观点可以发回另一审判庭即为存在发交其他法院之情形，但以发回原法院为原则。

最密切联系，且对案件证据的调查具有便宜性。在原审与第二审裁判的程序中，重审法院作为第一审法院对案件的进一步了解与问询都相对方便。然而其弊端也较为明显，从重审公正性的保障来说，重审法院或需要在一定程度上推翻原一审裁判的认定、纠正原一审裁判之程序，目前由于发回重审裁定的作出被发回法院原审法官与重审法官都可能被要求对被发回之案件进行述职汇报，说明是否在审判中存在违法违纪行为。同时，在新的司法改革的浪潮中，为了保护当事人的利益维护司法的公正性，最高人民法院在《完善法院司法责任制意见》中提出了法院责任终身制的规则，其规定"主审法官、合议庭法官在各自职权范围内对案件质量终身负责"即是对于法官的错误裁判终身追责。然而人非圣贤，即使是最勤勉公正的法官在审判过程中也可能出现瑕疵，因此对于疑难案件就增大了发回重审的概率，同时由于原审法官与重审法官均要对案件被发回重审作出说明，重审法官则处于多方受压的地位之中，在利益权衡中或会对案件之正当审理具有影响。从当事人的角度，在第一审法院进行裁判之前存在大量当事人找人托关系从而能认识主审法官或庭长院长的情况，当第一审案件发回重审后，认为裁判不公正的案件再次回到原审法院，即使当事人申请了相关法官的回避，但依然不能解决当事人内心对司法的不确信。可见在一定情况下引入异地审判制度具有实践意义。在我国《刑事诉讼法》中，其首次引入了"异地审判"制度。为保证公正审判排除审判干预，我国最高人民检察院、最高人民法院共同推行异地审判制度，在刑事诉讼中对于高官腐败问题的审查多采用此种制度，官员级别在省部级及以上的一般采取跨省异地审理而官员级别在厅局级及以上的一般而言在省内异地审理。对于民事诉讼而言，虽不及刑事诉讼之严苛性，但其涉及人们财产权利因此在一些特殊情况足以导致在原审法院重新审理案件极大导致司法干预之可能时也应存在异地审理的可能。

异地重审制度的建立给予当事人排除司法干预的可能性。如笔者所述，由于民事诉讼与刑事诉讼的属性不同，即使建立发回重审也并不意味着异地重审的必须适用，仅在当事人认为具有异地重审之必要并经法官认为确有必要时可允许民事诉讼第二审发回重审案件采用异地法院裁判的方式加以审理。而对于必要性的认定则是依据案件在案件审理当地的影响是否达到干预审判的程度，或言之民事诉讼当事人对于法院在各方面是否存在干预其审判之影响。例如，黑龙江省七台河中级人民法院裁定的市关于东发煤矿与新发煤矿之纠纷的民事诉讼发回重审案件、黑龙江绥化市中级人民法院裁定的和通建筑工程有限公司与张勤买卖合同纠纷的民事诉讼发回重审案件等都存在较大型企业在企业所在地诉讼的情况，该地大型企业作为当地税收大户在该地区必然具有较强影响力。根据王亚新在《法院财政的现状及前景略议》的文章中指出，与西方国家的法院财政收取不同，我国的法院财政主要来源于地方财政拨款和诉讼费用的收取二个方面，其中财政拨款所占法院总财政收入比例较大。① 由于地方财政来源于地方税收，因此不可避免地会造成司法审判中法院不公正的情况，随着中央统一拨款的减少与分散，"司法地方化"的问题逐步形成且未完全解决，因此在面临法院当地具有较强纳税能力的企业与自然人当事人进行诉讼时，对于裁判的独立性与公正性往往难以保证，尤其在第二审法院认定原审判决对基本事实之认定存在不清具有影响公正判决之可能或认定第一审程序中存在严重违反法律的情况下，将案件再次发回到原审法院重新审理或得出相同之结论，对弱势当事人而言其民事诉讼权利无法得到有效保护，而在此种特殊情况下，发回案件采取异地审理的方式或许会将问题得到更公平公正之解决。因此，发回重审异地审理制度之建立并非要求第二审法院在作出裁定发回重审的案件的同时使全部案件或大部案件发交其他法院审理，而是指在特殊情况下，将案件发回原审法院重审审理确会导致不公正判决或确有导致不公正判决可能的情况下对于诉讼当事人权利保障的一种可能性。

第三，发交其他法院审理案件具有其自身的局限性，在建立此制度时应当予以充分考虑。首先，被发交的法院对于案件之审理或

---

① 参见王亚新：《法院财政保障的现状及前景略议》，载《学习与探索》2010年第4期。

需时间更长。从被发交法院而言，由于其不是立案地，从一定程度上对案件不具有最密切联系，因此在重审案件的过程中相比于原法院调取证据的难度更大、司法资源的消耗更多。由此可能导致对于案件重审的完结的时间就更长，民事诉讼发回重审制度本就是诉讼效率与获取公正审判的选择的结果，但一直以来立法者都在通过限缩民事诉讼发回重审的适用、明确发回重审适用条件、规范发回重审适用的方法以达到在最大效率下取得公正判决。因此，延长重审时间有违立法者之初衷。其次，被发交法院是否有权拒绝第二审法院发交其审理裁定重审的案件。根据《中国司法改革年度报告》及地方司法工作人员反馈，目前而言基层法院审判压力依旧较大，案件多法官少的情况仍未完全解决尤其近几年来大量基层法官离开法院对于基层审判工作而言无疑是雪上加霜，在此压力下，异地审判的可行性难度加大。民事诉讼发回重审制度本是通过案件的重新审理，从而纠正原审程序中存在可能影响当事人利益或公正判决的瑕疵，因此由原审法院重新审理案件从一方面说具有便宜性，从另一方面说是对其在审理诉讼中存在瑕疵的监督权的行使。现若将重审案件发给其他法院，无疑对发交法院而言造成了审理上更大的压力。再次，当事人诉讼成本增加。由于原案件已经经过了第一审程序和第二审程序的审理，因此当事人已经熟悉两法院办事流程与地点。如果更换法院进行对案件的重审，从路程上而言或对当事人造成诉讼成本增加的情况，如上论述由于发交法院对于案件证据资料调取的难度相比于原审法院更大，在审理时长上存在需更长审理时间之可能。因此，异地审理或导致当事人诉讼成本的增加。

民事诉讼二审发回重审案件若发交法院仅为原审法院则可能存在干涉审判等情况，因此应当增加保障当事人发回重审案件避免原法院违法裁判而发交其他与原审法院同级法院公正审理案件之可能性。如《法国民事诉讼》对发回重审案件可发交同级法院具有明确规定。但由于其他法院不具有原审法院对于证据材料取得的便宜性，因此可能在一定程度上会导致重审案件审时的延长，不利于当事人及时取得正义的判决。同时，目前各基层法院均存在法官少案件多的压力，异地审判无疑进一步增加了重审法院的审判压力。除此之外，重审法院地与原审法院地的区别可能造成当事人诉讼成本的增加。因此，在充分考虑异地审判的局限性的同时应当给予民事诉讼二审发回重审案件当事人避免原法院违法裁判而发交其他与原审法院同级法院公正审理案件之可能性。

综上所述，在特殊案件中，将案件发回原审法院重新审理或无法达到对案件公平审理的结果，参考域外法对民事诉讼案件发交其他与原审法院同级法院审理的制度，在作出与我国相适应的制度调整后，发交其他法院审理具有可行性和进步意义。

六、建立部分发回重审制度

民事诉讼发回重审制度是一个有机的整体，部分发回重审的适用以第二审法院作出具体详细的发回理由及重审指引为基础，同时以发回部分与其他法律判断的可分离性为前提。第二审法院在作出部分发回重审的裁定时，应当对发回重审之部分向当事人进行核实，在部分发回重审案件的适用中，重审法院对第二审法院认定或未提出否定性意见的事实在重审核实后即可作为证据资料，而对于有新证据可推翻原认定之事实的，当事人仍可依据第一审诉讼程序就该事实予以辩论。质言之，部分发回重审的适用是双方当事人及重审法院对诉讼效率的提高，是当事人对民事诉讼处分权的进步的体现。需要强调的是，民事诉讼部分发回重审制度的适用是以当事人之合意为基础，而非依照第二审法官职权作出的自由裁量，因此在诉讼争议解决中不仅可以有效地缩短诉讼时限也可有效地保障当事人审级利益与辩论权不因司法违法行为而受到侵害。

部分发回重审制度之建立并非独立于发回重审制度整体，而是配合其他发回重审之规定使得当事人诉讼权利在得到最大化的保障的同时有效节约司法资源。根据各国对部分发回重审的规定与适用可见，当发回重审判决中对重审法院具有较强拘束力即控制力时，一般而言该制度适用不典型部分发回重审；当发回重审判决中对重审法院新判决具有相对较弱控制力时，一般适用典型部分发回重审。然而，尽管笔者作出了如上总结，但部分发回重审与撤销原审判决的裁定之拘束力的关系也并非绝对的因果关系。部分发回重审制度在多数国家并没有直接规定在民事诉讼法中，大部分则是通过特殊的指示或不典型的部分发回的方法予以适用。就部分发回重审制度而言存在其适用中的局限性。首先，当案件以部分发回的方式发交至原级法院审理，无论被发交法院是原审法院的同级法院亦或是原审法院中新的审判庭，被发交法院对于原案件均属第一次审理，因此案件部分发回使得重审法院对于案件之全貌缺乏认识或导致对案件以偏概全的理解，若重审法院针对非发回部分加以讨论又丧失部分发回重审之意义，但有学者提出对此之局限性的反驳称根据外国法的适用凡是可部分撤销交发重审的案件均表明该要件与其他要件可作分离，并不影响该要件的认定。笔者并不否认该种观点，具有可分离性是部分发回重审适用之前提但该部分虽可独立被加以判断也会与其他要件具有相关性，所以说部分审理会导致对案件全貌把控较弱。例如，如上所述的在美国最常被适用部分发回重审的案件即为当法官对于当事人所应当承担的民事责任与其应当获得或作出的赔偿二问题存在一个正确一个错误的情况时，法院会将存在瑕疵之认定单独作重新审理的认定。在此种情况下，无论是民事责任的认定存在瑕疵还是获得赔偿的数额认定存在错误，二者虽可独立被讨论，但仍具有相关性，如对赔偿数额的认定要依据双方当事人之间民事责任加以确定。因此在对全案理解与把控上而言，部分发回重审或有局限性。第二，部分发回重审对于程序瑕疵之不适用。根据上文所提出的发回重审的标准，对于无济于事的发回重审各国都予以避免。而对于部分发回重审而言，其并不存在部分发回重审的基础，因此部分发回重审的适用具有局限性，其不适用于对于程序瑕疵的纠正。第三，部分发回重审或有导致全案发回重审的可能。如上所述，在第二审法院或裁定撤销原审判决的法院认为需要发回的要件与其他所认定之要件具有可分离性时，撤销法院可仅就有瑕疵之部分发交原审法院或原审法院同级其他法院对案件该部分重新审理。但由于案件的审判具有整体性，审判结论基于各证据资料、当事人辩论结果和法官的专业判断等多种复杂的过程共同作用的结果，因此通过部分发回重审对整体结果中的部分加以变动或导致整体性的变化。仍以上例说明，当裁定撤销原判的法院认为案件中民事责任的认定存在瑕疵而获得赔偿的数额认定无错误而将民事责任认定部分发回原审法院重新审理，如若得出与原判决较大差异之结论则可导致认为无误的赔偿数额上也出现变化，在此种情况下或引起全案的重新审理。

综上所述，民事诉讼发回重审制度是一个具有整体性、科学性、严谨性的民事诉讼制度，每一个分支制度的建立都是为了更好地完善发回重审制度对于当事人民事诉讼权利、审级利益、诉讼及时性等权利的保障。在比较法研究的过程中，民事诉讼发回重审的部分发回重审制度之建立与各国民事诉讼制度的其他分支模式共同作用从而限制法官自由裁量权并保障正义之取得，通过对德国法、日本法、法国法与美国法的比较研究发现，在一定程度上，部分发回重审制度之建立与撤销案件之判决的拘束力、异地审判制度之建立均具有密切的关系，当发回重审判决中对重审法院具有较强拘束力即控制力时，一般而言该制度适用不典型部分发回重审且无需异地审判制度；当发回重审判决中对重审法院新判决具有相对较弱控制力时，该制度则应引入异地审判制度以确保当事人获得公正裁判，并且适用典型部分发回重审在保障公正的同时最大限度地提高司法效率。然而笔者否认各发回重审制度规定存在直接直因果关系，而是各分制度在发回重审制度中的作用与功能之间的关系配置如何得到当事人利益的最大化保障的可能性。与此同时，不可否认的是部分发回重审制度仍存在其自身之局限性，对于程序瑕疵所导致的发回重审不适于对案件瑕疵采用部分发回的方法予以纠正，此外部分发回重审或导致重审法院对于案件全貌无法掌握而产生以偏概全之后果及因发回部分的新判决之变化导致未裁定发回部分的变动问题。由此可见，任何一个制度的完善都需要在法律体系下进行，各制度相互配合才能达到当事人利益之最大化。

七、赋予当事人对发回重审与自行裁判选择权

民事诉讼发回重审制度作为民事诉讼的组成部分一直以来承担着监督、保障第一审诉讼程序合法有效运行的职能。随着我国司法改革的不断推进，法律逐步成为对当事人权利最有力的保障。当事

人对法院的约束及监督的逐步关注使得法院审理案件过程与结果透明化程度显著提高，从而导致法院的权威与公信力逐步建立和增强。在民事诉讼二审发回重审的发展过程中，学者建议对于其不断完善具有重大意义。

例如，根据笔者对民事诉讼修改前大量关于发回重审制度相关建议的研习，有诸多学者对于限制发回重审的方法提出了具体建议，其中包括要求以事实原因导致发回重审的次数问题，而在2013年正式生效的《民事诉讼法》中，已经发回重审的案件不得再次重审的规定成为民事诉讼规定中的一个部分，尚且不说对于次数限制的合理性，但从法律规定的综合性和参与性而言这是具有绝对意义的。尽管对于民事诉讼发回重审制度的相关深入研究并不多，在学术领域仅个别知名民事诉讼法学者对发回重审制度的部分问题作出了相对深入的讨论。在各种讨论中，民事诉讼发回重审制度应当引入当事人选择机制在民事诉讼法学界具有较高呼声，是一再被民事诉讼法学者提及的重要问题。目前发回重审制度中尚无当事人选择机制，大量学者在研究中强调了当事人自行对民事诉讼程序处分权植入之重要性。民事诉讼发回重审制度是一个整体的制度，因此对于制度的增加或调整都应当具有审慎态度，但当事人选择机制的引入是大势所趋。因此笔者将会在当事人选择机制引入之必要性、当事人选择机制引入基础及当事人选择机制之建立几个问题上展开讨论，希望可达到抛砖引玉之效果，对发回重审制度之完善具有一定参考意义。

第一，民事诉讼发回重审制度中引入当事人选择机制具有必要性。

民事诉讼发回重审制度作为当事人在诉讼过程中对审理法院在事实认定、程序进行中存在瑕疵的纠正机制，更是对当事人在民事诉讼中审级利益的重要保证手段，其对当事人是否可得公正审判在个案中具有重要意义。如上所述，在民事诉讼二审发回重审制度研究中对于当事人选择机制之讨论大量存在，认为引入当事人选择机制是应行之举。但大多数讨论仅限于是否应当引入当事人选择机制，却对当事人选择机制引入之必要性和引入基础予以忽略，简而言之，尽管当事人对于法律程序之参与具有诸多好处，但是否对民事诉讼发回重审而言具有必要性且引入当事人选择机制的前提条件又如何是笔者将会在本节与下一节所要讨论的问题。

根据民事诉讼的处分原则，当事人对于诉讼程序的处分权是当事人诉权所保护的范围的内容之一，同时由于发回重审制度本身耗时耗力，更加成为应当推行当事人选择机制的理由。在民事诉讼中，当事人在程序性规定中的选择权份额逐渐增大，例如在《民事诉讼法》第34条、35条规定了当事人对于民事诉讼中法院管辖地具有一定的选择权，再如《最高人民法院关于适用简易程序审理民事案件的若干规定》第2条："基层人民法院适用第一审普通程序审理的案件，当事人各方自愿选择适用简易程序，经人民法院审查同意的，可以适用简易程序进行审理。人民法院不得违反当事人自愿原则，将普通程序转为简易程序。"其是对当事人诉讼程序在一定程度上赋予其选择权。近年来民事诉讼程序的发展，其对在当事人对司法参与程度与法律审判与执行的融合方面的规定有所增加，从法理的角度而言，民事诉讼法的发展更需要在立足法官职权主义保障当事人诉讼权利的同时保证当事人程序主体性地位。① 正如美国法庭过程中，法官常说"案件是当事人的，法庭是我的"其说明在案件审理过程中，法官应当尊重当事人对案件的参与给予当事人为自身辩论的更多机会，而法官则应更多地保持相对中立的态度对案件进行审理，与此同时当事人应当遵守法庭纪律，维护诉讼的正常进行。

在民事诉讼程序发回重审程序中，当事人选择机制之确立是具有必要性的。首先，发回重审制度是通过第二审法院或第三审法院对于案件行使监督权在出现重大瑕疵具有导致不公正判决可能性时将案件发回重审的制度。对于监督权而言，当事人对于案件之监督

---

① 程序主体性原则。所谓的程序主体性，是指处于程序中主人翁的地位的当事人，不遭到其他程序参与方的非法涉猎；更深一步地讲，当事人能够在程序中充分表达自己的意思自由，对程序的启动、变更和终结具有发言权，有权选择相关程序事项等。

最具有细致性和合理性。尽管当事人对于法律的理解及适用与法官不具有可比性，但因当事人对于案件的关注程度及重视程度其对于过程中可能发生的妨碍其权利的事由最具敏感性，与此同时，当事人作为司法判决的承受方必然希望可以尽快取得审判结果，当然不排除当事人在明知自己会败诉的情况下有意拖延的情况，所以发回重审的效率问题也是当事人较为关注之方面。因此，从监督权的角度而言，引入当事人对案件的监督职能是有效增加公正裁判的有效手段，也是对高度职权主义的补充。其次，当事人选择机制的建立是宪法人权保护的体现。如上所述，民事诉讼案件的最直接承受者即为案件双方当事人，当事人对于案件是否起诉、何时起诉、何地起诉、诉讼标的都具有独立判断的能力和选择的自由且受到法律的尊重与保护，在法院受理当事人案件后，法律依然应当赋予当事人更多的权利和自由以保障其案件的公正裁判。而此自由即表现为当事人对审判法院的选择管辖权的自由、协议停止程序的自由、程序适用的选择的自由及发回重审启动、适用与不得启动等。此种选择机制是宪法赋予当事人诉讼权的一部分应当予以尊重。

一言以蔽之，民事诉讼程序是当事人之争议以合理合法的程序加以审判的保障。而民事诉讼发回重审程序是对当事人权利保护的第二层保险。从程序主体性原则出发，民事诉讼案件是当事人主张自身权利的手段及方法，当事人当然对于程序的参与和监督享有权利，因此当事人选择机制对于进一步合理化发回重审制度具有必要性。

第二，民事诉讼发回重审制度具有引入当事人选择机制之基础。根据民事诉讼的处分原则，当事人对于诉讼程序的处分权是当事人诉权所保护的范围的内容之一。根据我国《民事诉讼法》的相关规定，目前而言当事人对于民事诉讼可作选择的程序主要包括小额诉讼程序的适用、地域管辖的选择、简易程序的选择适用等。此些程序引入当事人选择机制主要有以下意义：首先，当事人选择机制之引入对于以上机制而言有效地提高了司法效率。当事人对于案件程序的选择除了得出公平裁判的结论以外更希望所诉之争能在最短时间内得以解决，无论是对于小额诉讼程序、简易程序或是管辖权的选择都对案件诉讼效率具有提高的作用。因此，当事人选择机制之建立以可在一定程度上提高诉讼效率为基础。其次，当事人选择机制的建立是对诉讼程序适用的保障是监督权的体现。一直以来，我国民事诉讼审判中法官职权主义地位突出的问题一直被学者和当事人所诟病。案件进入诉讼程序应当对何种事实加以确认、对何种证据予以采纳、适用何种诉讼程序、适用何种实体法加以审判均是审判庭所决定，当事人在大多数情况下仅在出庭后被动接受法官作出的种种结论，即使想要申辩或询问也往往会因为没有相关法律规定而不可行或被专业法律术语所为难。从另一个角度而言，在案件审理问题上，法官也承担着较大的工作及责任压力。随着司法改革的发展，法官终身责任制的推进与逐步落实使得法官对案件之审判尤其谨慎降低了诉讼进行之效率。另外由于大部分法院仍出于案件多法官少的情况，因此法官无力对于诉讼案件的每一个细节都为当事人进行阐明的客观困难也确实存在。在此当事人与法官矛盾不断升级的状态下，引入当事人选择机制，在司法成本上有效地节约的同时，是当事人对于忙碌的法官工作的监督模式，能够更有效地提高司法公信力，是当事人对法院所得出之判决的认可，减少案件上诉、再审及行政上访的可能性。再次，当事人选择机制最大程度地将民事诉讼程序价值呈现给诉讼当事人。民事诉讼程序是在民事诉讼过程中对当事人的保护和对实质正义取得的保障，其价值在于维护当事人审级利益即在各级民事诉讼程序中的充分辩论的权利。而从更深层次而言，对于当事人审级利益的维护和辩论权的保护是对当事人争议解决的途径。简而言之，只有当事人充分享受诉讼程序赋予的全部权利时，其对法院的裁判结论才会信服，而民事诉讼对于争议解决之目的才能妥善达成。因此，当事人选择机制的引入是对当事人利益之保护的一种方法，同时也是最大程度地将民事诉讼程序价值呈现给诉讼当事人的手段，对于达成民事诉讼价值具有推动作用。当事人选择机制的引入对于提高司法效率具有积极意义，引入当事人选择机制可以在双方当事人均同意的情况下有效避免诉讼的拖延，此外当事人选择机制也是对法院发回重审裁定的监督，就目前而言我国民事诉讼发回重审制度仍以职权主义为主，对于发回重审的裁定以法官认为有必要为条件，因此当事人选择机制的引入是对职权主义的补充，使得当事人对于民事诉讼程序的参与度增强，增加当事人主导诉讼程序之比重从而更好地实现民事诉讼程序价值。

第三，民事诉讼发回重审制度引入当事人选择机制之具体构建。在民事诉讼发回重审制度增加当事人选择及参与的机制可以有效增强司法公信力，降低司法成本，有效监督诉讼程序的公正性。同时在大部分的民事诉讼法研究人员的文章中也大量出现了对于发回重审制度过于职权化的批评。尽管大量学者指出民事诉讼发回重审制度应当引入当事人选择机制，然而在何种情况下可以给予当事人选择之权利，在何种情况下应当基于职权加以裁判，在大部分学者的讨论中都未被涉及。笔者赞同应当在发回重审制度中增加当事人对于诉讼程序的参与程度，使民事诉讼程序真正成为服务于当事人解决纠纷之机制。然而，进一步而言如何建立当事人选择机制是应当研究之重点。从案件裁判结果与双方当事人二审书面材料来看，一般而言，极少存在当事人未请求二审法院撤销一审法院之裁判发回重审而法院裁定发回重审的情形，法院裁定发回重审普遍基于上诉书中对于一审法院事实认定情况、适用法律情况及程序适用情况的否定而要求二审法院发回原法院重新审理的请求。在一方当事人提出发回重审的请求的情形下，如何引入当事人选择权的问题是对于发回重审而言更有意义的。

首先，当事人选择机制的引入需有双方当事人之合意。以当事人地域管辖的选择权为例，其选择权之设立是为了方便诉讼当事人推进诉讼之进程，然而在效率提升之前，公平价值同样需要得到最大的保护，因此在民事诉讼地域管辖选择的规定中，以当事人双方合意为前提。对于发回重审制度而言引入当事人选择之目的在一定程度上与当事人地域管辖的选择权之引入具有相似性，二者均是在法律规定的程序中对相应程序的变通从而能够减少当事人在诉讼中所承担的各种诉讼成本。但是，尽管当事人对于诉讼程序而言具有一定的决定作用，但引入当事人选择机制的基础是司法诉讼权利不得滥用而导致另一方当事人的权利受到损害，因此在应当或可以发回重审的案件中双方当事人之合意具有必要性。需要强调的是，权利的拥有与权利的必然使用并不具有相同的意义。有学者认为，在民事诉讼中处于劣势的一方当事人在二审上诉程序中往往罗列所有可能对其有利的事由和请求，其中即包括发回重审，对于相当多的具有败诉风险的当事人而言能够拖延给付时间也是对其有利的选择。而在此情况下，发回重审制度中的当事人选择机制的建立就失去了设立之基础。然而笔者需要说明，对于民事诉讼而言尽管存在拖延诉讼的当事人，但并不表明每一个欲拖延的结果都可以得以满足。就民事诉讼发回重审而言，发回重审需要满足法定之事由且法官也认为案件具有发回重审之必要方得发回原法院重新审理。并且发回重审案件对于诉讼的延迟导致了时间成本的增加，同时重新审理当事人需要再次出庭对于案件的证据资料加以辩论和证明，对于当事人而言增加了诉讼成本。即使具有败诉可能性的当事人仍欲发回重审但在以事实为依据的指导下，该当事人仍需承担较大的败诉的风险。如上所述，即使当事人并无第二审法院直接审理的要求，但当事人之权利与权利的必然行使并不具有完全相同的含义。双方当事人共同选择在可以发回重审的情况下第二审法院自行裁判是赋予了诉讼当事人对于程序的选择权，并不要求其必然行使。

其次，当事人选择机制的建立可以与部分发回重审制度的设立相结合。发回重审制度即第二审法院经审理认为原审程序存在重大瑕疵或所得结论之依据未经当事人充分辩论或影响审判结论而推翻原审判决发回原法院重新审理，原法院重新组成合议庭对于案件事实全部重新认定的诉讼制度。在我国及德国、日本民事诉讼发回重审制度并没有部分发回重审的规定，而上文所述法国法中对于发回重审制度规定了部分发回的情形，笔者认为我国同样可以对法国法之规定加以借鉴，将当事人选择机制与部分发回重审制度相结合。《法国民法典与民事诉讼法》中规定发回重审的案件只在最高法官裁定将案件撤销并发交其他法院或原法院重新审理的裁定具有对下级即重审法院具有约束力，因此下级法院对于发回重审案件的全案需要重新审理。考虑到诉讼效率的问题，法国法中又规定可以将案件中可以与其他部分独立的诉讼部分单独发交下级法院重新审理。如上文关于部分发回重审制度建立的部分所述，部分发回重审仍具有一定的诉讼风险，但从另一角度而言的确提高了诉讼效率。质言之，对于一些案件而言部分发回重审具有较强的适用性可缩短诉讼时限并达到正义取得之目的，而对于另一些案件而言部分发回重审则具有较强的风险。法律本身就不是能够适用所有社会情况的规则因此才会需要法官的裁量和当事人的选择。因此，将当事人选择机制的建立与部分发回重审制度的设立相结合是一举多得的手段。在当事人选择机制设立的前提下，当事人可以对自身案件部分发回重审的风险进行评估，同时在法院裁量权的行使下，部分发回重审的目的具有进一步实现之可能，从另一个角度而言对于部分事实发回重审制度之引入是当事人选择权的进一步体现。

最后，除对发回重审程序的选择之外具有要求第二审法院说明发回理由之权利并且应当引入调解机制。如上所述，发回重审制度中所引入当事人选择权不仅是对于发回重审适用的选择，并且应当具有进一步要求第二审法院说明发回理由之权利的权利。在民事诉讼发回重审制度当事人选择权制度的引入条件下，其即要求该制度提供当事双方选择适用发回重审制度的前提条件。第二审法院应当在案件具有任意性发回重审可能的情况下对于当事双方就发回重审理由、发回重审后所需要时长、发回重审后需重新辩论加以重新裁判之事项对当事双方进行必要的解释与指导，根据以上指引当事双方根据其所需时间成本、诉讼成本及裁判结果的可能性对案件结果进行评估，从而根据双方合意达成将案件发回重审的结论。同时，根据司法改革的不断深入，对于司法调解工作的加强一直成为法院工作强调的重点。在民事诉讼发回重审裁定作出前或曰在当事人选择发回重审程序前司法调解①之引入具有可行性和必要性。司法调解之理念即为在双方平等、和气的情况下在法院的引导下将争议得

① 司法调解亦称诉讼调解，是我国民事诉讼法规定的一项重要的诉讼制度，是当事人双方在人民法院法官的主持下，通过处分自己的权益来解决纠纷的一种重要方式。司法调解以当事人之间私权冲突为基础，以当事人一方的诉讼请求为依据，以司法审判权的介入和审查为特征，以当事人处分自己的权益为内容，实际上是公权力主导下对私权利的一种处分和让与。

以妥善解决的司法机制。根据相关司法数据，调解结案的民事案件上访率及再次起诉率都相对较低是具有较为稳定的纠纷解决机制。在当事人选择机制引入发回重审案件中引入调解环节具有必要性。首先在发回重审案件第二审法院作出发回重审裁定以前，如上文所述，法院需对当事人就原审存在之瑕疵作出合理解释并说明发回重审所引发的案件程序变化之后果，此时当事人或因案件拖延过长或其他原因而选择由第二审法院自行裁判。然而，尽管第二审法院之自行裁判为当事人自主之选择但事后或有反悔或其他推翻当时所作决定之可能，其将会给法院造成审判及处理上访事件之拖累。从当事人的角度而言，在双方合意是否将案件发回原审法院审理时该案件已经历过一审程序、第二审程序，双方当事人对于案件之争议随案件之审理已经有所化解，在面临前程序需重新推进时当事人内心也会存在对于发回重审之动摇，在一些情况下，当事人也会存在若需法院裁判案件结果，仅依照有瑕疵之程序或事实进行审理或有不甘，而此时引入调解程序使双方各退一步不仅使当事人不甘之心得以释怀也可解当事人诉讼耗时之忧。因此，在当事人作出是否发回重审之选择时引入调解程序具有必要性。其次，在当事人选择机制适用的发回重审案件中引入调解环节具有可行性。从法院对于司法程序的运作上而言，在当事人选择机制适用的发回重审案件中引入调解程序从司法操作上并无障碍。经过第二审法官对于案件材料的了解及第二审程序过程中所进行的针对第一审程序之声明不服的进一步辩论，第二审法院对案件具有一定的掌握及判断，因此在作出发回重审裁定之前引入调解程序能够有效地对争议予以指引，达到纠纷解决之目的。这从当事人对于调解程序植入的接受性而言具有可行性。调解程序作为司法文明的重要组成部分随着近年的民事诉讼的发展而日渐重要，对于及时得到公平裁决或曰结论对于民事活动当事人而言具有重要意义，这也是 ADR 纠纷解决机制在近些年被大量适用之理由。发回重审制度从理论上说在保障当事人权利之取得具有公正价值的追求，但当事双方的时间成本及司法成本付出也确有增加，因此在经历二次司法程序后当事人对于终止争议或有较强要求，在当事人对于发回重审制度的选择权适用前再次对民事诉讼双方加以调解的成功率相比于一审前调解或有提高。从理性人的角度而言，在诉讼程序开始以前，当事双方矛盾较为激化，并且案件已经诉至法院在一定程度上或存在由法官裁定的心理，而当案件程序推进至发回重审选择权适用之时，双方的权利义务之履行基本明了，在法院的工作与各方努力之下，对案件加以调解的成功率必然有所增加。因此，在从当事人选择发回重审机制中对调解程序植入的接受性而言具有可行性。

综上所述，当事人选择机制之设立并不仅仅是在当时双方之合意下选择有第二审法院对案件自行裁判，该机制之设立也意味着当事人在选择发回重审程序适用与否之前对于法院提出的要求其说明发回重审事由、发回重审后案件后果等权利，因此当事双方也可根据第二审法院之指引有效地在重审程序中有针对性地提供证据资料并加以辩论，此外，除对发回重审程序的选择之外应当引入调解机制在司法资源消耗最少的情况下，有效解决诉讼纠纷并保障当事人获得公平正义之诉讼结果。对于民事诉讼发回重审制度而言，参考域外法对民事诉讼案件给予当事人对发回重审适用的充分参与的机会，当事人选择机制的建立基于民事诉讼中处分原则提高司法效率、监督职能及当事人对于参与民事诉讼程序从而实现民事诉讼价值的角度而言具有设立之基础性及必要性。

第三节　发回重审相关配套制度的构建

一、设立发回重审特别审判庭

审判组织承担着决定案件是否能得到公正、及时、正确判决的重要职能。如前文所述，审判委员会作为法院中最具有权威的法官的集合具有承担修正原审错误、承担变更原审判决压力的能力。以审判委员会组成人员作为特别审判庭人员组成对于被第二审法院作出发回重审裁定的案件的公平、及时审判具有重要意义。

第一，在基层法院建立针对发回重审案件的特别审判庭对于保障当事人获得及时公正判决结果具有重要意义。目前民事诉讼发回重审制度的适用不仅具有保障当事人审理利益和辩论权的作用，在很大程度上也承担着对法官业务能力考核的重要职能。当案件被第二审法院作出发回重审的裁定后，原审法院案件承办人、合议庭成员可能要在一定程度上承担案件被发回重审的后果，例如通报评讲、公开检查、纪检调查甚至对评先评优、晋级等产生不良影响。也正由此导致第二审法院在作出发回重审的裁定时需"审慎"考虑，然而需要指出的是，第二审法院的"审慎"考虑并非完全基于将案件发回原审法院重新审理是否有利于当事人获得公平正义的司法判决结论，而更多地是基于将案件发回原审法院重新审理是否会给一审法院或原审法官带来不了影响，因此二审法官在作出将案件发回重审或在某些情况下被示意案件需要发回重审之前需要经过二审法院的内部审批程序，或针对该案件可否发回重审与原审法院进行沟通。如上文所述，黑龙江省各二审法院作出将案件发回原审法院重新审理的裁定前需经民庭审判长签字认可。在其他地区部分第二审法院规定第二审法院作出将案件发回重审的裁定前需由作出二审裁定发回重审法院的主管院长签发函件同意将案件发回原法院重审。深圳市《关于统一民事案件改判和发回重审标准的若干意见》规定，对于上诉审法院所作出的二审改判或二审发回重审或再审的改判应当严格遵照本意见执行，对于发回重审的适用及自行裁判的标准应当统一，对于具有重大影响的案件上诉审或再审法院作出改判或发回重审的裁定前应当与原审法院进行沟通，在本院庭长或主管院长批准后方可作出改判或发回重审的判决或裁定。① 由此可见，在部分地区民事诉讼发回重审裁定的作出是上下级法院内部协商的结果。因此，当案件被发回到原审法院重新审理时，对于重审法官所造成的审判压力要高于普通案件。对于重审法官而言，重审案件在原审时或有同法院同事作出裁判甚至有本院审委会讨论

---

① 深圳市《关于统一民事案件改判和发回重审标准的若干意见》规定："二审、再审改判和发回重审，应依据本意见执行，严格掌握发、改标准，统一发、改尺度。凡重大改判和发回重审的案件应与原审法院或原审合议庭沟通，并按《合议庭规则》及其他相关规定报庭长或主管院长审批。"

得出判决结论，在重审中重审法官因考虑到同事关系或未来晋升因素等原因而无法作出推翻原审的判决结论。从制度设计的角度而言，由于我国并非如美国一般的三权分立的国家，审判权与行政权存在交叉，因此在民事诉讼发回重审制度建立时就不应仅将保障当事人审级利益和辩论权作为制度设计的唯一参考变量，将重审案件的公正判决的责任交给基层法院的一名普通法官而在很大程度上要求其推翻同事或上级领导所做裁判本身就是难以执行的。因此，在基层法院建立针对发回重审案件的特别审判庭是具有重要意义的。

第二，民事诉讼法发回重审程序特别审判庭的组成和运行具体构建。重审程序中特别审判的建立首先应当以具有可以保障当事人案件受到公审裁判为前提。上述对于当事人受到公正审判裁判之保证具有两层含义，第一是重审裁判的裁判者具有可以保障当事人重审案件受到公正审判的能力；第二，重审裁判的裁判者具有可以保障当事人重审案件受到公正审判的意愿。

英国证据法法学家丹尼斯在其论著中指出："对事实审理者合理期盼的，也是事实审理者能做到的就是在条件有限的情况下，作出最佳的判定。这最佳的判定就是最大限度的接近在这个世界上过去发生的事实，但却不能保证其准确性。"① 第二审法院以事实不清作出将案件发回原审法院重新审理的结果对与第二审法院以原审程序中存在严重违反法定程序的情况作出将案件发回原审法院重新审理于重审法院而言在对案件重审的难度上具有较大差别。对于普通基层法官而言，被第二审法院作出发回重审裁定的案件一般而言都具有疑难性，而疑难案件在一审审理程序中极可能被第一审法官呈报申请由审判委员会对案件事实认定及法律适用予以讨论。因此发回重审案件特别审判组织的建立对于案件取得公正裁判具有重要意义。

在民事诉讼过程中，当合议庭成员在不能就案件形成一致认识时根据审判长的申请案件将提交审判委员会讨论决定。根据《人

---

① 转引自张永泉：《论合议庭制度》，载《法律科学（西北政法学报）》2001 年第 5 期。

民法院组织法》第十条的规定，各级人民法院的组织构成中应当包括审判委员会，审判委员会对于案件的裁判采用民主集中制度，审判委员会成员根据所审判案件总结审判经验，对于重大案件或疑难案件的裁判进行讨论。① 在民事诉讼法院中，审判委员会由院长、庭长和资深审判员组成，也就是说在民事诉讼第一审程序中当出现疑难案件或重大案件时审判委员会即第一审法院中最具有权威的法官将会对案件的裁判进行讨论和评估。一般而言，被第二审法院作出发回重审裁定的案件具有争议复杂、影响较大的特点，而此类案件在一审审判时，如上所述判决结论已经经由一审法院审委会的讨论而得出。因此，将此类案件的重新审理压力交由原审法院中的普通法官进行裁判，从举重以明轻的解释方法而言，对与法律的正确适用与事实的清晰认定是具有一定难度的。简而言之，在原审程序中，案件的判决裁量是根据原审法院中最权威的法官讨论得出的，其结论是或在事实认定中存在瑕疵或在程序适用中存在瑕疵而被第二审法院裁定发回重审，而将重审发回的案件交由普通法官自行重新裁定在法律适用或事实认定上其或可能不具备准确、正确判断的能力。此外，对与重人疑难案件的判断经由原审法院审判委员会的讨论或其他审判人员的判决后被第二审法院作出发回重审的裁定，在第二审法院所作的发回重审的裁定并未在裁定文书中说明将案件发回重审的理由时，重审法院的法官或因畏惧领导、不想得罪同事等原因对案件审理产生抵触变更原判决的情况。因此，将重审案件作为新案件发回原审法院重新审理不论从公正审判的能力上的欠缺或是公正审判的意愿上抵触，都可能导致重审法官作出与案件原审判决相同的判决的情况。因此，将重审案件的重审组织加以修正，使重审组织对原判决的修改不存在上述能力上的欠缺和思想上的顾虑是对当事人审级利益最有效的保障。第二，由审委会组成人员成立专门审判庭对以事实不清为由被发回重审的案件进行重审是

---

① 《人民法院组织法》第 10 条规定："各级人民法院设立审判委员会，实行民主集中制。审判委员会的任务是总结审判经验，讨论重大的或者疑难的案件和其他有关审判工作的问题。"

对本法院普通法官的案件审理压力的减轻，也是对当事人案件公正审判及时性的保障。如上所述，由于审委会组成人员代表了该法院法律能力与行政职能的最权威人员，因此当第二审裁定的发回重审案件属于具有重大影响或疑难案件时，重审法官仍会在审理过程中或审理后就案件审判的结果申请由审委会讨论，如果将以事实不清为由被发回重审的案件直接通过由审委会组成人员成立专门审判庭重审不仅可以减轻重审法院普通审判人员的审判压力，也可缩短诉讼当事人诉讼时间，最大限度地保障诉讼当事人公正审判结论取得的及时性。此外，由于审判委员会组成人员包括院长、庭长等具有行政职务的法官，因此由审委会组成人员成立专门审判庭对原审案件判决结论依法变更重新改判时无需承担普通法官对与改变同事或领导判决所具有的心理压力而使重判程序更加顺畅。因此，通过建立由审委会组成人员成立专门审判庭对以事实不清为由被发回重审的案件进行重审是对本法院普通法官的案件审理压力的减轻，也是对当事人案件公正审判及时性的保障。

第三，由审委会组成人员仅对以事实不清为由被发回重审的案件进行重审具有合理性。由于第二审法院适用发回重审制度将案件发回重审存在的二种理由分别是以基本事实不清为依据或以原审程序中存在严重违反法定程序的情况为依据。重审法院对因此二种情由所导致的被发回重审案件的处理应当存在不同，首先由于《民事诉讼法》《关于适用〈中华人民共和国民事诉讼法〉的解释》对于严重违法行为的规定以例句的方式作出了相对更加具体的规定，因此在重审程序中对于避免出现原审程序中所存的程序性瑕疵具有较为明确的指导作用。第二，重审法官对于程序瑕疵的纠正难度远小于对由于原审法官存在事实认定之瑕疵所导致的基本事实不清的纠正难度。由于不同法官对同一案件基本事实的理解可能存在偏差，因此对于重审法官而言前审法官所作的法律判断是否存在瑕疵是需要依据裁判经验的总结、法律知识的积累等多种能力相结合而加以判断，并且对于重审法官的判断也不能保障其完全正确性。在美国针对具有重大影响或事实认定具有疑难的案件在被巡回法庭或州最高法院作出发回重审的裁定后原地区高等法院在特殊情况下会特别由区高等法院资深法官组成审判庭的方式对案件进行重新审理。而在我国目前针对第二审裁定发回重审的案件均视为新案件以第一审诉讼程序加一审理。由于审委会成员具有院长、庭长等特殊身份，对与重审案件的法律适用的改变和事实认定作出新的法律判断多不会因承担得罪上级等心理压力而有所顾虑，因此参照美国法院在特殊案件中挑选法官对疑难案件审理的制度，建立由审委会组成人员成立专门审判庭对以事实不清为由被发回重审的案件进行重审在组织建立的层面上具有先进性。第三，由审委会组成人员成立专门审判庭对以事实不清为由被发回重审的案件进行重审对审判的时效上具有及时性。如上所述，当第二审裁定的发回重审案件属于具有重大影响或疑难案件时，重审法官仍会在审理过程中或审理后就案件审判的结果申请由审委会讨论，如果将以事实不清为由被发回重审的案件直接通过由审委会组成人员成立专门审判庭重审可最大限度缩短诉讼当事人诉讼时间，保障诉讼当事人公正审判结论取得的及时性。

对于重审法官而言，纠正原审判决中法律判断错误的难度高于纠正原审程序中存在的程序瑕疵。程序瑕疵的纠正在一定程度上是为了保证当事人获取公正结果的程序性保障无需过多的法律分析和法律判断，因此对于第二审法院以原审程序中存在严重违反法定程序为发回重审理由的案件，无需由审判委员会组成人员作为重审组织进行。

综上所述，根据比较法研究及实证研究，由于民事诉讼发回重审案件多为具有审判难度或较高影响力的案件，在各法院中审判委员会作为最具有权威的法官组织的集合具有承担修正原审错误、承担变更原审判决压力的能力，因此在法院中建立由审判委会成员组成的特别审判庭具有可行性。根据笔者调研数据及结论，审判委员会由为院长、庭长和资深审判人员组成①，对于重审法院而言，审判委员会是由该法院法律能力与行政职能最为权威的人员组成的组

---

① 参见杨扬：《从司法独立看我国审判委员会的存废》，载《贵阳学院学报（社会科学版）》2013年第5期。

织，因此由审委会组成人员对第二审法院以事实不清为由裁定发回重审的案件进行重审，对于法律的适用及原审程序中事实判断均具有最权威的认定的能力。因此，对于由第二审法院作出将案件发回原审法院重新审理的裁定而言，由审判委员会组成人员组成专门的重审法庭专门审理针对以事实不清为由被发回重审的案件具有合理性。

二、削弱审判权外其他权力对发回重审的影响

从民事诉讼发回重审制度的多次改革中可见，立法者对民事诉讼发回重审制度的制约强度逐渐提高，最高人民法院在《关于规范上下级人民法院审判业务关系的若干意见》中指出，上诉审法院不得以原审法院判决存在事实不清证据不足为由将已查明事实的案件发回原审法院重新审理，若上诉审法院以基本事实不清证据不足为由作出将案件发回原审法院重新审理的，原则上仅可作出一次。[①] 可见，其对第二审法院自由裁量的发回重审案件进行大量的限制，同时在次数上对民事诉讼发回重审的裁定进行了限制，欲有效降低反复发回重审案件的出现。同时，《关于规范上下级人民法院审判业务关系的若干意见》指出为进一步实现民事诉讼发回重审的有效功能，最高人民法院对其自身职能也作了细化的规定，其通过对具体案件的审理工作、对于规范性文件制定司法解释或采取发布指导性案例的方法对下级法院的审判的准确性进行保障，同时最高法院也会定期召开审判业务会议或由最高法院牵头组织法官培训等形式对地方各级人民法院和专门人民法院的审判业务工作进行指导，从而达到对各级法院业务能力及审判结果公正有效性的保障。为解决第一审法院即重审法院对于案件审判经验不足、法院业务能力较弱的情况，《关于规范上下级人民法院审判业务关系的若

---

① 最高人民法院的《关于规范上下级人民法院审判业务关系的若干意见》规定："第一审人民法院已经查清事实的案件，第二审人民法院原则上不得以事实不清、证据不足为由发回重审。第二审人民法院因原审判决事实不清、证据不足将案件发回重审的，原则上只能发回重审一次。"

干意见》还规定市中级人民法院需定期对基层人民法院的业务能力进行培训，其主要方式为对中级法院所审理案件的案件制作审判经验集并通过组织法官培训等形式下发到基层人民法院从而达到对其审判业务工作指导的目的。① 可见为了保障诉讼的顺利有效进行，最高法院与各地高院、中院对基层法院案件均具有指导和监督的职能。这也与十八届三中全会以来所强调的审判管理权的职能相对应。最高人民法院在《关于完善人民法院审判权与审判管理权运行机制的意见》中阐明，审判管理权是对法官审判质量的监督，通过领导、评价等方法对司法资源加以整合，达到确保审判结论的公正有效，审判过程的合法高效，审判组织的廉洁自律的效果。② 审判管理权制度的建立是在弱化庭长、院长负责制的情势下对于案件审判行为管理的应运而生的制度，是审判权的衍生与辅助权利，以保证审判权的公正行使的权利。在审判管理权的制度之下，对于法院审判评价或法官考核更多基于制度化、数据化、标准化等考核及评价方法，其中发回重审案件数量作为其考核的依据之一。不得不说，实践中由于审判管理权的适用，从数据上而言发回重审案件数量在一定程度上有所下降，通过对基层法院的走访，其反馈为发回重审案件与前几年相比较却能感到有实质性的减少。但从发回重审的质量上来看，民事诉讼发回重审依旧较多受到审判组织结构的影响。如陈杭平在《组织视角下的民事诉讼发回重审制度》一文中指出，发回重审作为衡量审判质量的一项指标，也因此构成组织激励、管理的重要组成部分。如果所作判决被发回，承办人乃至合

---

① 《关于规范上下级人民法院审判业务关系的若干意见》第 8 条规定："最高人民法院通过审理案件、制定司法解释或者规范性文件、发布指导性案例、召开审判业务会议、组织法官培训等形式，对地方各级人民法院和专门人民法院的审判业务工作进行指导。" 第 10 条规定："中级人民法院通过审理案件、总结审判经验、组织法官培训等形式，对基层人民法院的审判业务工作进行指导。"

② "审判管理权是指人民法院通过组织、领导、评价、监督、制约等方法，对审判质效进行科学考评，对司法资源进行有效整合，确保司法活动公正、廉洁、高效运行的权利。"

议庭成员均要承担一定的负面后果，包括申辩说明、通报评讲、公开检查、纪检调查等直接后果及对评先评优、晋级晋职的间接影响。① 由此可见，二审发回重审的适用在上下级之间存在一种相对制约的稳定关系。这种关系的存在是基于上下级法院不予言说的"潜规则"而产生的，一般而言对于发回重审案件从二审法官意欲将案件发回重审或在某些情况下被示意案件需要发回重审时首先需要经过二审法院的内部审批程序，在一些地区在内部审批之前二审法院会针对是否可以发回重审与原审法院进行沟通而其后二审法院方可审批通过发回重审程序。以黑龙江省各二审法院为例，大部分法院要求发回重审案件需经民庭审判长签字认可，但也存在部分中院规定在《民事诉讼法》修改后，发回重审案件均需二审裁定发回重审之法院主管院长签发函件同意将案件发回原法院重审，而一审案件若为基层法院审委会讨论的案件则需要专业审委会研究讨论后方可由主管院长签发函件同意发回重审或要求在裁定二审发回重审以前二审审判长或审判庭庭长应当先行沟通，在得到原审审判长解释或认可后再作出是否予以发回重审之决定。黑龙江省部分城市也存在发回重审案件裁定书下发的同时，原审法院纪检监察部门将对原审判案件审判人员予以登记，如发现原审人员存在违法违纪行为则将介入查处。再如信阳市中院要求在发出发回重审裁定的同时二审法院同时发出《执法监察通知书》和《二审改判与发回重审案件审查表》，原审审判人员根据原案件判决理由及依据填写以上两表并有原审法院纪检委予以调查核实。虽然根据立法导向而言，限缩发回重审范围是立法预期的结果，然而单纯减少发回重审数量并不是立法与修法的目的。发回重审制度本身即是为了保障当事人上诉权与辩论权的有效实现，在追求公平正义之时适当牺牲司法效率。然而根据上述情况，发回重审已不仅仅是维护当事人合法权利的正义之剑，在某些程度上更是用以评价法官或法院合格与否、是否符合党纪要求、是否得以升职及任免的标尺，更何况发回重审制

---

① 参见陈杭平：《组织视角下的民事诉讼发回重审制度》，载《法学研究》2012年第1期。

度对于部分法院、部分法官而言本身就是结案率、改判率、发回率、信访责任的平衡工具，然而对于发回重审制度而言这些不能承受之重。同时，由于法院中内部考核办法，依旧采取院长制，升职评定办法仍由各个法院自行规定，而日常案件审理中庭长、院长对于案件的干预仍大量存在，因此根据此种职级机制对于发回重审案件各法官的审判权依旧存在很严重的干扰。如笔者在走访黑龙江省某市中级法院时，该法院的法官直言尽管民事诉讼第二审发回重审具有相对严格的制约，一般的案件中院也就不会发重审了。但是如果遇到当事人双方都打招呼的情况，作为中院的法官也是很为难。因此，在此种情况下就根据基本事实不清发回重审了，尽管需要跟下级法院沟通也需要对裁定发回重审的案件说明情况，但一般此种问题发生，中院法官认为跟一审法院沟通比直接裁判更能化解矛盾。因此，从第二审法院法官角度而言发回重审制度在一定程度上减少了不公平裁判的可能，同时通过将案件发回重审在一定程度上削减了当事人之间的矛盾争议的激烈程度。然而，依然要强调的是既然我国现大力推行案件法官终身负责制，那么在审判管理权中对于法官裁判的干预应当最大限度地减少，不仅为了保证当事人的诉讼权利也是对法院的保护。

综上所述，从实证研究结论与博弈论的角度分析，第二审法官之所以在存在审判权以外的其他权利的干扰时作出滥用、乱用发回重审制度的选择是因为遵照领导或个人关系的要求作出将案件发回重审的裁定与第二审法官个人利益更相关，而依照法律规定维护当事人及时获取审判结果及财产利益的权利而依法裁判从利益角度分析与第二审法官利益相关性较小。因此，应该增加第二审发回重审裁定法官责任的方式而增强依照法律规定维护当事人及时获取审判结果及财产利益的权利而依法裁判与第二审法官的自身利益相关程度实现第二审法官在观念上不敢滥发回、乱发回从而达到保护当事人审级利益及诉讼权利之目的。

三、建立自行监督、管理监督及当事人监督合一的监督机制

民事诉讼二审发回重审制度一直以来都作为民事诉讼制度中的

负面范例被学者和司法工作人员诟病。立法者欲通过限缩第二审法官作出发回重审裁定的自由裁量权解决第二审法院对不该作出发回重审裁定时滥用发回重审裁定权，应当适用发回重审制度不适用或不依法适用的问题，然而从现实效果来看仍不理想。除本书上述所提出问题以外，对民事诉讼发回重审制度的监督权过于单一是滥用、乱用发回重审权的另一重要原因。

目前我国尚未建立完善的对民事诉讼发回重审制度的监督机制，准确来说除了法院自身对法官发回重审裁判数量及对同一案件发回重审次数上的监控以外，并无明确针对第二审法官乱用、滥用发回重审权的监督制度。当第二审法官将案件作出发回重审的裁定后，对此裁定的正确性与公正性的监督方式并无明确规定。与此相对的是，被第二审法院作出发回重审的裁定的第一审法院对于由本法院所作该判决的法官则具有较为严格的能力审查和违法审查机制。也就是说，对于第二审法官作出的将案件发回重审的裁定并没有严格的监督程序，而对原审判决的法官则会因发回重审裁定的作出而受到严格的审查，因此如若第二审裁定不适当不仅会危害到当事人的诉讼权利也会损害到原审法院的利益。可见建立民事诉讼发回重审制度当建立完善自行监督、审判管理监督、当事人监督的合一监督机制是保障当事人权利和维护第一审审判法官公信力的重要措施。

从各制度相互契合的角度而言，当事人选择机制、发回重审前的调解机制、原审法院自我监督机制与审判管理监督机制应当有机结合，同时部分发回重审制度、发交其他法院重新审理的制度相结合，做到对民事诉讼发回重审制度多角度监督，对诉讼当事人多层次保护。在德国、日本由于其法律对发回重审限制较为严格而且对作出撤销的法院对发回重审案件的指引及其他判决内容对发交法院的拘束力作出了较为严格的规定，因此在德国法与日本法中没有明确的部分发回重审和发交其他法院的规定，而在法国法中由于明确的规定了作出撤销的法院对于发回重审案件的指引及其他判决内容对于发交法院无法律上的拘束力，因此为保障公平审判的同时节省

225

诉讼成本及节约诉讼时间，法国法在其民事诉讼法中明确规定了部分发回重审制度、发交其他法院审理制度与当事人选择机制。由于目前我国对于第二审发回重审裁定的拘束力无明确规定，一般而言在实际司法审理过程中重审法院对发回重审案件以新案件的态度对待，因此类比各国法律之规定，与法国法适用模式之基础最为相似，其发回重审之体系建立具有参照性。我国民事诉讼发回重审制度应当建立由当事人选择机制、部分发回重审机制共同组成当事人对民事诉讼发回重审制度的监督。在当事人双方对于第二审法院认为应当或可以发回重审案件作出发回重审的裁定之前，当事人可以以合意之形式选择是否将案件发回原审法院重新审理。在合意达成过程中，第二审法院应当增加当事人双方调解程序，其目的在于在发回重审程序进行前以和谐的方式解决当事人之间的纠纷。此外，当事人选择机制除当事双方可合意对是否适用发回重审制度加以选择外，对于法院作出的发回重审裁定具有要求其说明理由之权利，为重审备诉做好充分的准备。

综上所述，根据比较法研究及实证研究结论可见，目前除了第二审法院自身对法官发回重审裁判数量及对同一案件发回重审次数上的监控以外，并无明确针对第二审法官乱用、滥用发回重审权的监督制度。而司法实践中，第二审法官发回重审裁定存在领导指示、利益平衡的多方因素影响的情况，因此完全依赖本法院的自我监督对第二审发回重审制度滥用、乱用的防治是远不足的。当事人作为诉讼案件最直接的利益相关者应当对第二审法院将案件作出发回重审裁定的适用公正性予以监督，赋予当事人对第二审法官的监督权是对民事诉讼二审发回重审制度适用最有效的监督机制。此外，应当增加第二审法官对发回重审案件裁定的责任，使第二审法官在作出裁定前自行审查是否存在适用发回重审制度错误的情况，从而建立自我监督机制。在自我监督、审判管理权监督及当事人监督的共同作用下，第二审发回重审制度的适用正确性、合法性及有效性方能得以保障，因此发回重审制度构建司法制度适用文明应当建立完善自行监督、审判管理监督、当事人监督的合一监督文明机制。

结　　论

民事发回重审制度是民事诉讼领域中对当事人诉讼权利保障的重要手段，其发展与完善受到了立法者、司法人员、当事人的关注。民事诉讼发回重审制度虽然经历了多次修改，但在司法实践中民事诉讼发回重审制度的滥用、乱用问题仍屡见不鲜。

在民事诉讼法学者研究的基础上，通过对现行制度的规范分析、实证研究与比较研究的方法对民事诉讼发回重审制度提出了整体的完善建议。我国民事诉讼发回重审制度应当在制度适用的具体规范与司法运行组织架构上共同完善，双管齐下达到保护当事人诉讼权利和维护司法制度良性运行的目的。

在民事诉讼发回重审制度适用完善方面，笔者提出，首先，应当明确民事诉讼发回重审制度适用前提，严格执行以原审法院所作审理结果或过程存在过错，当事人对案件具有进一步言辞辩论之必要，重审法院具有能够查明案件事实的可能，原审审理过程中存在严重影响判决合法性基础事由作为第二审法院作出将案件发回重审的裁定的基础和前提，为正确适用民事诉讼发回重审制度保障当事人审级利益发挥铺垫作用。

其次，我国目前对于发回重审裁定拘束效力未作明确规定。根据笔者实证调研发回重审裁定拘束力的缺乏是造成重审案件反复发回、再审率高及上访量大的重要原因之一。明确民事诉讼发回重审裁定拘束效力是对其完善的必要措施。此外，现行民事诉讼发回重审制度过于职权化，一方面导致当事人对审判的矛盾集中在上诉审法院之处，另一方面不利于当事人对案件的判决或裁定息诉服判，因此建立当事人选择机制势在必行。

再次，通过对域外法的比较研究传统大陆法系主要国家及地区对重审案件发交其他法院审理机制及部分重审制度均作出了符合自身国情或地区特征的规定。经笔者研究发现，当上诉法院作出发回重审裁定的前置条件越复杂时，发回重审判决的拘束力对重审法院的控制力及拘束效力越强，其可降低重审法院偏失的可能性越强，其对案件异地审理的要求越弱。因此，就我国目前民事诉讼发回重审制度的具体规范而言，其适用的前置要件及拘束效力的规定尚为空白状态，为充分保障当事人审级利益、辩论权、其他诉讼权利及最大限度提高诉讼效率，依据我国具体司法现状应当构建部分发回重审制度和重审案件发交其他法院审理机制。

最后，为保障发回重审制度运行的流畅性，除对民事诉讼发回重审具体制度加以明确外，配套制度的构建同样应当予以加强，设立发回重审特别审判庭、消弱审判权外其他权力对发回重审的影响及建立自行监督、管理监督及当事人监督合一的监督机制，多角度保障发回重审制度保障当事人审级利益与辩论权功能的实现。

从1950年的发回重审制度的始建到现行民事诉讼发回重审制度的不断完善，尽管其依旧存在诸多问题，但其不断向前发展的脚步从未停歇。随着司法改革的不断深化，当事人权利的依法保障不断被强调，司法权滥用问题逐渐减少，民事诉讼法发展如沐春风。作为民事诉讼法研究者深知民事诉讼发回重审制度的健全与完善任重而道远，仍需民事诉讼前辈及年轻一代不断努力，刻苦钻研，但在"依法治国"的大环境下，笔者坚信"同志只需努力，改革必会成功!"

参 考 文 献

一、期刊类（A—Z 顺序）

1. 曹志勋．论普通程序中的答辩失权［J］．中外法学，2014，26（2）：483-508.

2. 陈杭平．组织视角下的民事诉讼发回重审制度［J］．法学研究，2012，34（1）：22-24.

3. 陈杭平．"职权主义"与"当事人主义"再考察：以"送达难"为中心［J］．中国法学，2014（4）：200-216.

4. 陈光中，工万华．论诉讼法与实体法的关系——兼论诉讼法的价值［J］．诉讼法论丛，1998（11）：3-16.

5. 陈立斌．发回重审的制度构建及其运作机制的完善［J］．审判前沿观察，2007（1）：4.

6. 蔡晖．事实不清发回重审：一个与认识论和证据规则矛盾的制度［J］．法律适用，2006（9）：46-49.

7. 蔡晖．对认定事实存在问题的案件不应发回重审［J］．人民司法，1998（2）：41.

8. 崔巍，赵文，马志坤．涉检信访理论问题浅探［J］．法制与社会，2013（33）：141，144。

9. 董仁喜．发回重审案件上诉后二审法院应易人办理［N］．人民法院报，2006-10-11（7）.

10. 段钧．发回重审的司法考察与立法检讨［J］．法学杂志，2004（2）：72.

11. 傅郁林．论民事上诉程序的功能与结构——比较法视野下的二审上诉模式［J］．法学评论，2005（4）：36-44.

12. 傅郁林. 审级制度的建构原理——从民事程序视角的比较分析 [J]. 中国社会科学, 2002 (4): 84-99.

13. 高艳华. 民商事二审案件发回重审情况分析 [J]. 人民司法, 2007 (3): 33-36.

14. 郭松. 审判管理进一步改革的制度资源与制度推进——基于既往实践与运行场域的分析 [J]. 法制与社会发展, 2016, 22 (6): 62-68.

15. 顾培东. 中国法治的自主型进路 [J]. 法学研究, 2010 (4): 4.

16. 江必新. 论民事审判监督制度之完善 [J]. 中国法学, 2011 (5): 128-137.

17. 王春晖, 朱红洲, 聂丽华. 正确把握案件发改率提升案件审判质量 [N]. 人民法院报, 2011-07-14 (8).

18. 厚得顺. 论我国民事发回重审制度的理性重构——以德州中院十年发回重审案件的实证分析为依据 [J]. 山东审判, 2009, 25 (1): 81-85.

19. 廖中洪. 民事程序立法中的国家本位主义批判——对我国民事诉讼立法指导思想的反思 [J]. 现代法学, 2002 (5): 5.

20. 李喜莲, 方满红. 民事诉讼发回重审制度之完善 [J]. 西华大学学报 (哲学社会科学版), 2014, 33 (5): 48-53.

21. 李秋英. 民事再审发回重审制度反思与重构 [J]. 东南司法评论, 2015, 8 (0): 361-369.

22. 李文革. 2012 年民事诉讼法学研究综述 [J]. 民事程序法研究, 2013 (2): 313-331.

23. 李伟. 湖北十堰 4 名法官法庭上被当事人捅伤血溅当场成重伤 [N]. 法制新闻, 2015-09-09 (6).

24. 李潇潇. 民事再审发回重审的独立特质及双重限制模式构建 [J]. 法学家, 2016 (3): 105-179.

25. 李峣, 邓海虹. 新民事诉讼法中诉讼目的之检讨 [J]. 西部法学评论, 2013 (6): 8-14.

26. 李旸. "毒树之果"证据排除规则本土化的必要性分析

[J]，法制博览，2016（32）：117.

27. 骆永家．发回判决之拘束力［J］.民商法研究，1993，（1）：179.

28. 蓝宇，刘瑾．对我国民事诉讼发回重审制度的反思与重构［J］.法律适用，2005，（10）：71-72.

29. 罗发兴．析程序瑕疵的民事上诉案件发回重审之避免［J］.人民司法应用，2009，（3）：100-104.

30. 罗水平．民事诉讼发回重审制度中的制约机制研究［J］.求索，2011（8）：142-144.

31. 毛凯欢．论当事人的民事诉讼程序选择权［J］.法学研究.

32. 宁静．民事诉讼发回重审制度的再探讨［J］.法治博览，2015（31）：201-202.

33. 聂叙昌，金晓荣，申遇友．对民事诉讼发回重审制度的法律思考［J］.人民司法，2005（8）：8.

34. 欧婷．消除有罪不罚实现司法正义［J］.法制与社会，2011（11）：115-116.

35. 庞小菊．民事诉讼发回重审事由的审视与检讨——兼评2012年《民事诉讼法修正案》的相关规定［J］.北京师范大学学报，2013（2）：92-100.

36. 王伯勋，赵文超．民事诉讼发回重审之规范与控制［J］.人民司法，2010（3）：101-105.

37. 王亚新．程序·制度·组织—基层法院日常的程序运作与治理结构转型［J］.中国社会科学，2004（3）：84-96+207.

38. 王亚新．法院财政保障的现状及前景略议［J］.学习与探索，2010（4）：93-95.

39. 王亚明．民事发回重审制度的检讨与重构［J］.天津市政法管理干部学院学报，2005（4）：3-9.

40. 王惠慧．民事诉讼重审程序独立性初探［J］.法治与社会，2016（4）：123-125.

41. 王琦．审判权与审判管理权的冲突与良性互动——以民事审判管理为视角［J］.海南大学学报（人文社会科学版），2013，

31（3）：107-114.

42. 吴从周. 第三审废弃发回判决之拘束力——相关法院判决之整理分析［J］. 台湾法学杂志，2010年（151）：37-48.

43. 魏大晓. 第三审废弃发回判决之效力［J］. 月旦民商法杂志，2004（6）：37-38.

44. 肖森华. 民事再审发回重审制度的法律思考［J］. 时代法学，2012（5）：59-64.

45. 杨扬. 从司法独立看我国审判委员会的存废［J］. 贵阳学院学报（社会科学版），2013（5）：53-57.

46. 周剑浩. 人民法院"错案责任追究制"新视角［J］. 法律适用，2003（12）：52-54.

47. 占善刚. 民事诉讼发回重审的理由比较研究［J］. 比较法研究，2015（6）：143-157.

48. 占善刚，刘芳. 程序违法与发回重审——《民事诉讼法》第170条之检讨［J］. 江西财经大学学报，2014（5）：122-128.

49. 周永军. 发回重审的二审案件应实行交叉审理［N］. 人民法院报，2008-07-16（5）.

50. 郑肖. 案件质量评估的实证检视与功能回归—已发回重审率、改判率等指标为切入点探讨［J］. 法律适用，2014（1）：18-22.

51. 赵旭东. 论民事案件的上诉审裁判方式——兼论新《民事诉讼法》关于上诉审裁判方式的规定［J］. 法学杂志，2013，34（6）：97-105.

52. 赵旭东. "灵"、顿悟与理性：知识创造的两种途径［J］. 思想战线，2013，39（1）：17-21.

53. 赵钢. 正确处理民事经济审判工作中的十大关系［J］. 法学研究，1999（1）：17-32.

54. 张卫平. 论民事诉讼的契约化一—完善我国民事诉讼法的基本作业［J］. 中国法学，2004（3）：80-84.

55. 张永泉. 论合议庭制度［J］. 法律科学（西北政法学报），2001（5）：115-122.

56. 左卫民，谢鸿飞．论民事程序选择权［J］．法律科学，1998（6）：58-64．

57. "法闹"日甚谁来保护法官？［N］．广州日报，2015-09-16（5）．

二、著作类（A—Z 顺序）

1. 日本新民事诉讼法［M］．白绿铉，编译．中国法制出版社，2000．

2. 陈荣宗．民事程序法与诉讼标的理论［M］．台湾大学法学会编辑委员会，1977：26-49．

3. 范愉．关于法律解释的几个问题［J］．载江伟．民事审判制度改革研究［M］．中国政法大学出版社，2003．

4. 高木丰三．日本民事诉讼法论纲［M］．陈与年，译，北京：中国政法大学出版社，2007：587．

5. 江伟．民事诉讼法［M］．北京：高等教育出版社，2005．

6. 法国民法典民事诉讼法典［M］．罗结珍，译．北京：国际文化出版公司，1997．

7. 新堂幸司．新民事诉讼法［M］．林剑峰，译．北京：法制出版社，2008：633．

8. 廖永安．民事诉讼理论探索与程序整合［M］．北京：中国法制出版社，2005：141-143．

9. 李木贵．民事诉讼法［M］．台湾：元照出版公司，2007：1-9．

10. 法国新民事诉讼法典［M］．罗结珍，译．北京：中国法制出版社，2000．

11. 马克思主义理论研究和建设工程重点教材课题组．法理学［M］．北京：人民出版社，高等教育出版社，2010：75-93．

12. 邱联恭．程序选择权之法理［M］．台湾：三民书局，1993：151．

13. 孙文恺．社会学法学［M］．北京：法律出版社，2005：4．

14. 沈杨．发回重审存废论［M］．北京：人民法院出版社，

2002：660-664.

15. 宋冰．美国与德国的司法制度及司法程序［M］.北京：中国政法大学出版社，1998：413-425.

16. 汤维建．美国民事诉讼规则［M］.北京：中国检查出版社，2003：343-371.

17. 田平安．比较民事诉讼论丛［M］.北京：法律出版社，2005：3-15.

18. 王启梁，张剑源．法律的经验研究方法与应用［M］.北京：北京大学出版社，2014：14-24.

19. 谷平安平．程序的正义与诉讼［M］.王亚新，刘荣军，译.北京：中国政法大学出版社，2002.

20. 德意志联邦共和国民事诉讼法［M］.谢怀栻译．北京：法律出版社，1984.

21. 许国志．系统科学［M］.上海：上海科技教育出版社，2000：17.

22. 虞政平．再审程序［M］.北京：法律出版社，2007：1-10.

23. 张保生．证据法学［M］.北京：中国政法大学出版社，2014：17-19.

24. 张保生，张中，吴洪淇．中国司法文明指数报告［M］.北京：中国政法大学出版社，2014.

25. 汉斯-约阿希姆·穆泽拉克．德国民事诉讼法基础教程［M］.周翠，译．中国政法大学出版社，2005.

26. 中国法律年鉴编辑部．中国法律年鉴［M］.北京：中国法律年鉴社，1999-2015.

三、外文文献

1. Oliver Wendell Holmes, Jr. The Path of the Law［J］. Harvard Law Review, 1897, 10.

2. Damaska, Mirjan R. Evidence Law Adrift［D］. New Haven：Yale University Press, 2013.

3. John C. Godbold. Fact Finding by Appellate Courts-An

Available and Appropriate Power ［J］. Cumberland Law Review, 1982.

4. Paul Carriington. The overload and increase of courts and the appeal system of American courts：the threat to the compound system and its national mechanism ［J］. Harvard Law Review, 1969.

5. Srephen A. Wriner. The Civil Jury Trial and the Law-Fact Distinction ［J］. California Law Review, 1966, 54：253-1079.

6. Yingyi Qian, Gerard Roland. Federalism and the Soft Budget Constraint ［J］. The American Economist, 1998.

7. Zuckerman, Adrian A. s. Law, Fact or Justice? ［J］. Boston University Law Review, 1986：487.

8. Stein-Jonas. Zivilprozessordnung ［M］. 20 Aufl, 1998.

9. 孟德斯鸠. 论法的精神 ［M］. 北京：中国政法大学出版社，2003：28-45.

10. 米夏埃尔·史地尔纳. 德国民事诉讼法学文萃 ［M］. 赵秀举，译. 北京：中国政法大学出版社，2005.

附　　件

附件一：关于发回重审制度适用的问卷

	清楚明白，并请列明	依照法条的规定进行裁判，无需自行分析两者之间界限问题	依据更高级别法官或领导的批示或指示进行	不清楚或其他，并请列明
是否明确清楚地知道何时应当将案件发回重审，何时将案件作自行裁判（发回重审与自行裁判的界限）				

	具有前提，清楚明白，并请列明		不存在适用前提	其他，请列明
	依据法律规定	依据法理理解		
是否明确清楚的知道发回重审制度适用的存在前提				

	依据具体情况，并请说明	作出发回重审的裁定，并请说明理由	作出自行改判的裁定，并请说明理由	其他

将案件作发回重审裁定或自行裁判两种选择哪一种使您承担更大压力			

附件二：针对发回重审裁定文书效力的问卷

	基层法院	中级法院	高级法院
请问您是哪个层级法院的法官？			
	是，请说明您认为问题存在理由及完善建议。		并不简单，已经较为完备
您是否认为第二审法院对于作出发回重审裁定的文书中对发回重审事由说明过于简单？			
	是，上诉后自行裁判，请说明具体处理方法	是，上诉后再次发回重审	否
作为二审法官，您是否在重审案件再上诉时遇到相同判决的情况？（本题仅限具有二审职能的法官回答）			
	是，请说明理由或举例	是，请说明完善方法	否
作为第一审法官，是否认为上诉审法院作出的发回重审的裁定理由过于简单			

续表

	是	否	其他
您所在法院是否还有发回重审内部函？			

附件三：关于发回重审次数问题的调查

	是	否，请说明如必须重审的处理方法
作为第二审法官，您是否会以基本事实不清再次将案件发回重审？		

	工作量变大，并说明理由	工作量减少，并说明理由
您认为发回重审次数上的限制对您的工作量的影响是怎样的？		

	可能会有必要	完全没必要
经过重审的案件，是否认为不会再有因事实原因导致发回重审的必要？		

请您从专业视角来看，增加发回重审的次数限制是否有必要，为什么？

您认为次数限制的最大弊端是什么？

对于发回重审次数的限制是否可以有效阻止发回重审制度的滥用？

您认为应当如何限制发回重审制度额度滥用？

作为第一审法官，您对发回重审制度次数限制的评价如何？（限具有第一审职能的法官作答）

致　谢

　　笔者在中国政法大学攻读民事诉讼法学博士期间，博士生导师占善刚教授对笔者在民事诉讼发回重审给予了充分的指导和帮助。在此，感谢占善刚教授对本文提供支持与指正。

　　在律师事务所执业以来，笔者处理每年处理大量的民事诉讼案件，这些案件对于本书的最终形成与确定也起到了重要的影响。在此，感谢北京大成律师事务所的同仁，特别是徐永前律师对笔者的帮助。此外，特别感谢在本文形成过程中提供数据、资料支持的同行业者，感谢武汉大学出版社张欣编辑的付出和协助。

　　感谢我的家人对我一如既往的支持。

　　感谢读者对本书的喜爱。

　　希望本书可以为从事法律事业或对法律有兴趣的读者提供在民事诉讼二审发回重审发展的一丝启示，如有不当，欢迎探讨、指正。

黄鑫淼

2021 年 6 月 3 日于侨福芳草地北京大成律师事务所办公室